Doris Kölbl

Wenn Mädchen
zu Müttern werden

Doris Kölbl

Wenn Mädchen zu Müttern werden

Eine sozialpädagogische Betrachtung

Tectum Verlag

Doris Kölbl

Wenn Mädchen zu Müttern werden. Eine
sozialpädagogische Betrachtung
2., aktualisierte und erweiterte Auflage
© Tectum – ein Verlag in der Nomos Verlagsgesellschaft, Baden-Baden 2018

ISBN: 978-3-8288-4192-5
E-PDF: 978-3-8288-7089-5
ePub: 978-3-8288-7090-1
Umschlaggestaltgung: Tectum Verlag, unter Verwendung des Bildes
#402813007 von Marcos Mesa Sam Wordley I shutterstock.com
Druck und Bindung: Docupoint, Barleben
Printed in Germany
Alle Rechte vorbehalten

Besuchen Sie uns im Internet
www.tectum-verlag.de

Bibliografische Informationen der Deutschen Nationalbibliothek
Die Deutsche Nationalbibliothek verzeichnet diese Publikation in der
Deutschen Nationalbibliografie; detaillierte bibliografische Angaben sind
im Internet über http://dnb.d-nb.de abrufbar.

wherever
you **go,**
go with all
your **heart.**

CONFUCIUS

Vorwort

Grenzerfahrungen. Wer kennt sie nicht? Tod, Krankheit, Unfall, Gewalt, Krieg, Flucht, Scheidung usw. Sie sind Grund lebensbestimmender Entscheidungen, können Wegweiser werden oder zum Absturz führen. Auch Schwanger- und Mutterschaft Jugendlicher gehört zu den Grenzsituationen, die Lebenspläne zunichtemachen können und völlige Umorientierung der Zukunft nach sich ziehen, die Freundschaften zerbrechen lassen und oft schwierige neue Abhängigkeiten schaffen. Mitten im normalen Ablösungsprozess von den eigenen Eltern erleben oft die jungen Mütter ein Angewiesensein an die Ursprungsfamilie, obwohl sie nach eigenständiger Lebensgestaltung mit dem Kind streben.

In anschaulicher, beeindruckender Weise zeigt Sozialpädagogin Doris Kölbl wissenschaftlich fundiert auf, welche einschneidenden Ein- und Umbrüche frühe Schwanger- und Mutterschaft für Mädchen mit sich bringen. Die Entkoppelung von Sexualität und tragfähiger Liebe und Verantwortung stellt dabei eine große Herausforderung dar. Wie können aus so schwierigen Situationen Wege für ein gelingendes Leben erkannt und lebbar gemacht werden? Aus vielen Schilderungen und Statistiken ist in diesem Buch ablesbar, wie dringlich eine achtsame Einfühlung in die oft chaotische Gefühlswelt junger Mütter ist, wie umfangreich ihre Schutzbedürftigkeit fast unversöhnlich auf die Herausforderungen einer auf Selbstständigkeit strebenden Mutter stößt. Geeignete individuelle, ganzheitliche Hilfestellung und Begleitung sind für diese Mädchen unabdingbar.

Frau Kölbl führt dazu an: „Vorhandene Angebote reichen nicht aus und müssen weiterentwickelt werden." Dem kann ich nur zustimmen. Eine notwendige Hilfestellung wurde durch die jahrhundertlange Abwertung und Ausgrenzung unehelicher Mütter verwehrt. Dieses Denken wirkt immer noch herein in unsere Gesellschaft und bestätigt sich durch selbstgerechte Schuldzuweisung. Schwangere und junge Mütter beantworten dieses Unverständnis oft mit Verheimlichung,

Verdrängung oder leidvoller Vereinsamung. Schritt für Schritt mussten und müssen in Zukunft in gesellschaftlichen, staatlichen und kirchlichen Bereichen Hilfsmaßnahmen für junge Frauen erstritten werden. Umfangreiche, entwicklungsgemäße Prävention gehört ebenso zu den notwendigen Unterstützungen, wie einfühlsames Erkennen, persönliche Mitverantwortung, praktische Unterstützung und finanzielle Sicherheit für Mutter und Kind.

Der ausführlichen und verständlichen Analyse der Autorin über die Lebenslagen jugendlicher Mütter gebühren Anerkennung und Dank, ebenso der umfangreichen Auflistung aller Hilfsmöglichkeiten. So wünsche ich dem Buch eine große Verbreitung, damit sich viele Menschen anrühren lassen zu neuem Erkennen und Verstehen. Ich wünsche unserer Gesellschaft Ehrfurcht vor dem Leben, Neugier auf Lebensentfaltung und Liebe für alles Leben.

Maria Geiss-Wittmann
Amberg, 21.11.2018

Gedanken zur 2. Auflage

Es erfüllt mich mit großer Freude, dass das Interesse an meiner Forschungsarbeit aus dem Jahr 2006 anhält, so dass wir im Jahr 2018 die 2. Auflage herausgeben können.

Dabei bleibt die Ursprungsarbeit aufgrund der anhaltenden Aktualität im Wesentlichen erhalten, ergänzt wurden das Kapitel 5.1 durch aktuelle Zahlen und das Kapitel 6 mit aktualisierten Hilfeangeboten.

Zudem findet sich im neu dazugekommenen Kapitel 12 des Buches eine Liste mit Kontaktadressen, die im jeweiligen Fall für Betroffene oder Berater hilfreich sein können.

Mein ganz besonderer Dank gilt Frau Maria Geiss Wittmann, die das Vorwort für die neue Auflage verfasst hat. Frau Geiss-Wittmann war lange Jahre Mitglied des Bayerischen Landtags und Landesvorsitzende von Donum Vitae in Bayern und ist Initiatorin des „Moses-Projekts", welches Schwangeren die Möglichkeit eröffnet, ihr Kind anonym und gleichzeitig medizinisch betreut in einem Krankenhaus zur Welt zu bringen und danach in sichere Obhut zu geben. Unermüdlich hat sie sich nach ihrem Staatsexamen an der Höheren Fachschule für Sozialarbeit ein Leben lang für die Rechte von Mutter und Kind und im Besonderen für den Schutz des ungeborenen Lebens engagiert. Frau Geiss-Wittmann hat so vielen Frauen Mut gemacht. Ihre Visionen für die Gestaltung einer besseren Zukunft und ihren unermüdlichen Einsatz für den Schutz des Lebens hat sie sich bis zum heutigen Tag erhalten. Ihre Zivilcourage hat Spuren hinterlassen und wird für immer unvergessen bleiben. Mir persönlich ist sie sowohl hinsichtlich meiner beruflichen Tätigkeit ein tragendes Vorbild und auch als couragierte Frau eine Quelle der Inspiration für den eigenen Weg. Dafür möchte ich ihr an dieser Stelle meinen Herzensdank aussprechen.

Doris Kölbl
Hahnbach, im November 2018

Danksagung

Am Ende eines Arbeitsprozesses, eines Lernprozesses, in dem sich Phasen der Mutlosigkeit und Erschöpfung mit Freude über und Stolz auf die eigene Arbeit abwechseln, möchte ich mich bei den Menschen bedanken, ohne deren Unterstützung und Beistand sich diese Diplomarbeit nur schwieriger hätte realisieren lassen können.

An erster Stelle möchte ich Frau Viola Malanowsky danken, die als meine Anleiterin im Kinder- und Jugendgesundheitsdienst ein wesentlicher Motor für die vorliegende Arbeit gewesen ist und die mir in ihrer Tätigkeit als Diplom-Sozialpädagogin in vielerlei Hinsicht Vorbild war.

Mein herzlicher Dank gilt Herrn Prof. Dr. Bodo Hildebrand für die durchweg engagierte Betreuung meiner Diplomarbeit und die fachliche und menschliche Begleitung durch mein Studium an der Evangelischen Fachhochschule Berlin. Ihm verdanke ich wichtige Impulse, die meinen Weg geprägt haben.

Ebenso gilt mein Dank Frau Dr. Talibe Süzen, die mich mit wichtigen Anregungen hinsichtlich der Gestaltung der Interviews und der anschließenden Auswertung unterstützt hat, was wesentlich dazu beigetragen hat, mich gerade zu Beginn der Arbeit im Dickicht der empirischen Forschung zurechtzufinden.

Des Weiteren danke ich all den mutigen jungen Frauen, die sich auf das Wagnis des Interviews eingelassen haben und mir durch ihre Offenheit und ihren Mut einen wichtigen und sehr persönlichen Einblick in ihr Leben ermöglicht haben. Ihnen ist diese Diplomarbeit gewidmet.

Doris Kölbl
Berlin im Juli 2006

Inhaltsverzeichnis

1 Einleitung

Die vorliegende Arbeit möchte einen Beitrag zur sozialpädagogischen Praxis hinsichtlich der Arbeit mit minderjährigen Müttern leisten. Die Idee hierzu entstand im Rahmen meines praktischen Studiensemesters im Kinder- und Jugendgesundheitsdienst Berlin-Neukölln. Während der täglichen Beratungspraxis erlebte ich Mütter, für die sich durch die Geburt des Kindes viele Fragen aufwarfen und die sich neuen Anforderungen in vielen Bereichen des Lebens stellen mussten. Durch den Säugling hatte sich ihr Leben regelhaft völlig verändert, sie mussten sich neu organisieren, sowohl im persönlichen, partnerschaftlichen und familiären Umfeld als auch innerhalb der sozialen Umwelt. Vor allem Mütter, die zum ersten Mal ein Kind bekommen hatten, waren angesichts dieser Anforderungen häufig verunsichert oder gar überfordert.

Hin und wieder kamen auch sehr junge Mütter, Mütter unter 18 Jahren, zum Kinder- und Jugendgesundheitsdienst. Angesichts der Kenntnisse über den Stress und die Belastungen, die die Geburt eines Kindes bei vielen mir bis dahin bekannten Müttern ausgelöst hatte, und des Wissens darüber, wie einschneidend die Geburt eines Kindes und die daraus resultierende Verantwortung für das eigene Leben sein können, fragte ich mich, was es wohl für diese Mädchen bedeuten muss, inmitten ihrer Jugend ein Kind zu bekommen, und ich entschied mich dafür, diese Fragestellung zum Thema meiner Diplomarbeit zu machen und mich intensiver mit der Schwanger- und Mutterschaft im Jugendalter zu beschäftigen.

Obwohl das Thema der frühen Mutterschaft von Zeit zu Zeit die Seiten der Bildzeitung oder die Sendeminuten von Boulevardmagazinen im Fernsehen füllt, wird bei der Suche nach geeigneter Fachliteratur schnell klar, dass das Thema der adoleszenten Mutterschaft innerhalb der Fachdiskussion bisher nur einen sehr geringen Stellenwert eingenommen hat und es nur ganz wenige Forschungsarbeiten über minderjährige Mütter gibt.

Die vorliegende Arbeit beschäftigt sich mit der Lebenssituation minderjähriger Mütter. Mein besonderes Interesse gilt der Herausarbeitung ihrer komplexen Lebenslage, die sich im Wesentlichen aus der Kollision von Entwicklungsaufgaben und damit verbundenen Anforderungen, die jeweils mit dem Jugendalter und der Mutterschaft einhergehen, zusammensetzt.

Darüber hinaus richtet sich die Aufmerksamkeit auf die möglichen professionellen Hilfsangebote, die den Mädchen zur Bewältigung ihrer Lebenssituation zur Verfügung stehen. Hierbei werden vor allem die Hilfen ins Blickfeld der Betrachtung genommen, die minderjährigen Müttern zur Verfügung stehen, die außerhalb von Mutter-Kind-Einrichtungen in einer eigenen Wohnung oder noch bei der Herkunftsfamilie leben. Ihre spezifische Situation und die Diskussion möglicher ambulanter Hilfsangebote wurden in der Forschungsdiskussion bisher vernachlässigt, da viele Arbeiten sich mit denjenigen jungen Müttern beschäftigen, die das stationäre Jugendhilfeangebot der Mutter-Kind-Häuser nach § 19 SGB VIII in Anspruch nehmen.

Grundsätzlich besteht die Diplomarbeit aus drei großen Hauptteilen, einem theoretischen und einem empirischen Teil und den daraus resultierenden, für die sozialpädagogische Praxis konzipierten Handlungsempfehlungen.

Im ersten Teil, dem theoretischen Teil der Arbeit, soll anhand der vorhandenen Fachliteratur das Thema der komplexen Lebenslage adoleszenter Mütter näher erörtert werden und aktuell zur Verfügung stehende Hilfeangebote diskutiert werden. Die Grundlage für die Erarbeitung der Themenstellung bilden drei Hauptthesen, die im Folgenden dargestellt werden:

1. Minderjährige Mütter befinden sich in einer Lebenssituation, die sich schwierig gestaltet, weil die komplexen Anforderungen des Jugendalters mit den Anforderungen der Elternschaft zusammentreffen.
2. Minderjährige Mütter benötigten zur Bewältigung ihrer Lebenssituation spezielle, zielgruppenspezifische professionelle Hilfen und Beratungsangebote.
3. Vorhandene Angebote reichen nicht aus und müssen weiterentwickelt werden.

Im Zusammenhang mit der Überprüfung dieser Thesen sind folgende Fragestellungen von besonderem Interesse:

- Mit welchen Entwicklungsaufgaben und Anforderungen sind Jugendliche, speziell Mädchen, im Jugendalter konfrontiert?
- Welche spezifischen Herausforderungen sind mit der Schwangerschaft und Mutterschaft verbunden?
- Wie gestaltet sich die Lage alleinerziehender Mütter im Besonderen?
- Was ist ein kritisches Lebensereignis und wodurch unterscheidet es sich von anderen Lebensereignissen?
- Inwieweit kollidieren bei der Mutterschaft in der Adoleszenz Anforderungen und Aufgaben des Jugendalters mit denen der Mutterschaft und welche besonderen Belastungen und Schwierigkeiten ergeben sich daraus für die Lebenssituation junger Mütter?
- Wie stellt sich die rechtliche Lage minderjähriger Mütter dar?
- Welche spezifischen professionellen Angebote und Hilfen gibt es?

Um diese Fragen beantworten zu können, wird der Blick zu Beginn der vorliegenden Arbeit im Kapitel 2 auf das Jugendalter mit seinen spezifischen Besonderheiten gelenkt. Hier wird speziell auf den komplexen Veränderungsprozess und die damit verbundenen Anforderungen und Entwicklungsaufgaben eingegangen, die das Jugendalter an junge Menschen – und speziell an junge Mädchen – stellt. Darüber hinaus werden die Lebenswelten thematisiert, in denen sich Jugendliche bewegen, um besser zu verstehen, was es bedeutet, inmitten dieser Phase Mutter zu werden.

Anschließend werden im Kapitel 3 die Veränderungsprozesse, die sich durch Schwanger-, Mutter- und Elternschaft – alles typische Entwicklungsaufgaben des Erwachsenenalters – in der Lebenswelt der Mutter beziehungsweise Eltern auf individueller, partnerbezogener, kindzentrierter und sozialer Ebene ereignen, näher untersucht. Das besondere Augenmerk richtet sich hier speziell auf die Aufgaben und Anforderungen, die sowohl an die werdende Mutter als auch an die werdenden Eltern im Laufe der Schwanger-, Mutter- beziehungsweise Elternschaft gestellt werden, um diese Anforderungen im Kapitel 5 den Anforderungen des Jugendalters gegenüberstellen zu können und damit eine differenzierte Vorstellung von den besonderen Herausforderungen zu bekommen, die die Mutterschaft an Mädchen inmitten ihrer Adoleszenz stellt. Abgerundet wird dieses Kapitel mit einem speziellen Fokus auf die Situation alleinerziehender Mütter, die diesen Anforderungs- und Aufgabenkatalog allein bewältigen und darüber hinaus spezifischen Risiken gegenüberstehen, die aus ihrer Situation als Alleinerziehende resultieren.

Das nächste Kapitel – Kapitel 4 – bildet den Übergang zum zentralen Thema der Mutterschaft im Jugendalter, indem es ganz allgemein erklärt, was kritische Lebensereignisse sind. Es wird in diesem Kapitel aufgezeigt, was es bedeutet, wenn Lebensereignisse völlig unerwartet und außerhalb des Lebensalters auftreten, in denen sie normalerweise regelhaft stattfinden und den Einzelnen vor Herausforderungen und Entwicklungsaufgaben stellen, auf die er sich im Gegensatz zu normativen Lebensereignissen und Entwicklungsaufgaben, die mit einem bestimmten Lebensalter verbunden und damit vorhersehbar sind, nicht vorbereiten konnte. Dieses Kapitel erörtert darüber hinaus die Ressourcen, die für die Bewältigung dieser non-normativen kritischen Lebensereignisse und den daraus erwachsenden Entwicklungsaufgaben von Bedeutung sind und diese besser gelingen lassen.

Nach den Überlegungen zum Jugendalter, zu Schwanger- und Mutterschaft und der Reflexion über kritische Lebensereignisse wird im 5. Kapitel der Fokus auf die komplexe Situation der Mutterschaft im Jugendalter gelenkt. Hier werden einleitend Daten, Fakten und Zahlen zu minderjährigen Schwangeren und Müttern in Deutschland dargestellt. Darüber hinaus wird es in diesem Kapitel einen Exkurs zu den Ursachen, Hintergründen und Motiven für die frühe Schwangerschaft geben. Dieses Thema wird deswegen als Exkurs in die Diplomarbeit eingeschoben, weil es zwar nicht zwingend zur Beantwortung der oben genannten Thesen und zur Darstellung der komplexen Lebenssituation minderjähriger Mütter notwendig ist, für den Leser dennoch dahingehend bereichernd sein kann, als dass er einen Einblick in mögliche Erklärungsansätze für Schwangerschaft in der Adoleszenz bekommt. Darüber hinaus beschäftigt sich das 5. Kapitel jedoch hauptsächlich intensiv mit der komplexen Anforderungssituation, mit der minderjährige Mütter konfrontiert sind, indem die in Kapitel 2 und 3 erarbeiteten Entwicklungsaufgaben und Anforderungen, die jeweils mit dem Jugendalter und der Elternschaft verbunden sind, hier einander gegenübergestellt werden. Am Ende rundet ein Blick auf die rechtliche Situation der Mutter, die ja selbst nach dem Gesetz noch minderjährig ist, dieses zentrale Kapitel der Arbeit ab.

Das letzte Kapitel der theoretischen Auseinandersetzung mit der Mutterschaft im Jugendalter umfasst eine Analyse grundlegender Hilfeangebote, die minderjährige Mütter vor, während und nach der Geburt beanspruchen können. Hierbei werden sowohl rechtliche Ansprüche berücksichtigt als auch finanzielle Hilfen und sozialpädagogische Beratungsangebote diskutiert. Die Auseinandersetzung mit den Hilfeangeboten für minderjährige Mütter soll nicht zuletzt dazu dienen, die Anforderungen, die die Mutterschaft im Jugendalter an die jungen Mädchen stellt, den tatsächlich vorhandenen Angeboten zur Bewältigung dieser Anforderungssituation gegenüberzustellen, um daraus Erkenntnisse über die Angemessenheit und Qualität der Angebote zu gewinnen, die Ergebnisse in die sozialpädagogische Praxis zu transportieren und mögliche Verbesserungen und neue Ansätze und Ideen dort umzusetzen.

Im zweiten, dem empirischen Teil der Diplomarbeit, wird mit der Auswertung von persönlichen Face-to-face-Interviews, die mit fünf minderjährigen Müttern aus dem Berliner Bezirk Neukölln geführt wurden, die außerhalb von Mutter-Kind-Einrichtungen leben, ein Beitrag dazu geliefert, die Mutterschaft im Jugendalter aus der Sicht von betroffenen Minderjährigen darzustellen.

Es wird hier zum einen der Frage nachgegangen, welche Bedeutung die frühe Mutterschaft im Leben der Mädchen hat. Des Weiteren wird untersucht, welche neuen Aufgaben und einschneidenden Veränderungen sich aus Sicht der jungen Mütter durch die Mutterschaft ergeben haben. Darüber hinaus liegt das Erkenntnisinteresse darin, herauszufinden, welche Art der privaten Unterstützung die Befragten erhalten haben und welche professionellen Hilfeangebote sie als junge Mütter, die nicht in einer stationären Wohnform für Mutter und Kind nach § 19 SGB VIII leben, in Anspruch genommen haben, um ihre Lebenssituation und die damit verbundenen Anforderungen besser bewältigen zu können.

Die folgenden Themenkomplexe werden deshalb in den Interviews näher erörtert:

- Leben und Lebenssituation vor der Schwangerschaft
- Subjektive Bedeutung der Schwanger- und Mutterschaft
- Neue Aufgaben und einschneidende Veränderungen, die sich durch die Mutterschaft ergeben haben
- Reaktionen auf die Schwangerschaft
- Private Unterstützung
- Professionelle Hilfeangebote
- Zukunftsvorstellungen der jungen Mutter

Im dritten Teil der Diplomarbeit werden auf der Grundlage der theoretischen Reflexion und der Ergebnisse der empirischen Untersuchung Handlungsempfehlungen für die sozialpädagogische Praxis mit minderjährigen Müttern erarbeitet, die die komplexe Anforderungssituation der Mutterschaft im Jugendalter und die Lebenswelten minderjähriger Mütter im Blickfeld haben und einen adäquaten Umgang mit früher Mutterschaft in Beratung, Begleitung und bei der Konzeption neuer Angebote ermöglichen sollen.

Diese Arbeit ist für alle geschrieben, die ein grundlegendes Interesse für das Thema minderjährige Mütter mitbringen, für Fachkräfte, die in diesem spezifischen Feld der Sozialpädagogik tätig sind oder immer wieder damit in Berührung kommen oder künftig kommen möchten.

2 Das Jugendalter

2.1 Einleitende Überlegungen

Jung sein und Mutter werden – zwei Lebenslagen, die sich konträrer nicht gegenüberstehen könnten. Die vorliegende Diplomarbeit untersucht genau dieses Spannungsfeld: die Mutterschaft in der Adoleszenz. Aus diesem Grund erscheint es sinnvoll, am Beginn das Jugendalter, zentrale Themen und spezifische Entwicklungsanforderungen, die in dieser Lebensphase an den Jugendlichen gestellt werden, genauer zu betrachten, um zu verstehen, in welcher Lebens- und Entwicklungsphase sich minderjährige Mädchen befinden, die Mutter werden. Die Ausführungen zum Jugendalter dienen nicht zuletzt dazu, zentrale Aspekte des Jugendalters im Kapitel 5.3.2 den zentralen Anforderungen der Elternschaft gegenüberzustellen und damit eine Übersicht von der komplexen Anforderungssituation, der junge Mütter in vielen Bereichen ihres Lebens gegenüberstehen und der schwierigen Lebenssituation in der sie sich befinden, zu entwickeln.

Das Jugendalter ist in biologischer, physiologischer, psychischer, intellektueller und sozialer Hinsicht geprägt von Veränderungen und neuen Erfahrungen, die sowohl positiv als auch problematisch erlebt werden können. Nicht selten kommt es in dieser Zeit zu Auseinandersetzungen, Spannungen und Konflikten in Beziehungen zu Freunden, der Familie oder innerhalb des sozialen Umfeldes. Während `adolescere´ – als Wortstamm für die Adoleszenz – mit `heranwachsen´ oder `aufwachsen´ übersetzt werden kann, charakterisiert der Begriff Pubertät vornehmlich die körperlichen und biologischen Veränderungen, und das Jugendalter bezeichnet die Zeit des `Erwachsen-Werdens´.[1]

Die Begriffe `Adoleszenz´, `Jugend´ und `Pubertät´ werden je nach Wissenschaftsdisziplin – und auch hier nicht immer einheitlich –

---

1 vgl. Oerter & Dreher; 1998; S. 310f. und vgl. Osthoff; 2003; S. 15 und vgl. Mietzel; 2002; S. 319–325

in unterschiedlicher Art und Weise verwendet. Des Weiteren herrscht innerhalb der Fachdiskussion keine Übereinstimmung bezüglich der zeitlichen Abgrenzung des Jugendalters einerseits und seiner Unterteilung in einzelne Abschnitte andererseits.[2]

Hurrelmann beispielsweise betrachtet die zeitliche Unterteilung des Jugendalters als schwieriges Unterfangen, denn während sich seiner Meinung nach das Ende der Kindheit mit der beginnenden Geschlechtsreife, die in der Regel im Alter zwischen 12 und 14 Jahren eintritt, noch relativ einfach markieren lässt, gestaltet sich die Abgrenzung zwischen dem Ende der Adoleszenz und dem Eintritt in das Erwachsenenalter erheblich schwieriger.[3]

Weitgehende Einigkeit herrscht hinsichtlich des Phänomens, dass die körperliche Entwicklung des Jugendlichen heute viel früher einsetzt und Jugendliche andererseits mit einer verlängerten Übergangsphase in das Erwachsenenalter konfrontiert sind.[4]

Rechtlich gesehen tritt mit dem 18. Geburtstag eines Menschen die Volljährigkeit ein, die mit neuen Rechten wie dem freien Niederlassungsrecht, der Geschäftsfähigkeit, der Ehemündigkeit und dem Wahlrecht einhergeht.[5]

Aber während bis vor wenigen Jahrzehnten das Ende der Jugend durch den Berufseinstieg oder die Gründung einer Familie, das heißt durch das Erreichen finanzieller und familiärer Unabhängigkeit klar gekennzeichnet war, wird diese Eindeutigkeit heute durch verlängerte Ausbildungs- und Studienzeiten, den damit verbundenen Abhängigkeiten und sich immer stärker individualisierenden Lebensläufen aufgeweicht.[6]

Mietzel unterscheidet zwischen früher und später Adoleszenz. Er datiert den Beginn der frühen Adoleszenz mit den ersten körperlichen Anzeichen der geschlechtlichen Reifeentwicklung, das Ende der frühen Adoleszenz sieht er mit etwa 13 Jahren gegeben. Die frühe Adoleszenz zeichnet sich nach Mietzel vor allem durch die körperliche Entwicklung des Jugendlichen aus. Darüber hinaus wandeln sich auch die

---

2 vgl. Göppel; 2005; S. 3–5 und vgl. Karsten; 1999; S. 14–16
3 vgl. Hurrelmann; 1997; S. 49ff.
4 vgl. Mietzel; 2002; S. 321–325
5 vgl. Mietzel; 2002; S. 321–325
6 vgl. Osthoff; 2003; S. 15

Beziehungen des Heranwachsenden zu Eltern und Peers. Die späte Adoleszenz findet nach Mietzel im Alter zwischen 14 und 18 Jahren statt. Die Unabhängigkeitsbestrebungen des Jugendlichen werden immer stärker, und die Eigenständigkeit des jungen Menschen nimmt zu.[7]

Osthoff unterscheidet ebenfalls zwischen früher und später Adoleszenz, wobei er die frühe Adoleszenz im Alter zwischen 11 und 15 Jahren, die späte Adoleszenz im Lebensalter zwischen 15 und 18 Jahren ansiedelt.[8]

Bei Schäfers findet sich eine völlig andere Art der Einteilung des Jugendalters:

> *"die 13–18jährigen ("pubertäre Phase"): Jugendliche im engeren Sinne;*
> *die 18–21jährigen ("nachpubertäre Phase"): die jugendlichen Heranwachsenden;*
> *die 21–25jährigen ("Nachjugendphase"): die jungen Erwachsenen, die aber ihrem sozialen Status und ihrem Verhalten nach, noch als Jugendliche anzusehen sind"*[9].

Göppel unternimmt eine, wie er es selbst formuliert, pragmatische Abgrenzung: Er bezieht sich in seinen Ausführungen auf die 13- bis 18-Jährigen, wenn er von Jugendlichen spricht, wobei er hierbei nochmals die Phase der Pubertät (13–15 Jahre) mit dem Schwerpunkt der körperlichen Veränderungen und die Phase der Adoleszenz (16–18 Jahre) mit dem Schwerpunkt der innerseelischen Konflikte und Auseinandersetzungen unterscheidet. Göppel sieht die Einheit dieser Altersgruppe nicht zuletzt in den körperlichen Veränderungen, neuen Verhaltensweisen, den Konflikten zwischen Eltern und Heranwachsenden, der Verweigerungshaltung gegenüber der Schule und dem veränderten Umgang mit Gleichaltrigen begründet.[10]

Den Fokus auf die Gruppe der 13- bis 18-Jährigen zu lenken, ist auch für die folgende Arbeit sinnvoll, da sie exakt das Alter der Zielgruppe beschreibt, auf die das Hauptaugenmerk dieser Arbeit gerichtet ist, nämlich minderjährige Mütter: Mütter, die das 18. Lebensjahr bei Geburt des Kindes noch nicht vollendet haben. Da es weder Gegen-

---

7   vgl. Mietzel; 2002; S. 321–325
8   vgl. Osthoff; 2003; S. 15
9   Schäfers; 1985; S. 12 zit. nach Hurrelmann; 1997; S. 50
10 vgl. Göppel; 2005; S. 3–5

stand noch Ziel der vorliegenden Arbeit ist, sich in einer detaillierten Abhandlung hinsichtlich möglicher Definitions- und Abgrenzungsunterschiede, die innerhalb der Forschung über das Jugendalter existieren, zu verlieren, soll im Folgenden vielmehr gezeigt werden, welches Lebensgefühl, welche Schwierigkeiten, Freuden und Entwicklungsaufgaben das Jugendalter in der Lebensphase vor dem 19. Lebensjahr mit sich bringt, welche Entwicklungsprozesse und -probleme ein junger Mensch in dieser Phase seines Lebens in idealtypischer Weise durchlebt, um diese später im Kapitel 5.3.2 der Arbeit kontrastierend den Aufgaben von Mutter- und Elternschaft gegenüberzustellen.

2.2 Körperliche Veränderungen und psychosexuelle Entwicklung im Jugendalter

2.2.1 Körperliche Veränderungen

Die körperlichen Veränderungen sind die sichtbarsten Zeichen der Adoleszenz. Diese äußeren Signale weisen auf das Ende der Kindheit hin. Grundlegende Veränderungen ereignen sich im Bereich der Anatomie. Der Wachstumsschub, den Jugendliche erleben, wirkt sich auf die Größe, das Gewicht und die Körperproportionen aus. Während sich bei den Jungen vermehrt Muskelgewebe herausbildet, lagert sich bei den Mädchen mehr Fettgewebe an Hüften, Gesäß und Oberschenkeln an.[11]

Etwa im Alter zwischen 18 und 20 Jahren erreicht der Jugendliche dann seine finale Körpergröße. Dass sich nicht alle Körperteile synchron entwickeln und das Körperwachstum des Jugendlichen ungleich verläuft, spiegelt sich in vorübergehenden Disproportionen und motorisch ungelenken Bewegungen wider.[12]

---

11 vgl. Stolle; 2002; S. 22–30 und vgl. Mietzel; 2002; S. 319
12 vgl. Oerter & Dreher; 1998; S. 330f.

2.2.2 Hormonelle Veränderungen

Bedeutender als das Größen- und Breitenwachstum sind die hormonellen Veränderungen im Jugendalter, die die Grundlage für die Geschlechtsreifung darstellen. Die Entwicklung der primären und sekundären Geschlechtsmerkmale zeigt bei Mädchen und Jungen korrespondierende Entwicklungsabschnitte auf, die bei den Mädchen in der Regel etwa zwei Jahre früher beginnen als bei den Jungen, was auch die folgende Übersicht deutlich zeigt:[13]

Jungen	Altersspanne		Mädchen
– Beginnendes Wachstum der Hoden, des Skrotums und des Penis – Pigmentierung, Veränderung der Brüste (verschwindet später)	12–13 J.	10–11 J.	– Beginn der Rundung der Hüften, Fettablagerung, Brüste und Brustwarzen wachsen
– Schamhaare (glatt), früher Stimmbruch – Rasches Wachstum des Penis, der Hoden, des Skrotums, der Vorsteherdrüse (Prostata) und der Samenblasen, erster Samenerguß (Ejakulation) – Schamhaare werden gelockt – Alter des größten Körperwachstums	13–16 J.	11–14 J.	– Schamhaare (glatt); Stimme etwas tiefer – Rasches Wachstum der Eierstücke, der Vagina, der Gebärmutter und der Schamlippen – Schamhaare werden gelockt – Alter des größten Körperwachstums, Aufrichtung der Brustwarzen, Formung des "primären" Bruststadiums, Menarche (Eireifung und Menstruation)

---

13 vgl. Oerter & Dreher; 1998; S. 333

– Wachsen der Ach- selhaare, Bartwuchs, Einbuchtung des Haaransatzes, Mar- kanter Stimmwech- sel	16–18 J.	14–16 J.	– Wachsen der Ach- selhaare, Brüste er- halten ihre Erwach- senenform (sekun- däres Bruststadium)

Tabelle 1 Reifung der primären und sekundären Geschlechtsmerkmale

(Quelle: Rice; 1975; S. 64, zit. nach Oerter & Dreher; 1998; S. 333)

Die körperlichen Reifegrade der Entwicklung können im Jugendalter nicht nur zwischen den Geschlechtern, sondern auch innerhalb eines Geschlechts enorm voneinander abweichen. Es gibt Jungen und Mädchen, bei denen das Wachstum und die Reifung früher, das heißt akzeleriert, oder später, das heißt retardiert, zur Normalentwicklung stattfinden.[14]

2.2.3 Fokus: Bedeutung der Veränderungen für heranwachsende Mädchen

Die Brüste der Mädchen wachsen, die Schambehaarung setzt ein und die Mädchenfigur entwickelt sich zunehmend zur weiblichen Frauenfigur. Darüber hinaus verändern sich Uterus, Vagina, und die Schamlippen.[15]

Das Einsetzen der Menstruation kennzeichnet als Zeichen für die einsetzende Fruchtbarkeit und die Fähigkeit, Kinder zu bekommen, einen deutlichen Einschnitt im Leben der heranwachsenden Mädchen und kann unterschiedliche Gefühle auslösen. Manchmal werden damit verbundene Schmerzen oder die in Folge der Blutung verstärkte Einschränkung der Bewegungsfreiheit beim Schwimmen und Sport als lästig erlebt. Die Menstruation ist trotz der allseits präsenten Werbung über entsprechende Hygieneartikel in vielen Familien ein Tabuthema

---

14 vgl. Oerter & Dreher; 1998; S. 335f.
15 vgl. Flammer & Alasker; 2002; S. 72f.

geblieben, das häufig mit Scham oder Peinlichkeit besetzt ist: `Da redet man nicht drüber´.[16]

Für Heranwachsende kann die erste Periode, die Menarche, unabhängig davon, wie alt sie zu diesem Zeitpunkt sind, als dramatisch oder völlig unproblematisch erlebt und in Erinnerung behalten werden. Häufig begleiten Unsicherheit, Unwissenheit, Gefühle der Scham und Ambivalenz dieses einschneidende Erlebnis in der Reifeentwicklung der Mädchen. Dies ist vermehrt der Fall, wenn sie unwissend in diese Situation gelangen und zuvor nicht ausreichend aufgeklärt worden sind. Je besser Mädchen informiert und in Gesprächen darauf vorbereitet wurden, dass sie zur Frau und damit fruchtbar werden, umso leichter und positiver kann ein heranwachsendes Mädchen dieses Ereignis integrieren.[17]

Mit den Veränderungen des Körpers entsteht auch ein neues Gefühl und Bewusstsein für den Körper. Die Veränderungen müssen von der Heranwachsenden akzeptiert und in ihr bisheriges Körperkonzept und die Persönlichkeit integriert werden. Hieran wird deutlich, dass die Geschlechtsreifung und die psychische Entwicklung stark zusammenhängen.[18]

Die zunehmende Weiblichkeit wird von Mädchen unterschiedlich erlebt. Während der Adoleszenz wächst das Interesse am eigenen Aussehen. Die Gedanken des Jugendlichen kreisen verstärkt um den eigenen Körper, jede Veränderung wird akribisch im Spiegel beobachtet. Gefühle von Unsicherheit und Scham, Unzufriedenheit und Befremdlichkeit, aber auch Stolz vermischen sich und müssen sortiert werden. Der eigene Körper wird kritisch begutachtet und Vergleichen mit Altersgenossen unterzogen, die wiederum Rückwirkung auf das eigene Lebensgefühl haben können. Vor allem in Anbetracht der in der Medienwelt propagierten weiblichen Schönheiten und der Orientierung an fraglichen Idealen aus der Reklame neigen Mädchen dazu, ihren Körper abzuwerten, sie können häufig die eigenen weiblichen Rundungen nur schwer akzeptieren und sind unzufrieden mit sich selbst. Ein positives Gefühl zum eigenen Körper mit all seinen Schönheitsfehlern auf-

---

16 vgl. Karsten; 1999; S. 39–46
17 vgl. Stolle; 2002; S. 22–30 und vgl. Mietzel; 2002; S. 351–361 und vgl. Fend; 2003;
    S. 232–242
18 vgl. Osthoff; 2003; S. 16f. und vgl. Oerter & Dreher; 1998; S. 334f.

zubauen und sich den überperfekten Idealen aus Werbung und Fernsehen zu entziehen, ist keine leichte Aufgabe. Häufig steht die eigene körperliche Attraktivität in direktem Zusammenhang mit dem Selbstbild und dem Selbstwertgefühl des Jugendlichen, vor allem bei den Mädchen. Heranwachsende erleben darüber hinaus zum ersten Mal, welche Wirkung ihr Körper auf das andere Geschlecht hat. Für Mädchen mit positivem Körperbild kann die weibliche Figur mit einer Steigerung der Attraktivität gegenüber Jungen verbunden sein.[19]

Barbara Sichtermann beschreibt dies folgendermaßen:

"Urplötzlich sind sie im Stande, einen Raum voller Menschen zum Verstummen zu bringen, wenn sie eintreten. Blicke zu zwingen, ihnen zu folgen, wenn sie vorbeigehen. Aufmerksamkeiten auf sich zu ziehen mit der Macht eines Magneten. Natürlich besitzen sie nicht alle diese Macht in voller Stärke. Aber die meisten verfügen über ein gutes Stück. Und zu Beginn, während der Pubertät, ist ihnen ihre neu gewonnene Macht sowohl unerklärlich als auch unheimlich und manchmal sogar peinlich"[20].

2.2.4 Säkulare Akzeleration

Feststellbar ist darüber hinaus, dass sich die körperliche und geschlechtliche Entwicklung von Jugendlichen innerhalb unserer Gesellschaft nach vorne verlagert hat und heute früher beginnt. Es lässt sich hier eine säkulare Akzeleration hinsichtlich der Entwicklung im Jugendalter erkennen. Mädchen bekommen beispielsweise ihre Menarche heute durchschnittlich mit 13 Jahren deutlich früher als noch vor 120 Jahren, als die erste Regelblutung erst mit durchschnittlich 17 Jahren eintrat. Dies ergaben Forschungen in Europa und den USA. Gründe hierfür sind nicht zuletzt die verbesserte medizinische Versorgung und die besseren Lebensbedingungen.[21]

---

19 vgl. Fend; 2003; S. 222f. und S. 232–242 und vgl. Stolle; 2002; S. 22–30 und vgl. Mietzel; 2002; S. 319 und S. 351–361 und vgl. Göppel; 2005; S. 84–107
20 Sichtermann; 2002; S. 98 zit. nach Göppel; 2005; S. 100
21 vgl. Karsten; 1999; S. 14–16 und vgl. Flammer & Alasker; 2002; S. 76–78

2.3 Entwicklungsaufgaben des Jugendalters nach Robert J. Havighurst

Die Entwicklungsaufgaben des Jugendalters der Postmoderne zeichnen sich durch Komplexität aus. Während in anderen Kulturen feierliche Zeremonien den Übergang vom Kind zum Erwachsenen einleiten, die dem Heranwachsenden nach Durchlaufen des Initiationsritus innerhalb von Stunden, Tagen oder Wochen den vollständigen Status eines Erwachsenen zubilligen, ist der Jugendliche in unserer Gesellschaft in verstärktem Maße selbst aufgefordert, Lösungswege für die persönlichen, sozialen oder beruflichen Anforderungen zu generieren und wächst erst allmählich durch den Erwerb von immer mehr Kompetenzen in das Erwachsenenalter hinein.[22]

Der amerikanische Pädagoge Robert Havighurst beschreibt Entwicklungsaufgaben als Lernaufgaben und den gesamten Entwicklungsprozess als Lernprozess, bei dem fortlaufend neue Kompetenzen erworben werden, um die Anforderungen des Lebens bewältigen zu können:[23]

"Eine 'Entwicklungsaufgabe' ist eine Aufgabe, die in oder zumindest ungefähr zu einem bestimmten Lebensabschnitt des Individuums entsteht, deren erfolgreiche Bewältigung zu dessen Glück und Erfolg bei späteren Aufgaben führt, während ein Mißlingen zu Unglücklichsein, zu Mißbilligung durch die Gesellschaft und zu Schwierigkeiten mit späteren Aufgaben führt"[24].

Havighurst unterscheidet als Motor für die Entwicklungsaufgaben im Jugendalter drei verschiedene Quellen. Sowohl physische Reifeprozesse mit körperlichen und biologischen Veränderungen, die neue Möglichkeiten der Erfahrung und Entfaltung mit sich bringen, als auch die gesellschaftliche Erwartungshaltung an die Fähigkeiten, Kompetenzen und das Verhalten des Heranwachsenden und die eigenen, persönlichen und individuell unterschiedlichen Wünsche, Bestrebungen, Träume und Ideen von Werten und Zielen können treibende Kraft für die eigene Entwicklung sein.[25]

---

22 vgl. Masche & Silbereisen; 2002; S. 7 und vgl. Mietzel; 2002; S. 321–325 und vgl. Flammer & Alasker; 2002; S. 25f.
23 vgl. Oerter & Dreher; 1998; S. 326
24 Havighurst; 1956; S. 215 zit. nach Göppel; 2005; S. 71
25 vgl. Göppel; 2005; S. 72 und vgl. Oerter & Dreher; 1998; S. 326f.

Folgende Entwicklungsaufgaben müssen nach Havighurst im Laufe der Adoleszenz, im Alter zwischen 12 und 18 Jahren, der Übergangsphase zwischen Kindheit und frühem Erwachsenenalter, bewältigt werden:

"1. Neue und reifere Beziehungen zu Altersgenossen beiderlei Geschlechts aufbauen.
2. Übernahme der männlichen/weiblichen Geschlechtsrolle.
3. Akzeptieren der eigenen körperlichen Erscheinung und effektive Nutzung des Körpers.
4. Emotionale Unabhängigkeit von den Eltern und von anderen Erwachsenen.
5. Vorbereitung auf Ehe und Familienleben.
6. Vorbereitung auf eine berufliche Karriere.
7. Werte und ein ethisches System erlangen, das als Leitfaden für Verhalten dient, Entwicklung einer Ideologie.
8. Sozial verantwortliches Verhalten erstreben und erreichen"[26].

Die einzelnen Entwicklungsaufgaben können nicht isoliert voneinander betrachtet werden, da sie in Beziehung zueinander stehen und sich die Bewältigung einer Entwicklungsaufgabe auch auf andere Entwicklungsaufgaben und deren Bewältigung auswirkt.[27]

Entwicklungsaufgaben müssen darüber hinaus immer im Kontext der jeweiligen Gesellschaft, Kultur und im historischen Wandel betrachtet werden. Da Havighurst die Entwicklungsaufgaben für die amerikanische Gesellschaft seiner Zeit entworfen hat, wurden diese beispielsweise von Dreher und Dreher im Jahr 1985 in modifizierter Weise dargestellt, wobei die wesentlichen Inhalte von Havighurst nicht gänzlich verändert wurden, sondern allenfalls aktuellen Entwicklungen angepasst worden sind:

"- Aufbau eines Freundeskreises: Zu Altersgenossen beiderlei Geschlechts werden neue, tiefere Beziehungen hergestellt.
- Sich das Verhalten aneignen, das man in unserer Gesellschaft von einem Mann bzw. von einer Frau erwartet.
- Von den Eltern unabhängig werden bzw. sich vom Elternhaus loslösen.
- Akzeptieren der eigenen körperlichen Erscheinung: Veränderungen des Körpers und des eigenen Aussehens annehmen.
- Wissen, was man werden will und was man dafürkönnen (lernen) muss.
- Aufnahme intimer Beziehungen zum Partner (Freund/Freundin).

---

26 Dreher & Dreher; 1985b; S. 59 zit. nach Oerter & Dreher; 1998; S. 328
27 vgl. Hurrelmann; 1997; S. 31–52

- *Vorstellungen entwickeln, wie der Ehepartner und die künftige Familie sein sollen.*
- *Über sich selbst im Bilde sein: Wissen, wer man ist und was man will.*
- *Entwicklung einer eigenen Weltanschauung: sich darüber klar werden, welche Werte man hoch hält und als Richtschnur für sein eigenes Verhalten akzeptiert.*
- *Entwicklung einer Zukunftsperspektive: Sein Leben planen und Zeile ansteuern, von denen man glaubt, dass man sie erreichen kann"*[28].

Um Entwicklungsaufgaben zu bewältigen, müssen bisher angewandte Verhaltensmuster und Lebensgewohnheiten verändert werden, der Jugendliche muss sich neu organisieren und erhält die Chance, Neues zu lernen. Entwicklungsaufgaben stellen für den Jugendlichen eine Herausforderung dar, deren Bewältigung als enorm bereichernd erlebt werden kann und die weitere Entwicklung vorantreibt. Scheitert jemand an einer Entwicklungsaufgabe oder bewältigt er sie nicht hinreichend genug, dann kann dies zu schmerzhaften Erfahrungen und Rückschlägen führen, die die weitere Entwicklung behindern.[29]

2.4 Identität als zentrale Thematik des Jugendalters

2.4.1 Vom Egozentrismus in der Adoleszenz

Im Jugendalter entwickelt sich das abstrakte Denken des Jugendlichen, der dadurch zunehmend die Möglichkeit bekommt, sich selbst differenzierter wahrzunehmen und sich selbst als soziale und personale Identität zu begreifen.[30]

Im Jugendalter drehen sich die Gedanken des Jugendlichen vornehmlich um sich selbst. Für den Heranwachsenden ist es von entscheidender Bedeutung, seine Persönlichkeit selbst zu definieren und eine Vorstellung davon zu entwickeln, wer und wie man selbst sein möchte und was das eigene Selbst, den eigenen Charakter ausmacht. Der Jugendliche beginnt seine Individualität zu erforschen und stellt

---

28 Dreher & Dreher; 1985; S. 56–70; zit. nach Göppel; 2005; S. 73f.
29 vgl. Flammer & Alasker; 2002; S. 59–63
30 vgl. Osthoff; 2003; S. 16f.

die eigene Person, seine Gefühle, Gedanken und Ideen in den Mittelpunkt seiner Aufmerksamkeit.[31]

Die Suche nach der eigenen Identität geht nicht selten mit Selbstzweifeln, starker Verunsicherung, Empfindlichkeit und Verletzbarkeit und Gefühlen von Orientierungslosigkeit, Widersprüchlichkeit und Überforderung einher.[32]

2.4.2 "Identität versus Rollendiffusion"[33] – Erik Erikson

Erikson beschreibt das Jugendalter als eine Zeit, in der sich der Heranwachsende zunehmend mit seiner eigenen Identität beschäftigt, denn

"Ein gefestigtes Identitätsgefühl ist der wichtigste Grundstock für eine seelisch gesunde Entwicklung im Erwachsenenalter"[34].

Nach Erikson besteht die Aufgabe des Jugendlichen darin, innerhalb der bestehenden Sozialordnung seine wahre Ich-Identität zu finden, sein individuelles Selbst zu entdecken und ein stabiles Selbstbild zu entwickeln, zu fragen: Wer bin ich? Was macht mich aus? Was unterscheidet mich von anderen? Was möchte ich zukünftig machen? Wofür möchte ich mich einsetzen? Diese intensive Beschäftigung mit der eigenen Identität gipfelt nach Erikson in der Adoleszenz in einer Identitätskrise, in der die eigene Identität als unsicher und fraglich erlebt wird. Erikson hat diese Krise innerhalb der Adoleszenz jedoch immer im Kontext der lebenslangen Identitätsarbeit des Menschen betrachtet, die nie als völlig abgeschlossen gesehen werden kann. Seine Charakterisierung des Jugendalters als *"Psychosoziales Moratorium"*[35] erklärt Erikson damit, dass es sich hierbei um eine Zeit handelt, in der anstehende Verpflichtungen und Verantwortungen noch etwas aufgeschoben werden, um eine Zeit des Experimentierens, eine Zeit in der die Gesellschaft dem Jugendlichen einen Aufschub gewährt, um die nötige

---

31 vgl. Oerter & Dreher; 1998; S. 346 und vgl. Mietzel; 2002; S. 338–344 und S. 385–387
32 vgl. Göppel; 2005; S. 218ff.
33 Zimbardo & Gerrig; 1999; S. 460
34 Becker; 1982; S. 72
35 Becker; 1982; S. 73

Reife zu gewinnen, den Aufgaben der Erwachsenenwelt gewachsen zu sein.[36]

2.4.3 Vier Typen des Identitätsstatus nach James Marcia

James Marcia, ein Schüler Eriksons, entwickelte vier Typen von Identität, die sich aus dem jeweiligen Ausmaß des Experimentierens, von Erforschung und Festlegung ergeben, wie die folgende Übersicht zeigt:

	Exploration	
Commitment	Hoch	Niedrig
Hoch	Erarbeitete Identität (Identity achievement)	Übernommene Identität (Foreclosure)
Niedrig	Moratorium	Diffuse Identität (Identity diffusion)

Tabelle 2   Vier Typen der Identität nach Marcia

Junge Menschen, die sich auf der Suche nach der eigenen Identität, im Stadium der diffusen Identität befinden, haben es bisher nicht geschafft, sich konkrete Gedanken über ihre schulische und berufliche Zukunft, die eigenen Werte und Beziehungen zu machen oder sich dahingehend festzulegen. Es fehlt ihnen häufig an konkreten Zielen, echten Interessen oder Begeisterung für eine Sache. Der Zustand der diffusen Identität zeigt sich vor allem in der Zeit der frühen Adoleszenz häufiger. Um zur eigenen Identität zu finden, ist es für den Jugendlichen jedoch bedeutend, diesen Zustand zu überwinden. Sich in einer Zeit des Suchens und des Fragens zu befinden, setzt voraus oder bringt es mit sich, dass der Jugendliche Unsicherheiten ertragen muss. Da diese Unsicherheit für manche Jugendliche so bedrohlich ist, lassen einige die Zeit des Moratoriums aus und legen sich sofort fest, übernehmen die Rollen, die Werte, Normen und Ziele, die sich die Eltern oder andere Autoritätspersonen für sie überlegt haben. Junge Menschen, die die Zeit des Forschens und Experimentierens nie erlebt haben, haben

---

36 vgl. Zimbardo & Gerrig; 1999; S. 461 und vgl. Göppel; 2005; S. 20–22

die Gelegenheit, das Spektrum ihrer Persönlichkeit und Individualität in ihrer ganzen Breite und Vielfalt zu entdecken, möglicherweise verpasst. Idealtypisch für das Jugendalter ist deswegen der Zustand des Moratoriums zu betrachten, eine Phase, in der Rollen und Identitäten ausprobiert werden. Der Jugendliche hat sozusagen noch die Gelegenheit, sich selbst zu erkunden, frei zu experimentieren, Dinge in Frage zu stellen und verschiedenartigste Erfahrungen zu sammeln, bevor er sich festlegen, entscheiden und Verantwortung übernehmen muss. Idealerweise durchläuft der Mensch eine Zeit des Suchens, Fragens und Ausprobierens, der Unsicherheit und des Experimentierens, bevor er sich für bestimmte Wertgeltungen und Haltungen entscheidet, Rollen übernimmt und Ziele festlegt. Im Kategoriensystem von Marcia wäre dieser Weg im Bereich der erarbeiten Identität einzuordnen. Die erarbeitete Identität zeichnet sich vor allem dadurch aus, dass sie nach der Zeit des Moratoriums durch eigene Entscheidung zu bestimmten Werten und Normen, Zielen und Verhaltensweisen entsteht.[37]

2.5 Lebenswelten Jugendlicher

2.5.1 Gesellschaftlicher Kontext

Weil die oben beschriebene Identitätsentwicklung des Jugendlichen immer auch im Kontext der jeweiligen Umwelt betrachtet werden muss, soll die Aufmerksamkeit im Folgenden dem Jugendlichen in seinen verschiedenen Umwelten zukommen:[38]

Jugendliche sind heute mit einem raschen gesellschaftlichen Wandel konfrontiert, der sich maßgeblich auf ihre Lebensbedingungen und -formen auswirkt. Standardisierte Lebensverläufe mit festgelegter Abfolge von Schulabschluss, Ausbildung, Beruf, Hochzeit, Heim- und Familiengründung existieren in dieser fixen Form nicht mehr. Stattdessen finden Heranwachsende eine breite Palette an Entwicklungsmöglichkeiten und Lebensentwürfen vor, die ihnen einerseits ein facetten-

---

37 vgl. Flammer & Alasker; 2002; S. 160–163 und vgl. Mietzel; 2002; S. 390–393 und vgl. Hurrelmann; 1997; S. 31–38
38 vgl. Oerter & Dreher; 1998; S. 361f.

reiches Auswahlspektrum bietet, ihre Identität zu entfalten, die jedoch andererseits die Phase des Suchens und der Orientierung zusätzlich erschweren kann. Chance und Risiko liegen hier eng beieinander, denn die Jugend von heute ist regelrecht gezwungen, zwar selbst gewählte, aber dennoch unbedingt erforderliche Entscheidungen zu treffen, um sich letztlich nicht in all der Freiheit und den Handlungsspielräumen zu verlieren.[39]

2.5.2 Eltern

Die Beziehung zu den Eltern zu verändern und Unabhängigkeit zu erlangen, gehört nach Havighurst zu den zentralen Entwicklungsaufgaben des Jugendlichen. Diese Ablösung ist für alle Beteiligten ein Balanceakt zwischen Verbundenheit und Ablösung, zwischen dem Wunsch, mehr Freiraum und Eigenständigkeit zu erlangen, ohne die Beziehung völlig abzubrechen. Die Ablösung von den Eltern bedeutet im Idealfall keine absolute Trennung im Sinne eines Abbruchs der Beziehung, sondern eine Neugestaltung der Bindung. Die Beziehung zu den Eltern muss neu definiert werden, ein neues Nähe-Distanz-Verhältnis auf einer anderen Ebene gefunden werden.[40]

Mit der Ausbildung des formal-operativen Denkens entwickelt der Jugendliche die Fähigkeit, kritisch zu reflektieren, und erlangt damit die Möglichkeit, die Schwächen der elterlichen Argumentation zu entlarven, ihre Logik zu hinterfragen und die mögliche Inkonsequenz zwischen der verbalisierten Theorie der Eltern und ihrem konkreten Handeln zu kritisieren:[41]

"Und gerade diese Desillusionierung führt dann zu überschießenden Reaktionen auf Seiten der Jugendlichen, zu Generalisierungen, die dann die Eltern bisweilen nur mehr als 'Zumutung' erscheinen lassen"[42].

Konflikte mit den Erziehungsberechtigten haben nicht grundsätzlich negative Auswirkungen auf das im Grunde gute Verhältnis zu den El-

---

39 vgl. Osthoff; 2003; S. 18f.
40 vgl. Göppel; 2005; S. 141f. und vgl. Flammer & Alasker; 2002; S. 94f.
41 vgl. Göppel; 2005; S. 141f.
42 Göppel; 2005; S. 142

tern. Meinungsverschiedenheiten über Mode und Musik, die Wahl der Freunde oder das Taschengeld, über die Hausarbeit oder die Unordnung im Zimmer und mögliche Konflikte mit dem Umfeld sind für den Jugendlichen, der nach seiner Individualität und Autonomie sucht, von elementarer Bedeutung. Eigene Grenzen zu erfahren, Grenzen anderer kennen zu lernen, Lösungen zu suchen und Kompromisse zu schließen, sind wichtige Lernerfahrungen, die Jugendliche in diesen Auseinandersetzungen sammeln können. Trotz Distanzierung bleiben die Eltern für den Jugendlichen wichtig.[43]

Nach Hurrelmann erfolgen die Ablösungsprozesse von den Eltern auf verschiedenen Ebenen: der psychologischen Ebene, die die Entwicklung eigener Vorstellungen, Normen und Werte umfasst, der kulturellen Ebene, im Sinne der Entwicklung eines eigenen Lebensstils, der räumlichen Ebene, durch Auszug aus dem Elternhaus, und der materiellen Ebene, begründet durch die finanzielle Selbstständigkeit.[44]

Heranwachsende benötigen auf dem Weg durch das Jugendalter vertrauensvolle Bezugspersonen, Begleiter und verständnisvolle Gesprächspartner, vor denen sie nichts verheimlichen müssen. Die Eltern haben die Aufgabe, dem Jugendlichen die Autonomie zu gewähren, die er für seine Entwicklung benötigt. Loslassen bedeutet aber nicht, alles zuzulassen, denn Jugendliche benötigen auch Halt, klare Abmachungen und Grenzen, die Orientierung bieten.[45]

2.5.3 Peers

Freundschaften bekommen im Jugendalter einen neuen Stellenwert, und die Orientierung an Gleichaltrigen nimmt zu. Beim Wunsch, eigene Ansichten und Vorstellungen zu entwickeln und sich zunehmend von den Eltern zu lösen, benötigen Jugendliche neue Leitbilder und Beziehungen. Im Gegensatz zu den Eltern werden Cliquen, Kumpels, Bekannte und Gangs von den Jugendlichen selbst ausgewählt. Diese

---

43 vgl. Flammer & Alasker; 2002; S. 170–175 und vgl. Mietzel; 2002; S. 320 und S. 379–385
44 vgl. Hurrelmann; 1997; S. 127–142
45 vgl. Oerter & Dreher; 1998; S. 362f.

neuen Kontakte haben nicht zwingend die dauerhafte Qualität der Eltern-Kind-Bindung.[46]

Durch die Peer-Group ist eine deutliche Abgrenzung nach außen möglich, während innerhalb der Gruppe oft ähnliche oder gleiche Ideen, Ziele, Werte und Normen verfolgt werden. Der Faktor Gemeinsamkeit, das `Wir-Gefühl´ spielt eine große Rolle – abhängen und experimentieren, das tut man hier gemeinsam. In einer Peer-Group wird häufig auch ein bestimmter Lebensstil vertreten. Es gibt politisch motivierte oder sozial aktive Peer-Groups, andere Jugendgruppen konzentrieren sich auf den Austausch über Motorrad, Computer oder andere Hobbys, und wieder andere Peers fühlen sich einer bestimmten Musikkultur zugehörig. Nicht selten demonstrieren die Kleidung, die Art die Haare zu tragen und bestimmte Accessoires die Zugehörigkeit zu einer Gruppe und die Abgrenzung nach außen. Das Zusammengehörigkeitsgefühl kann darüber hinaus durch einen jeweils spezifischen Sprachstil untermauert werden.[47]

Die Peergruppe hilft dem Jugendlichen dabei, autonom zu werden, den Ablösungsprozess von der Ursprungsfamilie besser zu bewältigen, ohne sich in Gefühlen der Einsamkeit zu verlieren, die bei der Suche nach Individualität entstehen können.[48]

In der Begegnung mit den Peers hat der Jugendliche die Chance, sich selbst besser kennen zu lernen und die eigenen sozialen Kompetenzen zu erweitern. Hier werden neue und reifere Formen der zwischenmenschlichen Kommunikation erlernt, Meinungen ausgetauscht, ein eigener Standpunkt erarbeitet und gelernt, andere Positionen zu verstehen und zu akzeptieren, Kompromisse zu schließen und Diskussionen zu führen. Peers schaffen neue Kontakte und dienen mit neuen Handlungs- und Erfahrungsräumen der Erweiterung des sozialen Feldes, innerhalb dessen sich Jugendliche bewegen.[49]

Die Clique kann Orientierung bieten, wenn es um Partnerschaft, Sexualität oder geschlechtspezifische Normen und Werte geht, Hilfestellung bei Problemen in der Familie geben oder hier kompensatorisch wirken. Erfahrungen mit der Schule können ausgetauscht wer-

---

46   vgl. Stolle; 2002; S. 132f. und vgl. Göppel; 2005; S. 158–169
47   vgl. Oerter & Dreher; 1998; S. 369–376
48   vgl. Oerter & Dreher; 1998; S. 369–376
49   vgl. Flammer & Alasker; 2002; S. 194–198 und vgl. Fend; 2003; S. 304–309

den, Grenzen gemeinsam überschritten und Kontakte zum anderen Geschlecht geknüpft werden.[50]

Die Peer-Gruppe bietet dem Jugendlichen einen geschützten Raum, um sich selbst zu entdecken, Neues auszuprobieren und durch exploratives Verhalten, Erfahrungen zu sammeln, die außerhalb dieser geschützten Gruppe nur schwieriger möglich wären. Die Gruppe bietet dem Einzelnen den nötigen Rahmen zur eigenen Selbstdarstellung, sie offeriert Identifikationsmöglichkeiten und Lebensstile, die der Jugendliche ausprobieren kann, um sie dann zu einem späteren Zeitpunkt in sein Selbstkonzept zu übernehmen oder sie abzulehnen.[51]

Mögen auch die Ziele und Vorstellungen innerhalb einer Peer-Group identisch sein, ist es dennoch wichtig, dass der Jugendliche im Laufe der Zeit lernt, sich auch davon zu distanzieren, sich seiner eigenen Ziele bewusst zu werden und letztlich auch den Widerspruch und die Unterschiede zu den Werten anderer zu akzeptieren, um selbstsicher einen eigenen Weg zu gehen.[52]

In der selbst gewählten Gruppe der Gleichaltrigen findet der Jugendliche einen Ort, an dem er sich zugehörig fühlt, dennoch ist es im Verlauf des Jugendalters wichtig, dass der Jugendliche seine Individualität entdeckt und Punkte ausfindig macht, in denen er sich von den Peers unterscheidet: Besonderheiten, Eigenschaften und Merkmale, die ihn selbst einzigartig sein lassen.[53]

Die Mitgliedschaft in Cliquen ist nicht der einzige Weg, um im Jugendalter sozial eingebunden zu sein. Neben der Clique gibt es innerhalb der Peers noch eine weitere bedeutende Gruppe: die beste Freundin, der beste Freund. Die Qualität dieser Beziehung und ihr Wert zeichnen sich häufig durch gegenseitiges Vertrauen, durch das 'Sich-Alles-Erzählen-Können' und die Exklusivität aus, eine beste Freundin zu haben oder sie sein zu dürfen.[54]

Die Beziehung gibt dem Jugendlichen Nähe und Geborgenheit, Sicherheit und Vertrauen und emotionale Unterstützung. Freunde helfen

---

50 vgl. Bütow; 2000; S. 48–62
51 vgl. Oerter & Dreher; 1998; S. 369–376
52 vgl. Oerter & Dreher; 1998; S. 369–376
53 vgl. Flammer & Alasker; 2002; S. 194–198
54 vgl. Göppel; 2005; S. 158–169 und vgl. Fend; 2003; S. 322–324

gegen das Gefühl der Einsamkeit und dabei, die Distanz zu den Eltern emotional auszuhalten.[55]

Mit zunehmendem Kontakten zu Gleichaltrigen wächst das Interesse am anderen Geschlecht, erste sexuelle Empfindungen und Wünsche entstehen, erste gegengeschlechtliche Beziehungen werden eingegangen. Häufig ist diese erste intime Freundschaft geprägt von intensivem ʼVerliebt-Seinʼ, jedoch ohne zwingend sexuellen Kontakt zu haben. In der Regel steigert sich der intime Kontakt langsam und beginnt mit Küssen, Streicheln und Petting, bevor es zum ersten Geschlechtsverkehr kommt. Diese ersten Beziehungen helfen dem Jugendlichen bei der Auseinandersetzung mit Vorstellungen zur Partnerschaft und möglicher Elternschaft, Familiengründung und eigenen Kindern.[56]

Wenn keine oder nur wenige Kontakte zu Gleichaltrigen und Peers bestehen, Jugendliche keine soziale Anerkennung und Akzeptanz durch Cliquen oder Freundschaften erfahren und zu Außenseitern werden, kann das für den Jugendlichen psychisch sehr belastend sein. Die fehlende Annahme oder gar Ablehnung durch Andere kann ein geringes Selbstwertgefühl bis hin zur Selbstablehnung nach sich ziehen:[57]

"Wer keine besten Freunde hat, fühlt sich weniger wohl und nimmt sich häufig als randständig wahr"[58].

2.5.4 Schule

Das Jugendalter ist eine Zeit, in der sich der Jugendliche verstärkt mit seiner Zukunft und den damit verbundenen Hoffnungen, Wünschen, Träumen und tatsächlichen Perspektiven auseinandersetzen muss. In diesem Zusammenhang wird es während dieses Lebensabschnitts wichtiger, die Schule als Chance für die spätere Zukunft zu begreifen,

---

55 vgl. Fend; 2003; S. 304–309 und vgl. Stolle; 2002; S. 132f. und vgl. Flammer & Alasker; 2002; S. 200–204
56 vgl. Hurrelmann; 1997; S. 33f. und S. 142–149 und vgl. Flammer & Alasker; 2002; S. 213ff.
57 vgl. Fend; 2003; S. 322–324
58 Flammer & Alsaker; 2002; S. 205

Eigenverantwortung hinsichtlich des Lernens zu entwickeln und einen eigenen Weg im Umgang mit Leistungsanforderungen zu gehen.[59]

Lernen, um einen guten Bildungsabschluss zu erwerben, ist heute wichtiger denn je geworden. Die Ausbildungszeiten haben sich verlängert und der Berufseinstieg hat sich nach hinten verlagert. Leistungen und Bildung sind heute nicht mehr allein Selbstzweck, sie werden immer mehr Voraussetzung dafür, in der beruflichen Zukunft zu bestehen und einen Arbeitsplatz zu bekommen. Schwierig ist Schule für den nach Individualität strebenden, impulsiven, unausgeglichenen, emotionalen, lustorientierten, albernen, kritischen, hinterfragenden und rebellischen Jugendlichen deshalb, weil sie fortwährend Anpassung, Selbstdisziplin, Durchhaltevermögen, Strebsamkeit und kontinuierliche Leistungsbereitschaft fordert.[60]

Darüber hinaus bietet die Institution Schule dem Jugendlichen aber einen Raum der Auseinandersetzung und sozialer Lernerfahrungen: sich fair behandeln, auf andere Rücksicht nehmen, Konflikte austragen und Lösungen finden, demokratisches Handeln erlernen, Niederlagen einstecken, dem Konkurrenzdruck standhalten, eigene Stärken entdecken. Neben Lernen und Leistung ist Schule für Jugendliche aber vor allem der Ort, an dem Freunde getroffen werden, mit dem anderen Geschlecht kokettiert wird, Partys organisiert und Verabredungen getroffen werden.[61]

2.5.5 Beruf

Jugendliche haben die Aufgabe, sich mit ihrer beruflichen Zukunft auseinanderzusetzen. Hierzu gehört auch, eigene Stärken und Interessen zu überprüfen und sich die notwendigen intellektuellen und sozialen Kompetenzen und Qualifikationen anzueignen, um einen Beruf zu ergreifen und sich damit eine eigenständige Existenz aufzubauen.[62]

Die Berufseinmündung gestaltet sich heute als komplexer Prozess. Nicht alle Jugendlichen haben die Chance auf einen Arbeitsplatz, der

---

59 vgl. Osthoff; 2003; S. 16f.
60 vgl. Göppel; 2005; S. 178–181
61 vgl. Stolle; 2002; S. 133f.
62 vgl. Hurrelmann; 1997; S. 33f.

ihren Interessen und Möglichkeiten entspricht. Oft stehen die objektiven Bedingungen des Arbeitsmarktes den subjektiven Wünschen und Erwartungen gegenüber.[63]

Viele Mädchen stehen auch heute noch vor der besonderen Herausforderung, Beruf und Familie zu vereinen. So ist die traditionelle Rollenverteilung Mann = Arbeit und Frau = Haushalt in den vergangenen Jahrzehnten zwar zunehmend aufgeweicht, dennoch fühlen sich immer noch viele Frauen verantwortlich für die Familie. Dass heranwachsende Jungen sich mit der Frage nach Vereinbarkeit von Familie und Beruf auseinandersetzen müssen, ist weitaus seltener der Fall.[64]

2.6 Zusammenfassung

Die Ausführungen zeigen, dass das Jugendalter eine Zeit der Veränderungen, der Auseinandersetzung und des allmählichen 'Erwachsen-Werdens' ist. Jugendliche müssen sich mit einer Reihe von schwierigen Themen in den verschiedensten Lebensbereichen auseinandersetzen:

- mit weiblichen Rundungen, die häufig schwierig zu akzeptieren sind, aber dennoch eine regelrecht unheimliche Wirkung auf das andere Geschlecht haben.
- mit der ersten Menstruation und den damit verbundenen Möglichkeiten, Kinder zu bekommen.
- mit ersten intimen Beziehungen.
- mit 'nervenden' Eltern, die man doch irgendwie noch braucht.
- mit dem Streben nach Eigenständigkeit und Unabhängigkeit.
- mit der Clique, die so wichtig wird, dass man auf keinen Fall 'out' sein will.
- mit dem Wunsch, dennoch einen eigenen Weg zu gehen, individuell und besonders zu sein und die eigene Identität zu finden.
- mit der Frage, wer man ist und wer man künftig sein möchte und welches Engagement dafür nötigt ist.

---

63 vgl. Zimbardo & Gerrig; 1999; S. 495f.
64 vgl. Stolle; 2002; S. 135f.

– mit der Institution Schule, die häufig ʻuncoolʼ erscheint, aber eine Perspektive für die Zukunft ermöglicht.

Die Überlegungen zur Lebensphase des Jugendalters machen deutlich, dass sich die Gedanken des Jugendlichen vornehmlich um sich selbst und den eigenen Platz in dieser Welt drehen. Nicht selten erleben Jugendliche sich als Nabel der Welt, und ihr Verhalten ist von Egozentrik geprägt. Dennoch bedeutet das nicht, dass der Jugendliche völlig sicher in sich selbst ruht oder bereits ein stabiles Selbstbild besitzt. Er ist unsicher, häufig orientierungslos, empfindlich und verletzbar, was die eigene Person angeht. Das Jugendalter ist gekennzeichnet von Experimenten, es ist die Zeit des Ausprobierens, des Suchens und des Fragens.

All diese Facetten des Jugendalters müssen berücksichtigt werden, wenn man die Bedeutung, die das Ereignis der Mutterschaft im Jugendalter hat, verstehen will und im Folgenden der Blick auf die Schwanger-, Mutter- und Elternschaft – alles zentrale Entwicklungsaufgaben des Erwachsenenalters – und den damit verbundenen vielschichtigen Aufgaben und Herausforderungen gelenkt wird:

3 Schwanger-, Mutter- und Elternschaft

3.1 Elternschaft als zentrales Thema des Erwachsenenalters

3.1.1 "Intimität versus Isolierung"[65] – Erik Erikson

Während des frühen Erwachsenenalters besteht die wesentliche Entwicklungsaufgabe nach Erikson darin, sowohl emotionale als auch sexuelle Bindungen und Beziehungen zu anderen Menschen einzugehen. Im Verlauf dieses Prozesses muss der junge Erwachsene lernen, Verantwortung zu übernehmen, Kompromisse zu schließen und ein Stück weit die eigene Unabhängigkeit aufzugeben. Feste Bindungen einzugehen, zum Beispiel innerhalb einer Partnerschaft oder Ehe, durch die Entscheidung für eigene Kinder oder durch die Intensivierung von Freundschaften und sozialer Kontakte, ist nach Erikson die charakteristische Herausforderung des frühen Erwachsenenalters. Schafft es der junge Erwachsene nicht, Nähe und Bindung aufzubauen, können Einsamkeit und Isolation mögliche Folgen sein.[66]

3.1.2 Elternschaft als Entwicklungsaufgabe

Folgende Entwicklungsaufgaben sind Teil des Kataloges an Entwicklungsaufgaben, die nach Havighurst im Laufe des frühen Erwachsenenalters, welches er in der Zeitspanne zwischen 18 – 30 Jahren ansiedelt, bewältigt werden müssen:

"1. Auswahl eines Partners.
2. Mit dem Partner leben lernen.
3. Gründung einer Familie.

---

65 Zimbardo & Gerrig; 1999; S. 460
66 vgl. Zimbardo & Gerrig; 1999; S. 461 und S. 496ff.

4. Versorgung und Betreuung der Familie.
5. Ein Heim herstellen, den Haushalt organisieren"[67].

Die Gründung einer Familie zählt zu den zentralen Entwicklungsaufgaben des frühen Erwachsenenalters, Elternschaft ist ein typisches
Thema dieser Lebensphase. Schwangerschaft und Elternschaft erfordern Veränderungen und Umstellungen hinsichtlich der eigenen Persönlichkeit und der Organisation des Alltags. Elternschaft bringt neue
Anforderungen und Belastungen mit sich.[68]

3.2 Veränderungen durch Elternschaft

3.2.1 Komplexe Veränderungsprozesse

Elternschaft leitet eine neue Lebensphase ein, die Auswirkungen auf
die individuelle Entwicklung jedes Elternteils und auch auf die Partnerschaft hat. Vor allem beim ersten Kind markieren die Veränderungen und neuen Aufgaben, die sich mit der Elternschaft ergeben, einen
kritischen Übergang, der mit Belastungen verbunden ist. Die Neuori-
entierung tangiert die Ebenen der eigenen Person, der Partnerschaft,
die des Kindes und der sozialen Umwelt:[69]

> *"Komplexe Neuorientierungen auf individueller, partnerbezogener und*
> *kindzentrierter Ebene, sowie innerhalb sozialer Umfeldbeziehungen werden*
> *erforderlich"[70].*

Der Übergang zur Elternschaft ist gekennzeichnet durch die Ereignisse
der Schwangerschaft, der ersten Geburt und dem `Eltern-Sein´. Hier-
aus wird deutlich, dass es sich um ein prozesshaftes Geschehen handelt, dass sich langsam entwickelt und durchaus als komplex zu betrachten ist: [71]

---

67 Dreher & Dreher; 1985b; S. 59 zit. nach Oerter & Dreher; 1998; S. 328
68 vgl. Wimmer-Puchinger; 1992; S. 23–25
69 vgl. Olbrich & Brüderl; 1998; S. 410f.
70 Olbrich & Brüderl; 1998; S. 411
71 vgl. Gloger-Tippelt; 1988; S. 12–17

"Auch die frühe Lebensereignisforschung thematisierte die Geburt eines Kindes als kritisches Lebensereignis für den Erwachsenen, besonders für die werdende Mutter"[72].

Die erste Geburt wird häufig als krisenhafter Umbruch und bedeutende Zäsur erlebt, die Veränderungen im biologischen, psychischen und sozialen Bereich verursacht und einen Neubeginn einleitet.

3.2.2 Biologische und psychische Ebene

Unter den Veränderungen auf biologischer Ebene werden alle Veränderungen des Körpers der Frau im Verlauf der Schwangerschaft und auch nach der Geburt verstanden – sowohl die hormonellen Veränderungen als auch die nach außen deutlich sichtbaren Veränderungen des Körpers. Zu den psychischen Veränderungen zählen die kognitiven Verarbeitungsprozesse und die emotionale und aktive Auseinandersetzung mit dem Thema Elternschaft.[73]

3.2.3 Paarbeziehung

Elternschaft kann sich auf die Zufriedenheit hinsichtlich der Partnerschaft auswirken. Die Interaktion zwischen den Partnern verändert sich durch das Kind. Werdende Mütter und Väter haben die Aufgabe, das Bild von sich selbst zu verändern und die Elternschaft zu integrieren:[74]

"Die Entwicklung der Elternidentität stellt eine wichtige Aufgabe für die künftigen Eltern dar"[75].

Während die Frau die Veränderungen ja bildhaft gesprochen am eigenen Leib erfährt, hat der werdende Vater vorwiegend nur die Möglichkeit sich kognitiv mit den Veränderungen auseinanderzusetzen. Er ist auf die Erzählungen und Berichte der werdenden Mutter angewiesen.

---

72 Olbrich & Brüderl; 1998; S. 411
73 vgl. Gloger-Tippelt; 1988; S. 14f.
74 vgl. Olbrich & Brüderl; 1998; S. 411f. und vgl. Reichle; 2002; S. 75–88
75 Huwiler; 1995; S. 39

Für die Mutter bedeutet Schwangerschaft und Geburt regelmäßig eine Veränderung der bisher identitätsstiftenden Rollen, während sich werdende Väter weniger bis kaum mit der Vereinbarkeit von Beruf und Familie auseinandersetzen müssen. Wenn auch in den Köpfen die traditionelle Aufgabenverteilung allmählich aufbricht, so zeigt die Praxis ein anderes Bild. Die Berufstätigkeit zu unterbrechen und Elternzeit in Anspruch zu nehmen, bedeutet auch, die wirtschaftliche Selbstständigkeit aufzugeben und in vielen Fällen abhängig zu sein vom Partner oder von staatlichen Leistungen. Aber auch dann, wenn sich der Vater an den Aufgaben beteiligt, werden die Alltagsgestaltung, das Freizeitverhalten und die Freiräume des Paares durch die Geburt des Kindes enorm eingeschränkt. Neben der eigenen innerpsychischen Auseinandersetzung mit sich selbst müssen sich werdende Eltern auch mit den Rollenzuschreibungen und Erwartungshaltungen der Gesellschaft auseinandersetzen und sind damit konfrontiert, dass es nur eine geringe gesellschaftliche Wertschätzung und Anerkennung für das 'Mutter-Sein' gibt.[76]

Eltern müssen enorme Anpassungsleistungen an die veränderte Situation erbringen. Handlungsmuster hinsichtlich der Versorgung und Pflege des Kindes entwickeln die Eltern in der Regel erst im Laufe der Zeit.[77]

3.2.4 Soziale Beziehungen

Darüber hinaus finden Veränderungen auf sozialer Ebene statt. Die Beziehungen des Paares sowie die Beziehungen zu der Familie und Freunden können durch die Geburt des Kindes einen Wandel erfahren. Häufig verändern sich diese dahingehend, dass einerseits alte Freundschaften wegbrechen und andererseits Kontakte zu anderen Müttern oder Familien intensiviert werden. Mit der Elternschaft verändern sich auch die Kontakte zu Institutionen.[78]

---

76 vgl. Huwiler; 1995; S. 39–44 und vgl. Olbrich & Brüderl; 1998; S. 420
77 vgl. Gloger-Tippelt; 1988; S. 12–17
78 vgl. Gloger-Tippelt; 1988; S. 14f. und vgl. Reichle; 2002; S. 75–88

3.3 Übergang zur Elternschaft

3.3.1 Das Phasenmodell nach Gabriele Gloger-Tippelt

Gloger-Tippelt plädiert dafür, Schwanger- und Elternschaft nicht als globale Krise zu betrachten. Sie zeigt in ihrem Phasenmodell für den Übergang zur Elternschaft einzelne Schritte und die jeweils damit verbundenen spezifischen Anforderungen, Verarbeitungs- und Veränderungsprozesse auf, die die werdenden Eltern durchleben. In ihrem hypothetischen Verlaufsmodell des Übergangs zur Elternschaft unterscheidet sie vier Anpassungsprozesse vor und drei nach der Geburt des Kindes, die in den folgenden Abschnitten näher dargestellt werden:[79]

3.3.2 Verunsicherung (bis zur 12. SSW)

Diese Phase beginnt mit dem Moment, an dem das Paar erfährt, dass es ein Kind bekommt. Gerade während der ersten Monate der Schwangerschaft ist die Frau infolge der hormonellen Umstellung und den daraus resultierenden körperlichen Veränderungen mit Müdigkeit, Übelkeit, Erbrechen, Kreislaufbeschwerden und Geschmacksveränderungen konfrontiert. Reaktionen auf die Nachricht der Schwangerschaft können positiver, negativer oder auch ambivalenter Natur sein. Die Zukunft erscheint unsicher, Ängste dahingehend, ob man überhaupt eine gute Mutter sein kann oder wie künftig Beruf und Kind vereinbar sind oder wie sich die Paarbeziehung gestalten wird und die finanzielle Situation entwickelt, tauchen auf. Diese Unsicherheiten treten grundsätzlich unabhängig davon auf, ob die Schwangerschaft völlig ungeplant war oder es sich um das lang ersehnte Wunschkind handelt, können bei ungewollter Schwangerschaft aber größer sein. Während der ersten zwölf Wochen haben Paare, die aktuell kein Kind geplant und sich auch keines wünschen, die Möglichkeit, sich mit dem Abbruch der Schwangerschaft gegen das Kind oder für das Austragen der Schwangerschaft zu entscheiden. In dieser ersten Zeit bleibt das Thema Schwangerschaft in der Regel vor allem ein Thema zwi-

---

79 vgl. Olbrich & Brüderl; 1998; S. 413–415 und Gloger-Tippelt; 1988; S. 62

schen den künftigen Eltern und nimmt vornehmlich Raum innerhalb der Paarbeziehung ein. Erst zu einem späteren Zeitpunkt werden Familie, Freunde und das soziale Umfeld eingeweiht und an Gesprächen über das Baby beteiligt.[80]

3.3.3 Anpassung (ca. 12.–20. SSW)

Nachdem sich die Eltern für das Kind entschieden haben und sich mit der zukünftigen Elternschaft emotional auseinandergesetzt haben, findet die Nachricht gewöhnlich Verbreitung im Freundes- und Familienkreis und wird dadurch auch nach außen konkreter. Ab diesem Zeitpunkt erhalten die werdenden Eltern Rückmeldung aus dem sozialen Umfeld zur Schwangerschaft und bevorstehenden Elternschaft. Diese können sowohl unterstützend erlebt werden als auch die Anpassung an die Elternschaft erschweren. Die Frau hat sich nach den ersten drei Monaten zunehmend an die Veränderungen des Körpers gewöhnt, ein neues hormonelles Gleichgewicht ist eingestellt, so dass die körperlichen Beschwerden der Anfangszeit nun allmählich nachlassen und die erste Phase der Unsicherheit und Ängste weitgehend überwunden ist. Viele Eltern stellen sich jetzt bewusst auf das bevorstehende Ereignis ein, nutzen die Zeit, um sich in Zeitschriften, Büchern, bei Ärzten, anderen Professionellen oder im Austausch mit Freunden über die Veränderungen während der Schwangerschaft und das Wachstum und die Entwicklung des Kindes zu informieren. Häufig erfolgt jetzt eine Umstellung der Ernährungsgewohnheiten und die Veränderung des Gesundheitsverhaltens durch die Mutter. Die ersten Herztöne, das erste Ultraschallbild – all diese Situationen konfrontieren die werdenden Eltern mit dem entstehenden Leben, erleichtern die Integration der Schwangerschaft und stärken das Selbstbild als künftige Mutter oder als künftiger Vater. Die Eltern identifizieren sich zunehmend mit der Elternrolle, diese Phase ist häufig von Glücksgefühlen begleitet.[81]

---

80 vgl. Gloger-Tippelt; 1988; S. 75–78 und vgl. Huwiler; 1995; S. 29 und vgl. Faltermaier, u.a.; 2002; S. 126f.
81 vgl. Gloger-Tippelt; 1988; S. 78–81 und vgl. Huwiler; 1995; S. 29f.

3.3.4 Konkretisierung (ca. 20.–32. SSW)

Die ersten Bewegungen des Kindes in dieser Phase lassen das Kind, das sich die Eltern bisher in Gedanken vorgestellt haben, konkreter werden und geben den Eltern Rückmeldung darüber, dass das Kind am Leben ist. Darüber hinaus wird zum ersten Mal spürbar, dass es sich bei dem heranwachsenden Fötus um ein eigenständiges Lebewesen handelt. Der Körper der Frau verändert sich zunehmend, der wachsende Bauch lässt nun auch für die Umwelt sichtbar werden, dass ein neuer Mensch heranwächst. Allmählich wächst das Paar in die Rolle der Mutter und des Vaters hinein, die Reaktionen der Umwelt auf die Schwangerschaft, eine mögliche Teilnahme an speziellen Vorbereitungskursen für die Geburt und Elternschaft lassen diese Rollen immer mehr Gestalt annehmen. Ängste und Unsicherheiten gehen in dieser Phase zurück, das Wohlbefinden der Frau steigt an und es überwiegen – nicht zuletzt dank der guten Vorsorgemöglichkeiten – Gefühle von Sicherheit und Glück:[82]

> "Das in der Konkretisierungsphase vorherrschende Wohlgefühl und ein relativ niedriges Angstniveau schaffen einen emotionalen Zustand, auf dessen Hintergrund sich eine positive Grundhaltung für den weiteren Verlauf der Schwangerschaft und für die Geburt herausbilden kann"[83].

3.3.5 Antizipation und Vorbereitung (ca. 32. SSW – Geburt)

Gegen Ende der Schwangerschaft nehmen die körperlichen Belastungen, Beschwerden und Einschränkungen der Mutter durch das zunehmende Gewicht und den Bauchumfang zu. Die Geburt rückt näher und kann Auslöser von Freude und Glück, aber auch von Verunsicherung sein. Die Eltern müssen sich mit Ängsten auseinandersetzen, die beispielsweise Gedanken an ein behindertes oder krankes Kind, an die Schmerzen der Geburt und mögliche Komplikationen verursachen können. Die Eltern machen sich spätestens jetzt Gedanken über die Art der Geburt und darüber, wo diese stattfinden soll. Sie bereiten sich

---

82 vgl. Gloger-Tippelt; 1988; S. 81–87 und vgl. Huwiler; 1995; S. 30
83 Gloger-Tippelt; 1988; S. 87

darüber hinaus durch die Gestaltung des neuen Babyzimmers und den Einkauf von Kleidung, Pflegeartikeln und anderen wichtigen Utensilien für das Kind auf die Ankunft ihres Kindes vor.[84]

3.3.6 Geburt

Der Geburtsprozess verläuft bei jeder Frau zeitlich anders und wird auch von Frau zu Frau hinsichtlich der Ängste und Schmerzen während des Geburtsvorganges unterschiedlich erlebt. Die Anwesenheit des Partners, seine Nähe, sein Rückhalt und Berührungen können die Frau bei der Geburt unterstützen. Die Schmerzen weichen regelhaft dem Glücksgefühl, zum ersten Mal das Kind, auf das die Eltern sich nun neun Monate vorbereitet haben, in den Armen zu halten. Zum ersten Mal wird das Baby, welches sie vorher nur auf dem Ultraschall sehen konnten, begreifbar. Das bedeutet allerdings auch, dass die Vorstellungen und Wünsche, die sich die Eltern hinsichtlich des Aussehens oder des Geschlechts gemacht haben, nun mit der Realität in Einklang gebracht werden müssen.[85]

3.3.7 Überwältigung und Erschöpfung (ca. 4–8 Wochen nach der Geburt)

Nach der Geburt ist die Frau erneut mit enormen körperlichen und hormonellen Umstellungen konfrontiert. Während der ersten acht Wochen genießt die Mutter den gesetzlich gewährten Mutterschutz. Die Veränderungen, die sich im Lebensalltag der Eltern durch die Geburt des Säuglings ergeben, sind enorm. Das lang ersehnte Baby ist nun da und beansprucht die gesamte Aufmerksamkeit seiner Eltern. Die Bedürfnisse des Säuglings zu befriedigen erfordert viel Zeit und Flexibilität von den Eltern und verlangt regelhaft eine völlige Ausrichtung des Zeitmanagements auf das Stillen und die Pflege des kleinen

---

84 vgl. Gloger-Tippelt; 1988; S: 88–91 und vgl. Huwiler; 1995; S. 30f. und vgl. Faltermaier, u.a.; 2002; S. 126f.
85 vgl. Gloger-Tippelt; 1988; S. 92–96 und vgl. Huwiler; 1995; S. 31 und vgl. Faltermaier, u.a.; 2002; S. 128

Babys. Die Eltern müssen lernen, mit diesen Anforderungen umzugehen. Häufig erleben die Frauen dies als eine Zeit, in der wenig Raum für sie selbst bleibt, sie sich ständig in Warteposition befinden und schließlich auch häufig ihren Schlaf-Wach-Rhythmus an den Säugling anpassen. Meist sind die Eltern besonders in der Anfangszeit sehr angespannt, nervös und inständig bemüht, alles richtig zu machen. Diese Umstellungen können allerdings auch zur Überforderung führen. Die Wochenbettdepression tritt bei vielen Frauen in den ersten Wochen nach der Geburt als Folge der enormen körperlichen und psychischen Anstrengungen und hormonellen Umstellungen auf. Die Geburt des Kindes hat zudem Rückwirkung auf die Partnerschaft. Das Paar muss sich an die neue Situation zu dritt gewöhnen. Unter Umständen reduziert sich innerhalb der Paarbeziehung die Zeit für Zärtlichkeit, Intimität und intensive Gespräche. Die Freiheit, die das Paar noch vor der Geburt hatte, wird durch Kinder zunehmend eingeschränkt. Dennoch Räume für Zweisamkeit zu schaffen, ist eine große Herausforderung, mit der das Paar konfrontiert wird. Vor allem dann, wenn es sich um das erste Kind handelt, können die Eltern auf keine Erfahrung in der Rolle als Mutter oder Vater zurückgreifen, müssen erst allmählich lernen, diese auszufüllen und in ihr Selbstbild zu integrieren. Wie die Veränderungen in die bestehende Partnerschaft integriert werden, hängt auch von der Qualität und den Merkmalen der Partnerschaft vor der Geburt des Kindes ab. Darüber hinaus können auch ein guter Gesundheitszustandes des Kindes, intensive Vorbereitung auf die Zeit mit dem Baby, Unterstützung durch die Familie und die gerechte Aufteilung der anfallenden Arbeiten hinsichtlich des Haushaltes und der Pflege des Säuglings unter den Geschlechtern unterstützende Faktoren während dieser ersten Zeit sein. Intensive Glücksmomente über die Ankunft des neuen Familienmitgliedes können genauso zum Spektrum der Gefühle nach der Geburt gehören wie Müdigkeit, Erschöpfung und depressive Stimmungen, Unsicherheit und Angstgefühle.[86]

---

[86] vgl. Gloger-Tippelt; 1988; S. 96–101 und vgl. Huwiler; 1995, S. 31f. und vgl. Mietzel; 1997; S. 175–187 und vgl. Olbrich & Brüderl; 1998; S. 419–422

3.3.8 Herausforderung und Umstellung (ca. 2–6 Monate nach der Geburt)

Die Eltern gewinnen zunehmend Routine hinsichtlich der Versorgung und Pflege des Kindes, die Mutter hat sich zu diesem Zeitpunkt bereits von der Geburt erholt. Die Rollen des Vaters und der Mutter nehmen zunehmend Gestalt an, die Eltern können nun bereits auf einige Erfahrung im Umgang mit dem Säugling zurückgreifen. Auch die Neugestaltung und -orientierung der Paarbeziehung findet in dieser Phase statt, in der Regel wird jetzt auch die sexuelle Beziehung wieder aufgenommen. Die Zufriedenheit mit der Partnerschaft nimmt dann ab, wenn der Wunsch nach mehr Beteiligung des Partners an der Versorgung des Kindes und den Aufgaben im Haushalt unerfüllt bleibt. Häufig erfährt die vor der Geburt idealisierte Vorstellung von der Zeit mit dem Baby als Mutter und Hausfrau eine Ernüchterung. Viele Frauen erleben darüber hinaus die finanzielle Abhängigkeit von ihrem Partner als zusätzliche Belastung.[87]

3.3.9 Gewöhnung (ca. 6–12 Monate nach der Geburt)

Die Eltern haben sich nun an das neue Familienmitglied gewöhnt, sind nun bereits vertraut mit seinen typischen Gewohnheiten und Verhaltensweisen, den individuellen Besonderheiten und der Persönlichkeit ihres Babys und werden zunehmend entspannter und sicherer im Umgang mit dem Säugling und der veränderten Lebenssituation. Die Elternschaft ist jetzt bereits routinierter geworden, Stress und Ängste nehmen ab, Sicherheit und das Vertrauen in die Bewältigung der Elternschaft steigen an. Die Eltern gewöhnen sich zunehmend an die fordernde Haltung des Säuglings und werden dahingehend gelassener. Ebenso nehmen während dieser Phase die pflegerischen Tätigkeiten ab und schaffen Raum für fördernde Anregung, Interaktion und Stimulation des Säuglings, der nun von Tag zu Tag Neues lernt. Die Eltern nehmen in dieser Phase die Planung der weiteren Zukunft wieder auf, die Frau denkt möglicherweise über einen erneuten Berufseinstieg

---

87 vgl. Gloger-Tippelt; 1988; S. 101–108 und vgl. Huwiler; 1995; S. 32f.

nach, plant eine Wiederaufnahme der Schul- oder Berufsausbildung oder des Studiums, oder das Paar entscheidet sich für eine erneute Elternschaft.[88]

3.4 Beeinflussende Faktoren für die Bewältigung der Elternschaft

Für die Bewältigung der Schwangerschaft, Geburt und Elternschaft sind folgende persönlichen, familialen und außerfamilialen Ressourcen und Faktoren von Bedeutung.

Eine zentrale Rolle kommt hierbei den Persönlichkeitsmerkmalen der Mutter und des Kindesvaters zu. Erfolgreich bewältigte Entwicklungsaufgaben wie die Identitätsbildung, Partnerwahl und Partnerschaftserprobung wirken sich des Weiteren auf die Bewältigung der Entwicklungsaufgabe Elternschaft aus. Darüber hinaus stellen die aktuelle Situation innerhalb der Paarbeziehung, die Beziehungsstruktur, die Interaktionsformen und Strategien der Konfliktbewältigung eines Paares beeinflussende Faktoren für die Bewältigung dar. Eine Schwangerschaft birgt mehr Belastungen, wenn die Mutter Single ist. Auch Konflikte und Streitigkeiten innerhalb der Partnerschaft, die Untreue eines Partners und mangelnde Unterstützung aus dem sozialen Umfeld der werdenden Eltern sind zusätzliche Stressfaktoren, die Ängste in Bezug auf die bevorstehende Elternschaft auslösen können. Werden Kinder in eine stabile Paarbeziehung hineingeboren, so trägt das Kind in der Regel zur Bereicherung dieser Bindung bei. Ist die Paarbeziehung jedoch schon bei Geburt des Kinds instabil und schwierig, so kann das Kind eher zur Belastungsprobe für die Paarbeziehung der Eltern werden.[89]

Darüber hinaus muss das Alter, das Ausbildungs- und Bildungsniveau und die Berufstätigkeit der Eltern berücksichtigt werden. Ebenso ist die Geplant- und Erwünschtheit des Kindes von zentraler Bedeutung für die Verarbeitung und das Erleben der Schwanger- und Mutterschaft.[90]

---

88 vgl. Gloger-Tippelt; 1988; S. 108–113 und vgl. Huwiler; 1995; S. 33–35
89 vgl. Olbrich & Brüderl; 1998; S. 419–422 und vgl. Wimmer-Puchinger; 1992; S. 46f. und vgl. Faltermaier, u.a.; 2002; S. 128f.
90 vgl. Mietzel; 1997; S. 175–187

Die Lebensumstände, sozioökonomischen Rahmenbedingungen und die finanzielle Situation wirken sich auf die Verarbeitung der Schwangerschaft aus. Eine schwierige finanzielle Ausgangssituation kann sehr belastend sein. Die Beziehungen zu und die Unterstützung durch die jeweiligen Herkunftsfamilien, Freunde, Bekannte und soziale Netzwerke können die Elternschaft erleichtern. Es existieren Zusammenhänge zwischen der Unterstützung durch das soziale Umfeld und der Stressbildung beziehungsweise Zufriedenheit der Mutter. Zum sozialen Netz zählen die Möglichkeiten der Säuglings- und Kinderbetreuung und soziale Unterstützungseinrichtungen wie soziale und medizinische Dienste.[91]

3.5 Fokus: Alleinerziehende

3.5.1 Alleinige Erziehungsverantwortung

Nachdem die Auswirkungen, die die Schwangerschaft und die Geburt eines Kindes auf das Leben der Eltern und die Paarbeziehung haben, erläutert wurden, wird im Folgenden auf die besonderen Lebensumstände, Herausforderungen und Belastungen eingegangen, denen Alleinerziehende zusätzlich gegenüberstehen. Dieser Fokus findet seine Berechtigung darin, dass junge Mädchen während des Jugendalters – wie im Kapitel 2 näher ausgeführt – gerade dabei sind, erste Erfahrungen zu sammeln und Intimität und Sexualität auszuprobieren, also zu vermuten ist, dass sie sich regelhaft nicht in einer stabilen Paarbeziehung befinden und auch im Fall einer Schwangerschaft gegebenenfalls ohne gefestigte Paarbeziehung oder alleinerziehend sind.

3.5.2 Ökonomische Belastungen

Alleinerziehende stehen anderen Herausforderungen gegenüber als Familien mit zwei Elternteilen in einem Haushalt. Sie sind häufig mit

---

91 vgl. Gloger-Tippelt; 1988; S. 70–75 und vgl. Huwiler; 1995; S. 57–63 und S. 79f.

ökonomischen Problemen und materiellen Risiken konfrontiert, die zur dauerhaften Belastung werden können:

"Die Einkommenssituation von Alleinerziehenden ist umso schlechter,
je jünger das jüngste Kind ist, das im Haushalt lebt,
je jünger sie selbst sind, wenn sie zu Alleinerziehenden werden,
je geringer ihre Schul- und Berufsausbildung ist,
je höher die Anzahl der Kinder ist"[92].

Vor allem dann, wenn die Mutter nicht berufstätig ist und kein eigenes Erwerbseinkommen erzielt, sind viele Alleinerziehende auf staatliche Transferleistungen angewiesen, um die Existenz ihrer Familie zu sichern. Häufig lassen die monatlichen Transferleistungen keinen Spielraum für Freizeitaktivitäten, einen Cafebesuch oder das Bezahlen eines Babysitters – die Teilhabe am sozialen und kulturellen Leben. Soziale Isolation kann eine mögliche Folge sein. Beschwerlicher wird die Situation dann, wenn Unterhaltszahlungen für die Kinder von Seiten des Vaters nicht getätigt werden und Alleinerziehende auch dahingehend auf die Unterstützung durch den Staat angewiesen sind:[93]

"Etwa jede(r) dritte Alleinerziehende erhält keine Zahlungen, weil der getrennt lebende Elternteil entweder nicht unterhaltsfähig ist oder weil der Aufenthaltsort unbekannt ist"[94].

Limmer stellt fest, dass die Zahlungsmoral in direktem Zusammenhang mit der Qualität und Häufigkeit des Kontaktes zum Kind steht: Je seltener dieser wird, umso seltener geht auch der Unterhalt auf dem Konto der Mutter ein. Die Probleme um die Unterhaltszahlung werden dann größer, wenn der ehemalige Partner wieder in einer neuen Beziehung ist. Darüber hinaus macht sie auch die Qualität der ehemaligen Paarbeziehung als Faktor aus, der die späteren Unterhaltszahlungen beeinflusst:[95]

"Haben Eltern niemals zusammengelebt, ist die Zahlungsbereitschaft geringer"[96].

---

92 Limmer; 2004; S. 19
93 vgl. Limmer; 2004; S. 18f. und S. 39f.
94 Limmer; 2004; S. 26
95 vgl. Limmer; 2004; S. 26f.
96 Limmer; 2004; S. 27

Streitigkeiten über die unregelmäßigen oder gar nicht erfolgenden Unterhaltszahlungen können die Beziehung zwischen den Ex-Partnern belasten.

3.5.3 Partnerschaft

`Mit dir will ich nie wieder etwas zu tun haben´! Dieser Wunsch wird dann schwierig umzusetzen sein, wenn man mit seinem ehemaligen Partner in gemeinsamer Erziehungsverantwortung für ein minderjähriges Kind steht. *"Eltern bleiben Eltern"*[97], so sieht es auch das neue Kindschaftsrecht. Eltern, die bisher die gemeinsame Sorge hatten, sollen diese auch weiterhin behalten, weil das Kind beide Eltern benötigt – nicht nur in finanzieller, sondern auch in emotionaler Hinsicht. Getrenntlebende Eltern müssen sich über den Umgang, die Besuche des Kindes beim Vater austauschen und diese organisieren – hier werden sie immer wieder mit dem ehemaligen Partner konfrontiert. Die Qualität der Beziehung zum Ex-Partner ist stark davon abhängig, wie die Trennung vollzogen wurde, ob es sich um eine Wahlentscheidung gehandelt hat oder nicht, und davon, wie schwierig die Beziehungskonstellation vor der Trennung war. Weiterhin bedeutend für die Gestaltung und das Erleben der Beziehung zum Ex-Partner kann der zeitliche Abstand zur Trennung sein.[98]

Die Sehnsucht nach einer neuen Partnerschaft ist bei Alleinerziehenden häufig vorhanden. Frauen, die nicht im Erwerbsleben stehen, haben jedoch weniger Möglichkeiten, neue Kontakte zu knüpfen. Darüber hinaus sind die Versorgung, Pflege und Erziehung des Kindes zeit- und arbeitsintensiv. Viele Alleinerziehende ergreifen hinsichtlich der Partnersuche erst gar nicht die Initiative: aus Rücksicht auf das Kind, aus Unsicherheit oder um von einem möglichen Misserfolg nicht enttäuscht zu werden.[99]

---

97 Limmer; 2004; S. 24
98 vgl. Wimmer-Puchinger; 1992; S. 62f. und vgl. Limmer; 2004; S. 24f.
99 vgl. Limmer; 2004; S. 27–30

3.5.4 Unterstützung durch Familie, Verwandte und Freunde

Gerade für Alleinerziehende ist ein funktionierendes, stabiles soziales Netz von besonderer Bedeutung und Notwendigkeit. Emotionale, praktische und finanzielle Unterstützung aus dem sozialen Netz, kann Alleinerziehende enorm entlasten. Menschen zu haben, mit denen man reden kann und die zuhören können, die hin und wieder die Kinderbetreuung übernehmen, hilfreiche Informationen und Ratschläge bereithalten und zum Gang auf Ämter begleiten oder in Notsituationen auch finanzielle Unterstützung anbieten.[100]

Jedes Hilfesystem, das unterstützend wirkt, kann aber auch fordernd sein:

> "Alleinerziehende, die sich für die empfangene Unterstützung nicht entsprechend revanchieren können, zahlen oftmals einen anderen Preis: Sie treten ein Stück Selbstbestimmung ab, indem sie wohlmeinende Ratschläge oder direkte Einmischungen in das Familienleben von Seiten der Unterstützungsleistenden tolerieren oder sie müssen sich mit einem verminderten Selbstwertgefühl arrangieren"[101].

Die erhaltende Hilfe kann belastend sein, weil die Mütter das Gefühl haben, sich revanchieren zu müssen oder mit Ratschlägen und Kritik hinsichtlich des eigenen Erziehungsverhaltens konfrontiert werden. Besonders die Unterstützung durch die eigene Mutter fördert die Abhängigkeit und behindert das Bestreben nach Unabhängigkeit und Loslösung. Die enorme Abhängigkeit von der Unterstützung macht es quasi unmöglich, sich gegen mögliche Bevormundung und Kritik aufzulehnen. Konflikte werden dann eher in Kauf genommen. Die gegenseitige Unterstützung funktioniert am besten zwischen Alleinerziehenden oder mit anderen Eltern, die sich jeweils in einer ähnlichen Situation befinden und auf die gegenseitigen Hilfsdienste angewiesen sind.[102]

---

100 vgl. Limmer; 2004; S. 31–35
101 Limmer; 2004; S. 33
102 vgl. Limmer; 2004; S. 33f.

3.6 Zusammenfassung

Die Ausführungen dieses Kapitels zeigen, dass Elternschaft und die Gründung einer Familie zentrale Entwicklungsaufgaben des Erwachsenenalters und nicht des Jugendalters sind. Sie werden begleitet von enormen Veränderungsprozessen, die Auswirkungen auf folgende Lebensbereiche haben:

– Veränderungen im Körper der Frau
– Veränderungen hinsichtlich der eigenen Persönlichkeit
– Veränderungen innerhalb der Paarbeziehung
– Veränderungen hinsichtlich Arbeit und Beruf
– Veränderungen hinsichtlich der Alltagsgestaltung
– Veränderungen hinsichtlich der Freizeitgestaltung
– Veränderungen in Freundschaftsbeziehungen
– Veränderungen in der sozialen Umwelt

Das Phasenmodell vom Gloger-Tippelt macht die Vielschichtigkeit des Prozesses der werdenden Elternschaft besonders deutlich und zeigt konkrete Aufgaben und Anforderungen auf, die vor und nach der Geburt daraus erwachsen:

– Verarbeitung positiver und vor allem negativer Reaktionen hinsichtlich der Schwanger- und Mutterschaft aus dem Umfeld
– Umgang mit körperlichen Belastungen, Veränderungen und Schmerzen während der Schwangerschaft und Geburt
– Ängste vor dem Ereignis der Geburt bewältigen
– Pflege und Versorgung des Kindes
– Aufmerksamkeit und Zeit für die Bedürfnisse des Kindes
– Ausrichtung des Zeitmanagements auf das Kind
– Bewältigung der Angst, im Umgang mit dem Kind etwas falsch zu machen
– Regelung der Aufgabenverteilung (Babyversorgung und Haushaltsplanung)
– Auseinandersetzung mit Vereinbarkeit von Kind und Beruf
– Entwicklung vom Paar, von Mann und Frau zu Eltern, zu Vater und Mutter
– Herausforderung bewältigen, neben Elternschaft, die Paarbeziehung zu leben und Zeit für Intimität zu haben

Alleinerziehende erfahren durch den fehlenden Partner und Vater für das Kind zusätzliche Belastungen in persönlicher, finanzieller und sozialer Hinsicht.

Elternschaft ist damit ein zentraler Wendepunkt, eine bedeutende Zäsur im Leben eines Menschen, vor allem im Leben der Mutter. Sie erfordert enorme Anpassungsleistungen an die neue Situation mit Kind, muss aber nicht zwingend als Krise erlebt werden oder dauerhafte Beeinträchtigungen der Entwicklung zur Folge haben. Entwicklungschancen sind ebenso möglich wie eine Situation der Krise.[103]

Die Persönlichkeitsentwicklung der Eltern, eine stabile Paarbeziehung, das Bildungsniveau und die berufliche Situation, ökonomische Rahmenbedingungen sowie die Beziehung zur Herkunftsfamilie, Freundschaften, soziale Netzwerke und die Verfügbarkeit professioneller Unterstützungsangebote spielen hinsichtlich der Bewältigung der Elternschaft eine bedeutende Rolle.

Diese Ausführungen zeigen, dass die Elternschaft auch Erwachsene vor enorme Herausforderungen stellt, und lassen erahnen, was es bedeutet, als Jugendlicher mit diesen Aufgaben konfrontiert zu sein.

Bevor die Bedeutung, die die Mutterschaft im Jugendalter hat, näher betrachtet wird, wird im Folgenden der Blick zuerst allgemein auf kritische Lebensereignisse, normative und non-normative Entwicklungsaufgaben gelenkt, um zu verstehen, welche Folgen es hat, wenn Entwicklungsaufgaben außerhalb der Lebensphasen auftreten, in denen sie normalerweise stattfinden, und damit, was es bedeutet, im Jugendalter Mutter zu werden.

---

103   vgl. Olbrich & Brüderl; 1998; S. 411ff. und vgl. Faltermaier, u.a.; 2002; S. 130–133 und vgl. Reichle; 2002; S. 75–88

4 Kritische Lebensereignisse, Entwicklungsaufgaben und Krisen

4.1 Kritische Lebensereignisse

Jedem Menschen widerfahren im Laufe seines Lebens Ereignisse, die ihn belasten, verunsichern oder überfordern können. Beispiele für solche kritischen Lebensereignisse sind der Verlust eines Freundes, Arbeitslosigkeit, Krankheit, ein Wohnortwechsel, ein Lottogewinn, die Geburt eines Kindes oder auch die erfreuliche Begebenheit des Bestehens der Abschlussprüfung. Cornelius und Hultsch unterteilen diese Lebensereignisse in die folgenden drei Klassen:

Die erste Klasse umfasst Lebensereignisse wie beispielsweise Krieg, Vertreibung, technischen Fortschritt oder ökonomische Veränderungen, die sich auf eine historische Zeit und die damit verbundenen Ereignisse und Veränderungen beziehen. Darüber hinaus gibt es normative Lebensereignisse wie beispielsweise den Schulanfang oder die Menopause, die eng mit einem bestimmten Lebensalter verknüpft sind, und non-normative Lebensereignisse, die weder an eine historische Epoche gebunden noch mit einem bestimmten Lebensalter verknüpft sind und plötzlich und völlig unerwartet in das Leben eines Menschen treten.[104]

4.2 Normative Lebensereignisse und Entwicklungsaufgaben

Analog gibt es Entwicklungsaufgaben, die durch normative Lebensereignisse ausgelöst werden. Normative Entwicklungsaufgaben sind

---

104 vgl. Cornelius & Hultsch; 1995; S. 76

„Entwicklungsaufgaben, die für alle Menschen einer bestimmten Kultur auf einem bestimmten Entwicklungsniveau gelten"[105].

Hierzu zählen beispielsweise die oben bereits dargestellten Kataloge an Entwicklungsaufgaben, von Havighurst und Dreher & Dreher, die eng mit einem bestimmten Lebensalter oder einer Lebensphase verknüpft sind und in dieser mit großer Wahrscheinlichkeit auftreten, wie zum Beispiel der Abschluss der Schule im Jugendalter, die Heirat und die Geburt eines Kindes im Erwachsenenalter.[106]

4.3 Non-normative Lebensereignisse und Entwicklungsaufgaben

Im Gegensatz dazu rufen non-normative Lebensereignisse auch non-normative Entwicklungsaufgaben hervor. Hierzu gehören diejenigen kritischen Lebensereignisse, "stressfull life events"[107], die im Leben plötzlich und unvorhersehbar auftreten, wie beispielsweise Arbeitslosigkeit, der Tod des eigenen Kindes, eine schwere Krankheit, eine ungeplante Schwangerschaft. Non-normative Entwicklungsaufgaben können jeweils zu völlig verschiedenen Zeitpunkten im Lebenslauf eines Menschen auftreten, sie sind keinem bestimmten Lebensalter zugeordnet, und nicht alle Menschen werden mit den gleichen non-normativen Entwicklungsaufgaben konfrontiert. Non-normative Entwicklungsaufgaben sind indes schwerer zu bewältigen als Entwicklungsaufgaben, die normativ innerhalb eines bestimmten Lebensabschnitts bewältigt werden müssen, weil sie nicht plan- und kalkulierbar sind. Der Einzelne und auch dessen soziales Umfeld, Freunde und Angehörige, die bei der Bewältigung von kritischen Lebensereignissen unterstützend wirken können, sind nicht darauf vorbereitet und werden im Alltag regelrecht davon überrascht.[108]

---

105 Flammer & Alasker; 2002; S. 59
106 vgl. Cornelius & Hultsch; 1995; S. 76 und vgl. Faltermaier, u.a.; 2002; S. 74ff.
107 Filipp; 1995; S. 23
108 vgl. Faltermaier, u.a.; 2002; S. 76f. und vgl. Flammer & Alasker; 2002; S. 59–63 und vgl. Mietzel; 1997; S. 30–35

4.4 Bewältigung von Entwicklungsaufgaben

Kritische Lebensereignisse und Entwicklungsaufgaben erfordern eine Umorientierung, Veränderung und Neuanpassung gewohnter Verhaltensmuster, weil diese angesichts der neuen Bedingungen und der veränderten Lebenswelt des Betroffenen nicht mehr greifen. Die damit verbundenen Anforderungen, Herausforderungen und Krisen haben eine Rückwirkung auf die personale Entwicklung des Einzelnen. Sie bieten einerseits die Chance auf persönliches Wachstum, Fortschritt und Entwicklung, können aber auch zu Behinderungen, Rückschlägen und Regression innerhalb der persönlichen Entwicklung führen. Kritische Lebensereignisse und Entwicklungsaufgaben können in besonderem Maße belasten, verunsichern, überfordern, Ängste hervorrufen und Krisen auslösen. Dies ist umso wahrscheinlicher, je mehr nonnormative Lebensereignisse mit regulären Entwicklungsaufgaben kollidieren.[109]

Havighurst postuliert darüber hinaus, dass es während der Entwicklung des Menschen Zeiträume gibt, die sich als besonders günstig erweisen, eine bestimmte Lernerfahrung zu machen:

"Thus, some of developmental tasks may be located at the ages of special sensitivity for learning them. When the body is ripe, and the society requires, and the self is ready to achieve a certain task, the teachable moment has come"[110].

Dies bedeutet allerdings nicht, dass Entwicklungsaufgaben nicht auch zu anderen Zeitpunkten bewältigt werden können, wohl aber, dass der Bewältigungsprozess sich dann aufwendiger gestaltet.

Bei der Bewältigung von kritischen Lebensereignissen spielt es eine wesentliche Rolle, welche subjektive Bedeutung ein Ereignis im Leben des betroffenen Menschen hat. Die subjektive Wahrnehmung, Einschätzung und Bewertung eines Ereignisses hat einen erheblichen Einfluss darauf, ob ein Lebensereignis belastend oder erfreulich, herausfordernd oder überfordernd im Leben eines Menschen erscheint. Zu den personalen Ressourcen gehören des Weiteren zum einen das

---

109 vgl. Faltermaier, u.a.; 2002; S. 74ff. und vgl. Filipp; 1995; S. 23f.
110 Havighurst; 1982; S. 7 zit. nach Oerter & Dreher; 1998; S. 327

Vertrauen in die eigenen Fähigkeiten und Talente, zum anderen Ich-Stärke und darüber hinaus die finanzielle und die soziale Situation.[111]

Die Qualität des sozialen Stützsystems ist darüber hinaus von entscheidender Bedeutung für die Bewältigung von kritischen Lebensereignissen. Umweltressourcen, das heißt, die sozialen Ressourcen umfassen die sozialen Netze, in die jemand eingebunden ist. Hierzu zählen die Familie, Freunde, Verwandte, Vereine – das gesamte familiäre und außerfamiliäre Netz. Adäquate soziale Unterstützung kann sich positiv auf die Bewältigung von Entwicklungsaufgaben auswirken, negative Konsequenzen eines kritischen Lebensereignisses mit der Hilfe von Verwandten, Freunden, Bekannten oder professioneller Hilfe und Beratung verringert werden. Das soziale Netz kann einerseits sowohl durch emotionale Unterstützung als auch durch pragmatische Informationen unterstützend wirken, andererseits aber durchaus auch sehr fordernd und belastend sein.[112]

4.5 Zusammenfassung

Aus den Ausführungen dieses Kapitels wird deutlich, dass die Geburt eines Kindes in der Phase des Erwachsenenalters ein durchaus normatives Lebensereignis darstellt, das eine Entwicklungsaufgabe zur Folge hat, die zur Lebensphase des Erwachsenen gehört und als typisch für diesen Lebensabschnitt betrachtet werden kann, folglich ein normatives Lebensereignis darstellt.

Treten die Schwangerschaft und Geburt jedoch im Jugendalter auf, handelt es sich hierbei um ein non-normatives Lebensereignis, das Entwicklungsaufgaben nach sich zieht, die für das Jugendalter untypisch sind. Im Jugendalter ist die Entwicklungsaufgabe Mutter- beziehungsweise Elternschaft deswegen schwieriger zu bewältigen und kann die Entwicklung betroffener Mädchen erschweren bis behindern, weil die non-normativen Entwicklungsaufgaben der Schwanger- und Mut-

---

111 vgl. Filipp; 1995; S. 31f. und vgl. Faltermaier, u.a.; 2002; S. 76f. und vgl. Flammer & Alasker; 2002; S. 63–68

112 vgl. Mietzel; 1997; S. 25 und vgl. Bleich; 1996; S. 8f. und vgl. Filipp; 1995; S. 23f. und vgl. D´Augelli & Danish; 1995; S. 164f. und vgl. Flammer & Alasker; 2002; S. 63–68 und vgl. Olbrich; 1995; S. 133f.

terschaft mit den regulären Entwicklungsaufgaben des Jugendalters kollidieren und adoleszente Mädchen damit einer doppelten Belastungssituation gegenüberstehen, die bewältigt werden muss.

Wie sich die Lebenssituation von minderjährigen Müttern in einzelnen Teilbereichen darstellt, soll im folgenden Kapitel näher erörtert werden.

5 Minderjährige Mütter – Schwanger- und Mutterschaft im Jugendalter

5.1 Daten – Zahlen – Fakten

Zu Beginn scheint ein Blick auf relevante statistische Daten interessant, um eine Idee davon zu bekommen, in welcher Größenordnung Schwanger- und Mutterschaft bei Jugendlichen in Deutschland vorkommen. Es gibt in Deutschland keine eigene Statistik über die Zahl der Schwangerschaften bei Minderjährigen, da Schwangerschaften nicht systematisch erhoben werden. Allerdings werden sowohl die Zahl der Lebendgeburten als auch die Zahl der Schwangerschaftsabbrüche statistisch festgehalten. Eine ungefähre Annäherung an die Zahl der minderjährigen Schwangeren in Deutschland kann erreicht werden, indem man die Zahl der Lebendgeburten bei Minderjährigen mit der Zahl der Schwangerschaftsabbrüche der Altersklassen bis zum 18. Lebensjahr aufaddiert. Zu berücksichtigen ist dabei jedoch, dass diese Zahl dahingehend ungenau ist, als dass die nicht-gemeldeten Schwangerschaftsabbrüche hier nicht berücksichtigt werden können, weil immer noch nicht alle Ärzte der Meldepflicht des Schwangerschaftsabbruchs nachkommen und darüber hinaus die Zahl der Fehlgeburten beziehungsweise Spontanaborte darin nicht erfasst ist.[113]

Steigende Zahlen an Lebendgeburten und Schwangerschaftsabbrüchen bei minderjährigen Müttern haben in der vergangenen Zeit die Medien alarmiert. An dieser Stelle soll darauf hingewiesen werden, dass das statistische Datenmaterial über minderjährige Schwangere je nach Auslegung unterschiedlich interpretiert werden kann:

"Die plakative Verwendung von Gesamtzahlen kann gleichsam dazu die-nen, auf Nöte hinzuweisen oder schwangere Mädchen zu diskriminieren,

---

113 vgl. Osthoff; 1999; S. 111f. und vgl. Kluge; 2003; S. 158

ebenso ist eine Bagatellisierung der Problematik bei abnehmenden Schwangerschaftsraten ... möglich" [114].

Die folgende Darstellung der Zahlen möchte sich nicht einreihen in die Reihe derer, die von einem besorgniserregenden Anstieg der Schwangerschaften bei Minderjährigen sprechen. Erstens, weil bei hohen prozentualen Veränderungen die Tatsache berücksichtigt werden muss, dass es sich sowohl bei den Minderjährigen, die einen Schwangerschaftsabbruch vornehmen lassen, als auch bei denen, die das Kind zur Welt bringen, um zahlenmäßig jeweils sehr kleine Gruppen handelt und dadurch Veränderungen, die in Prozenten ausgedrückt werden, ein verzerrtes Bild der tatsächlichen Situation geben. Prozentual enorme Anstiege sind deshalb angesichts der niedrigen Fallzahlen minderjähriger Schwangerer mit Vorsicht zu betrachten.[115]

Zweitens, weil die Meldepflicht von Schwangerschaftsabbrüchen seit dem Jahr 1996 verschärft wurde. Während bis 1995 die Auskünfte über Schwangerschaftsabbrüche weitgehend anonym waren und schwer kontrolliert werden konnten, sind Arztpraxen und Krankenhäuser, in denen Schwangerschaftsabbrüche durchgeführt werden, seit dem 1. Januar 1996 auskunftspflichtig, was ebenso einen Anstieg der Zahlen in der Statistik zur Folge hatte und damit einen Vergleich mit früheren Jahren, in denen von einer Untererfassung der Schwangerschaftsabbrüche gesprochen werden kann, schwierig macht.[116]

Drittens, weil mit dem Jahr 2000 das Methodenspektrum, Geburten zu erfassen, erweitert wurde. Erst seit dem Jahr 2000 wird auch das tatsächliche Alter einer Mutter zum Zeitpunkt der Geburt festgehalten, während vorher alle Geburten ausschließlich nach dem Geburtsjahr erfasst wurden, das heißt Altersangaben aus der Differenz zwischen Berichts- und Geburtsjahr resultieren. Die Geburtsjahrmethode hatte zur Folge, dass beispielsweise im Berichtsjahr 1999 eine Mutter, die im Dezember 1981 geboren wurde, als volljährig gezählt wurde, auch dann, wenn sie bei der Geburt im März 1999 noch 17 Jahre alt war,

---

114 Osthoff; 1999; S. 112
115 vgl. Busch; 2004; S. 34 und vgl. Sobotta; 2002; S. 22f.
116 vgl. Laue; 2004; S. 3 und vgl. Statistisches Bundesamt Wiesbaden; Gesundheitswesen – Schwangerschaftsabbrüche 2002; URL: http://www.destatis.de und vgl. Statistisches Bundesamt Wiesbaden; Gesundheitswesen – Schwangerschaftsabbrüche 2003; URL: http://www.destatis.de

aber im Laufe des Jahres, nämlich im Dezember, 18 Jahre wurde. Diese Mutter wurde dann in der Statistik nicht als minderjährige Mutter erfasst, obwohl sie bei der Geburt tatsächlich noch minderjährig gewesen ist. Das hat zur Folge, dass die Zahlen nach dem exakten Alter der Mutter folgerichtig über den Zahlen liegen, die nach der Geburtjahresmethode erfasst wurden: So gab es im Jahr 2000 laut der Geburtsjahrmethode 4796 minderjährige Mütter, nach der Erfassung gemäß dem exakten Alter der Mutter: 7126 Mütter unter 18.[117]

Andererseits möchte sich diese Arbeit auch nicht zu denjenigen gruppieren, die sich gegen eine wesentliche Zunahme und Veränderung der Zahlen zu den Schwangerschaften bei Minderjährigen aussprechen und betonen, dass der Anteil minderjähriger Mütter in der Gesamtgruppe aller Mütter mit 0,6 % im Jahr 2000 beziehungsweise 0,8 % im Jahr 2002 verschwindend gering ist, weil der Versuch der ʾent-dramatisierendenʿ Darstellung dazu führen könnte, dass sich dies auf die Beachtung früher Mutterschaft im Generellen und Betrachtungsweise des Phänomens im Speziellen auswirkt und letztlich der Problemlage dieser Mädchen nicht gerecht wird.[118]

Deshalb sollen folgende Zahlen vielmehr dazu dienen, einen ungefähren Überblick über die Größenordnung der Schwangerschaften bei Minderjährigen in den Jahren 2000–2003 zu bekommen. Sowohl die Zahlen der Schwangerschaftsabbrüche als auch die Zahlen der Geburten beziehen sich jeweils auf das ab dem Jahr 2000 tatsächlich erfasste Alter der Frauen zum Zeitpunkt des Abbruchs beziehungsweise der Geburt. Sie sind damit einheitlich und gut vergleichbar.

Die folgenden Tabellen zeigen, dass die Schwangerschaftsabbrüche bei Minderjährigen im Vergleich der Jahre 2000 – 2003 und den Jahren 2013 – 2016 stark abgenommen haben auch bezogen auf den prozentualen Anteil an der Grundgesamtheit aller Schwangerschaftsbrüche der jeweiligen Jahre. Auf die Ursachen für diese Entwicklung kann das vorliegende Buch keine Antwort geben, dies wäre ein Thema für weitere Forschungsbemühungen:

---

117 vgl. Laue; 2004; S. 6f. und vgl. Busch; 2004; S. 34
118 vgl. Laue; 2004; S. 6f. und vgl. Bindel – Kögel; 2004; S. 114f.

	2000	2001	2002	2003
Abbrüche Gesamt	134.609	134.964	130.387	128.030
unter 15-Jährige	574	696	761	715
15- bis 18-Jährige	5763	6909	6682	6930
Minderjährige gesamt	6337	7605	7443	7645

	2013	2014	2015	2016
Abbrüche Gesamt	102.802	99.715	99.237	98.721
unter 15-Jährige	322	369	337	330
15- bis unter 18-Jährige	3297	3191	2970	2750
Minderjährige gesamt	3619	3560	3307	3080

Tabelle 3   Schwangerschaftsabbrüche in Deutschland 2000–2003 und 2013–2016[119]

Bei der Zahl der Geburten kann beobachtet werden, dass diese zwischen 2000 und 2002 um 469 Geburten auf 7595 Geburten bei Minderjährigen angestiegen sind, es aber im Jahr 2003 wiederum einen Rückgang um 300 Geburten auf 7295 bei Mädchen unter 18 Jahren zu verzeichnen gibt. Bei dem Vergleich der Geburten Minderjähriger zwischen den Jahren 2000 – 2003 und den Jahren 2013 – 2016 zeigt sich abermals wie bereits bei den Schwangerschaftsabbrüchen ein Rückgang, dessen Ursachen in weiteren wissenschaftlichen Arbeiten zu erforschen ist.

	2000	2001	2002	2003
Geburten gesamt	766.999	734.475	719.250	706.721
Minderjährige gesamt	7126	7447	7595	7295

---

119 vgl. Laue, 2004, S. 4 und vgl. www.destatis.de (Stand: 01.10.2018)

	2013	2014	2015	2016
Geburten gesamt	682.069	714.927	737.575	792.131
Unter 18	2823	3071	3041	3415

Tabelle 4 Lebendgeborene in Deutschland 2000–2003 und 2013–2016[120]

Betrachtet man die Geburten im Jahr 2016 genauer, ist festzustellen, dass weit über die Hälfte der minderjährigen Mütter zwischen 17 und 18 Jahre alt ist. Auch in der Altersklasse der 16-Jährigen sind es immerhin noch 949 Schwangere, die sich für das Austragen des Kindes entschieden haben. Bei genauer Betrachtung der Altersgruppe der unter 15-Jährigen wird deutlich, dass sich im Jahr 2016 mehr Mädchen für einen Abbruch entschieden haben, nämlich 330 und vergleichsweise wenige, nämlich 77 Mädchen in diesem jungen Alter wirklich Mutter geworden sind.

Betrachtet man die Zahlen von 2003 und 2016 im Vergleich so lässt sich in allen Alterskategorien eine deutliche Abnahme der Mutterschaften Minderjähriger feststellen. Im Gesamtvergleich kann festgehalten werden, dass diese sich mehr als halbiert haben. Ob dies beispielsweise auf verstärkte Präventionserfolge oder Veränderung von Lebenswelten zurückzuführen ist, muss die weitere sozialpädagogische Forschung zeigen.

	2016
Unter 15	77
15-jährige	316
16-järhige	949
17-jährige	2073
Minderjährige Gesamt	3415

Tabelle 5 Lebendgeborene nach Altersgruppen 2016[121]

---

120 vgl. Laue, 2004, S 8 und vgl. www.destatis.de (Stand: 01.10.2018)
121 vgl. www.destatis.de (Stand: 01.10.2018)

Wie oben bereits beschrieben, erhält man die Zahlen der minderjährigen Schwangeren durch Addition der Schwangerschaftsabbrüche und Lebendgeborenen in der Gruppe der unter 18-Jährigen. Die Betrachtung der Zeitspanne zwischen den Jahren 2000 und 2003 zeigt, dass es im Jahr 2001 einen Anstieg auf 15052 minderjährige Schwangere in Deutschland gab, damit waren 2001 1589 mehr Mädchen unter 18 schwanger als noch im Jahr 2000. Jedoch ist diese Zahl in den folgenden Jahren wieder minimal zurückgegangen. So waren im Jahr 2003 14940 minderjährige Mädchen schwanger, 112 weniger als noch im Jahr 2001. Die Zahlen der minderjähren Schwangeren haben sich im Vergleich der Jahre 2013 – 2016 und der Jahre 2000 – 2003 ebenfalls nahezu halbiert. Ob verstärkte Präventionsbemühungen, verbesserte Aufklärung und optimiertes Verhütungsverhalten oder andere Erklärungsansätze als ursächlich validiert werden können, muss in weiteren wissenschaftlichen Forschungsarbeiten geklärt werden.

	2000	2001	2002	2003
Schwangerschaftsabbrüche	6337	7605	7443	7645
Lebendgeborene	7126	7447	7595	7295
Minderjährige Schwangere gesamt	13463	15052	15038	14940

	2013	2014	2015	2016
Schwangerschaftsabbrüche	3666	3528	3300	3030
Lebendgeborene	2823	3071	3041	3415
Minderjährige Schwangere gesamt	6489	6599	6341	6445

Tabelle 6   Minderjährige Schwangere in Deutschland 2000–2003 und 2013–2016[122]

Franz & Bush stellen zu den vorliegenden Zahlen Folgendes fest:

"Die Zahlen zu frühen Schwangerschaften geben weder aus wissenschaftlichen noch unter pädagogischen Gesichtspunkten Grund zur Panik"[123].

---

122 vgl. Laue, 2004, S. 8f. und vgl. http://www.destatis.de
123 Franz & Busch; 2004; S. 10

Dennoch darf die Bedeutung, die eine Schwangerschaft im Jugendalter für jedes einzelne Mädchen hat, nicht vernachlässigt werden oder in den Hintergrund treten.[124]

Die Tatsache, dass minderjährige Mütter hinsichtlich der Gesamtzahl keine große Problemgruppe sind, darf nicht darüber hinwegtäuschen, dass Schwanger- und Mutterschaft für das einzelne Mädchen gravierende und facettenreiche Ereignisse darstellen, die eine völlige Veränderung der Lebensperspektive nach sich ziehen und zu Schwierigkeiten in der Entwicklung führen können. Statistische Zahlen dürfen nicht davon ablenken, dass die Mutterschaft für jede minderjährige Mutter eine individuelle Problemsituation darstellt, die sich durch Komplexität der zu bewältigenden Aufgaben auszeichnet.

5.2 EXKURS: Ursachen, Hintergründe, Motive und Erklärungsansätze

5.2.1 Verhütung und Schwangerschaft

Dieser Exkurs bezüglich der Ursachen und Erklärungsansätze für Schwanger- und Mutterschaft in der Adoleszenz dient nicht unmittelbar der Überprüfung der Thesen, sondern wird an dieser Stelle ergänzend angeführt. Dieser Exkurs möchte Antwort geben auf die Frage, warum Minderjährige denn überhaupt schwanger werden und damit den Blick auf das Thema `Minderjährige Mütter´ um den Aspekt der Hintergründe und Entstehungsbedingungen erweitern:

Obwohl durch die Möglichkeiten der Verhütung heute nahezu hundertprozentiger Schutz vor Schwangerschaft möglich geworden ist, Sexualität offen thematisiert und die Pille bei jedem Frauenarzt bis zum 18. Lebensjahr kostenlos abgeholt werden kann, werden minderjährige Mädchen schwanger.[125]

Die Antibabypille macht es seit 1961 für Mädchen und Frauen einerseits möglich, Sexualität ohne die ständige Angst vor Schwangerschaft zu leben, bringt sie aber andererseits bei ungewollten Schwangerschaften in Erklärungsnot. Wenn ein junges Mädchen `ungewollt´

---

124 vgl. Osthoff; 1999; S. 112
125 vgl. Bindel-Kögel; 2004; S. 114

schwanger wird, wird es seine `Nachlässigkeit´ erklären müssen, denn es hätte die Schwangerschaft ja verhindern können:[126]

"Eine ungewollte Schwangerschaft gilt als persönliches Versagen"[127].

Die Gründe dafür, warum Jugendliche nicht verhüten, sind vielfältig. Obwohl laut einer Studie der Bundeszentrale für gesundheitliche Aufklärung (BZgA) im Elternhaus heute weitgehend mehr Mädchen und Jungen aufgeklärt werden und auch der schulischen Sexualerziehung im Rahmen der Aufklärung von Jugendlichen deutschlandweit eine bedeutende Rolle zukommt, ist mangelndes Wissen hinsichtlich der Veränderungsprozesse des eigenen Körpers im Jugendalter, der sexuellen Reife und Fruchtbarkeit und der damit zusammenhängenden Notwendigkeit von Verhütung, dennoch eine häufig angeführte Ursache für das Entstehen von Schwangerschaften bei Minderjährigen. Viele Jugendliche wissen, obwohl sie aufgeklärt wurden, nicht genau, wie sie das Verhütungswissen in die Praxis umsetzen können, ihnen fehlt häufig das Verständnis für wesentliche Zusammenhänge zwischen dem eigenen Körper, Fruchtbarkeit und Verhütung:[128]

"Viele wissen nicht, dass sie bereits ab der ersten Regel schwanger werden können und weniger als ein Fünftel weiß, wann im Zyklus das Konzeptionsoptimum besteht"[129].

Verantwortungsvoller Umgang mit der eigenen Sexualität setzt aber Kenntnisse über die eigenen Körpervorgänge und die des Partners voraus, denn wer über die eigene Fruchtbarkeit oder die des Partners nicht Bescheid weiß, kann auch die Wirkungsweise hormoneller Verhütungsmittel nicht verstehen und nicht abschätzen, welche Folgen es hat, die Pille unregelmäßig einzunehmen.[130]

Die BZgA befragte im Jahr 2001 Jugendliche im Alter von 14–17 Jahren zu ihren Einstellungen und ihrem Verhalten hinsichtlich Verhütung und Sexualität und kam zu dem Ergebnis, dass etwa 83% der Mädchen und 79% der Jungen sich zwar selbst für aufgeklärt halten,

---

126 vgl. Osthoff; 1999; S. 71ff.
127 Osthoff; 1999; S. 74
128 vgl. Staufer; 2004; S. 16ff. und vgl. Häußler-Sczepan, u.a.; 2005; S. 31f. und vgl.
     Bundeszentrale für gesundheitliche Aufklärung; 2002; S. 7–18
129 Klapp; 2003; S. 7
130 vgl. Osthoff; 1999; S. 74 und vgl. Franz & Busch; 2004; S. 12

jedoch zeigten die Antworten auf die Frage nach dem Empfängniszeitpunkt der Frau ein anderes Bild. 67% der Mädchen und 36% der Jungen glaubten zwar, diese Frage richtig beantworten zu können, mit ihrer Antwort lagen aber nur 43% der Mädchen und 22% der Jungen richtig.[131]

In ihrer Studie über junge Schwangere und Mütter im Alter von 14–16 Jahren fanden auch Friedrich & Remberg heraus, dass es eine Diskrepanz zwischen dem Wissen, das die jugendlichen Mädchen über Verhütungsmethoden und -mittel haben, und der praktischen Anwendung gibt. Das Wissen, dass es die Pille gibt, schließt nicht zwangsläufig ein, dass man über die Wirkungsweise und die Anwendungsvorschriften Bescheid weiß.[132]

Als weitere Ursache für die Schwangerschaften bei Minderjährigen wird die sexuelle Akzeleration, das heißt, dass Jugendliche immer früher geschlechtsreif werden und früher mit Sexualität in Kontakt kommen, diskutiert. Während die Zahl der Jugendlichen, die im Alter von 17 Jahren bereits erste Erfahrungen mit Geschlechtsverkehr gesammelt haben, in den letzten Jahren relativ gleich geblieben ist, ist die Zahl derer, die bereits mit 15 oder 16 auf diese Erfahrung zurückgreifen können, angestiegen.[133]

Folgende Tabelle zeigt prozentual, wie viele Jugendliche unterschiedlicher Altersgruppen im Jahr 2001 bereits Erfahrungen mit Geschlechtsverkehr hatten:

	Mädchen in %	Jungen in %
14 Jahre	11	8
15 Jahre	25	18
16 Jahre	40	37
17 Jahre	66	61

Tabelle 7   Erfahrung mit Geschlechtsverkehr nach Alter 2001
(Quelle: vgl. BZgA; 2002; S. 48)

---

131 vgl. Bundeszentrale für gesundheitliche Aufklärung; 2002; S. 35–39
132 vgl. Friedrich & Remberg; 2005; S. 308
133 vgl. Osthoff; 2003; S. 19ff. und vgl. Bindel-Kögel; 2004; S. 116

Im Vergleich mit Befragungen aus den Jahren 1980, 1994, 1996 und 1998 kommt die BZgA zu dem Ergebnis, dass Erfahrungen mit Geschlechtsverkehr vor allem bei den jüngeren Jahrgängen zugenommen haben. Speziell im Bereich der Altersgruppen der 15- und 16-Jährigen ist dieser Anstieg laut BZgA besonders deutlich.[134]

Häufig werden Jugendliche von der Situation des Geschlechtsverkehrs regelrecht überrascht und sind nicht darauf vorbereitet. In der durchgeführten Befragung der BZgA wurde deutlich, dass das `Erste Mal´ eher zufällig als geplant passiert. Für 34% der Jungen und 24% der Mädchen passierte der erste Geschlechtsverkehr völlig überraschend. Betrachtet man hierbei explizit die Gruppe derer, die bereits mit 14 Jahren oder früher ihren ersten Geschlechtsverkehr erlebt haben, zeigt sich, dass in dieser Gruppe Jungen mit 46% und Mädchen mit 33% ihren Geschlechtsverkehr deutlich häufiger als Überraschung erleben, was sich auf den Einsatz von Verhütungsmitteln auswirkt. Ganze 12% der befragten Mädchen und 15% der Jungen verhüten beim ersten Geschlechtsverkehr nicht. Die Untersuchung zeigt darüber hinaus, dass Mädchen, die das `Erste Mal´ erst mit 16 oder 17 Jahren erleben, ein verantwortungsvolleres Verhütungsverhalten an den Tag legen. Als häufigste Gründe für die fehlende Verhütung beim `Ersten Mal´ wird angeführt, dass es zu spontan passiert ist, das Paar es mit `aufpassen´ versuchen wollte oder die Partner sich nicht getraut haben, das Thema Verhütung anzusprechen. Betrachtet man, dass Jugendliche gerade dann, wenn sie beim `Ersten Mal´ noch sehr jung sind oder den Partner nicht gut kennen, häufiger auf Verhütung verzichten oder einfach nicht daran denken, ist dies besonders besorgniserregend.[135]

In vielen Fällen kann die Kommunikation über Verhütung zwischen den Partnern als nicht zufriedenstellend beschrieben werden. Vielen Jugendlichen fällt es nicht leicht, über ihre Wünsche und Bedürfnisse hinsichtlich Sexualität zu sprechen – vielleicht kennen sie diese selbst noch nicht einmal. Umso schwieriger kann es dann sein, das Thema Verhütung anzusprechen. Peinlichkeit und Scham oder

---

134 vgl. Osthoff; 2003; S. 19ff.
135 vgl. Mietzel; 2002; S. 375–379 und vgl. Osthoff; 2003; S. 19ff. und vgl. Bundeszentrale für gesundheitliche Aufklärung; 2002; S. 60–64 und vgl. Osthoff; 1999; S. 75–87

Angst, durch die Thematisierung von Verhütungsmitteln die Beson-
derheit des Augenblicks zu zerstören oder gar den Partner zu vergrau-
len, wenn man gegen seinen Wunsch auf den Einsatz empfängnisver-
hütender Maßnahmen beharrt, hemmen die Kommunikation rund
um das Thema Sexualität und Verhütung:[136]

> *"Er geht davon aus, dass sie die Pille nimmt, und sie geht davon aus, dass er
> ein Kondom dabei hat und damit umzugehen weiß"*[137].

Verhütung wird folglich nicht allein aus reiner Verantwortungs- oder
Sorglosigkeit vergessen oder nicht benutzt, sondern vielmehr aufgrund
von fehlender Kommunikation innerhalb der Partnerschaft oder aufgrund eines geringen Selbstwertgefühls.[138]

Darüber hinaus stellen Friedrich & Remberg fest, dass Kommunikation über Verhütungsmittel – wenn sie denn stattfindet – meist von
den Mädchen ausgeht. Allerdings stehen die Mädchen häufig vor dem
Dilemma, dass die Jungen zu einer Übernahme der Verantwortung
hinsichtlich der Verhütung mit Kondomen nicht bereit sind oder diese
nicht konsequent anwenden. Verhütung bleibt dann Mädchensache.[139]

Eine weitere Erklärung für ungewollte Schwangerschaften bei
minderjährigen Mädchen sieht Mietzel darin begründet, dass sie ihre
Einzigartigkeit überschätzen, davon überzeugt sind, vor besonderen
Gefährdungen geschützt zu sein, und glauben, auch dann nicht
schwanger werden zu können, wenn sie nicht verhüten:[140]

> *"Ich dachte, dass würde anderen passieren, aber mir nicht"*[141].

Sichere Verhütung setzt also viel Planung und Kontrolle voraus, verlangt nach Kommunikation mit dem Partner und muss in das experi-
mentierende Entdecken der Sexualität eingebaut werden. Das sind Anforderungen, die Heranwachsende, die mit Neugierde, Spannung, Erwartungen, Unsicherheit und Zweifeln ihre Sexualität und Lust entdecken, überfordern können. Dazu kommt, dass es keine perfekte Verhü-

---

136 vgl. Franz & Busch; 2004; S. 12 und vgl. Häußler-Sczepan, u.a.; 2005; S. 31f. und
   vgl. Osthoff; 1999; S. 75–87
137 Staufer; 2004; S. 17
138 vgl. Häußler-Sczepan, u.a.; 2005; S. 31f.
139 vgl. Friedrich & Remberg; 2005; S. 309f.
140 vgl. Mietzel; 2002; S. 341–344
141 Mietzel; 2002; S. 341

tungsmethode gibt, die ohne jegliche unangenehmen Nebeneffekte hundertprozentig funktioniert.[142]

Minderjährige Mütter berufen sich bei der Begründung der frühen Schwangerschaft häufig darauf, dass angewandte Verhütungsmittel versagt hätten. Diese Begründung kann entlastend wirken und befreit einerseits von dem oben bereits thematisierten gesellschaftlichen Vorwurf, nicht verhütet zu haben und andererseits von der eigenen Verantwortung für die Schwangerschaft.[143]

5.2.2 Sozialisationserfahrungen und Schwangerschaft

Neben den Mädchen, die ungewollt schwanger werden, gibt es auch Mädchen, die sich ein Kind wünschen. Diese teils völlig bewusste oder teils gänzlich unbewusste Sehnsucht nach einem Kind kann zu Sorglosigkeit hinsichtlich der Empfängnisverhütung oder dem völligen Verzicht darauf und letztlich zur Schwangerschaft führen.[144]

Neben mangelnder Aufklärung und Verhütung kann bei einigen Mädchen die Schwangerschaft aufgrund innerpsychischer Konflikte und Prozesse unbewusst oder ganz bewusst herbeigeführt worden sein:

> *"Um zu verstehen, welche möglichen Vorteile Frauen, die riskant verhüten mit einer Schwangerschaft verbinden können, ist es wichtig, sich klar zu machen, daß eine Schwangerschaft nicht nur ein biologisches Ereignis ist – sie ist ein Ereignis mit einer ungeheuren sozialen Bedeutung. Sie enthält Nebenbedeutungen von Fruchtbarkeit, Weiblichkeit, Erwachsensein, Unabhängigkeit und noch andere Assoziationen"*[145].

Darüber hinaus entscheiden sich viele Mädchen, wenn sie – sei es durch mangelnde Verhütung oder Versagen der Kontrazeptiva – dann einmal schwanger sind, gegen eine Abtreibung, auch dann, wenn die Schwangerschaft nicht Folge einer bewussten Entscheidung ist und es sich um ein ungeplantes Kind handelt.[146]

---

142 vgl. Osthoff; 1999; S. 75–87
143 vgl. Häußler-Sczepan, u.a.; 2005; S. 31f.
144 vgl. Bindel-Kögel; 2004; S. 115
145 Häussler; u.a.; 1983; S. 93 zit. nach Klees-Möller; 1993; S. 103
146 vgl. Franz & Busch; 2004; S. 11 und vgl. Bindel-Kögel; 2004; S. 114

Die Tatsache, dass viele junge Mädchen trotz widriger Lebensumstände und schwierigen Bedingungen schwanger werden, sich für das Kind entscheiden und eine Abtreibung ablehnen, interpretiert auch Bier-Fleiter dahingehend, dass das Kind als Lösungsweg der eigenen Probleme gesehen werden kann.[147]

Im Folgenden soll der Blick näher auf diese Motive gerichtet werden, die bewusst oder unbewusst die Entscheidung zur Schwanger- und Mutterschaft bei Minderjährigen motivieren können:

Eine Schwangerschaft bei minderjährigen Mädchen ist nicht allein Ursache, sondern häufig auch die Folge von psychischen und sozialen Belastungen, Ereignissen und Bedingungen innerhalb der eigenen Sozialisation. Sozialisationserfahrungen, die durch wechselnde Bezugspersonen, brüchige und wenig verlässliche Beziehungen, Trennungserfahrungen, Probleme in der Schule und generell konflikthafte Beziehungen gekennzeichnet sind, kombiniert mit der Unsicherheit des Ablösungsprozesses in der Pubertät, stehen häufig im Zusammenhang mit der Schwangerschaft im Jugendalter und können auch ursächlich dafür sein. Sie können den Wunsch nach einer festen Bindung, nach einem eigenen Kind forcieren.[148]

Die Sehnsucht nach Nähe und Geborgenheit, nach einer heilen Familie, die in der eigenen Kindheit so schmerzlich vermisst wurde, kann ebenfalls einen Grund für den frühen Kinderwunsch darstellen:[149]

"Sie können diese Geborgenheit nicht als ein im Innern verwurzeltes Lebensgefühl mitnehmen, sondern versuchen Geborgenheit ganz konkret durch ein eigenes Kind wieder herzustellen"[150].

Das Kind wird dann zum Symbolträger für die eigene kleine Familie, mit der sich der Wunsch verbindet, es anders und besser zu machen als die eigenen Eltern und mit dem die idealisierte Vorstellung verbunden ist, dass alle Einsamkeit und das Alleinsein durch die Geburt des Kindes beendet werden. Realistische Vorstellungen bezüglich der Aufgaben, die mit der Mutterschaft verbunden sind, treten dabei in den

---

147 vgl. Schriftenreihe des Bundesministers für Jugend, Familie, Frauen und Gesundheit; 1990; S. 23
148 vgl. Thiessen & Anslinger; 2004; S. 23f. und vgl. Osthoff; 1999; S. 121
149 vgl. Bindel-Kögel; 2004; S. 116
150 Löbner; 2003; S. 12

Hintergrund – auch ein Partner spielt nicht immer zwingend eine wichtige Rolle. Die Hoffnung, durch das Kind gestärkt und selbstbewusster durch das Leben zu gehen, kann zudem den Wunsch nach einem Kind forcieren.[151]

Vorrangig stehen weniger das Bewusstsein und der Wunsch im Vordergrund, für ein Kind da zu sein und es zu versorgen, sondern die Hoffnung, dass durch das Kind, eigene Wünsche nach Geborgenheit, Anerkennung und Liebe versorgt werden. Eigene, unbefriedigende Erlebnisse und Erfahrungen der Kindheit und die fehlende akzeptierende Mutter werden durch die Wärme und Geborgenheit des dicken Bauches während der Schwangerschaft und die Beziehung zu einem eigenen Kind kompensiert:[152]

"Die Geborgenheit der Mutter-Kind-Beziehung, die sie in ihrer eigenen frühen Kindheit vermißt hatten, sollte ihnen nun ihr eigenes Kind geben"[153].

Das Gute, das man sich für das eigene Kind wünscht, kann symbolisch als der Brief an die eigenen Eltern verstanden werden, in dem steht: So hättet ihr das auch machen sollen, so hätte ich mir das für mich gewünscht. Über die eigene Schwanger- und Mutterschaft wird dann die Befriedigung eigener regressiver Wünsche angestrebt. Selbst noch einmal ein Kind sein können, nicht erwachsen und autonom sein müssen und die ganze Liebe, Nähe und den Schutz der eigenen Mutter zu spüren. `Kind-Sein´ und `Mutter-Haben´ verschwimmt dann mit dem `Mutter-Sein´ und `Kind-Haben´.[154]

Im eigenen Kind die eigene Kindheit noch einmal zu erleben und all die Dinge besser zu machen, an denen man in der eigenen Kindheit gelitten hat, postuliert Merz als mögliche unbewusste Bedingungsursache für die Schwangerschaft im Jugendalter:[155]

"Darüber hinaus aber muß die Frage aufgeworfen werden, ob nicht die Schwangerschaft selber unbewußt herbeigeführt worden sei, um auf archaischer Erlebnisebene die Situation der Geborgenheit zu realisieren"[156].

---

151 vgl. Bindel-Kögel; 2004; S. 116
152 vgl. Sozialdienst katholischer Frauen e.V.; 1994; S. 17
153 Bier-Fleiter & Grossmann; 1989; S. 13
154 vgl. Wimmer-Puchinger; 1992; S. 28f.
155 vgl. Merz; 1988; S. 42–49
156 Merz; 1988; S. 48

5.2.3 Loslösungsprozess der Adoleszenz und Schwangerschaft

Franz & Busch sehen die Schwangerschaft in der Phase des Jugendalters darüber hinaus in Zusammenhang mit folgenden Konflikten:

- Abhängigkeit von den Eltern versus dem Wunsch nach Distanz, eigenen Werten und Loslösung
- Mangelnde Fähigkeit und Reife zur selbstständigen Problemlösung und Eigenverantwortlichkeit versus den Wunsch, diese zu haben
- Wunsch nach materiellem Wohlstand und Familienglück versus geringer werdende Chancen am Ausbildungs- und Arbeitsmarkt und der Realität von langen Ausbildungszeiten
- Unbefriedigende Partnerschaft versus dem Wunsch nach Familie und stabiler Paarbeziehung

Durch die Schwangerschaft und Geburt des Kindes werden diese oft unbewussten Konflikte evident, und die Mutter ist zur aktiven Auseinandersetzung und Lösung dieser Konflikte gezwungen.[157]

Wie oben bereits erläutert, ist das Jugendalter geprägt von der Loslösung von den Eltern – womit nicht nur die räumliche Distanz gemeint ist – und der Ausbildung einer eigenen Identität. Die Suche nach der eigenen Autonomie, dem einzigartigen Selbst während des Jugendalters ist, gekennzeichnet durch Rückfälle, ein Hin- und Her zwischen dem Bedürfnis nach Anlehnung und dem Wunsch nach Autonomie und Eigenständigkeit. Gefühle von Einsamkeit können die Suche nach dem unverwechselbaren Selbst begleiten.[158]

So betrachtet Merz die frühe Schwangerschaft bei jugendlichen Mädchen in diesem Zusammenhang als

"Ausdruck für eine krisenhafte Verarbeitung der Anforderungen, die in der Adoleszenz an Menschen gerichtet werden"[159].

Kann die Heranwachsende in der Phase der unsicheren Suche der Adoleszenz nicht auf Erfahrungen der inneren Geborgenheit, des

---

157 vgl. Franz & Busch; 2004; S. 11
158 vgl. Wimmer-Puchinger; 1992; S. 28f. und vgl. Franz & Busch; 2004; S. 10f.
159 Schriftenreihe des Bundesministeriums für Jugend, Familie, Frauen und Gesundheit; 1990; S. 22

`Sich-Angenommen-Fühlens`, zurückgreifen, wird es für sie schwieriger, sich von ihren Eltern loszulösen.[160]

Sind die Ablösungsthematik und damit verbundene Unsicherheiten und Ambivalenzen für ein Mädchen so bedrohlich, kann eine mögliche Antwort darauf das Eingehen einer neuen verbindlichen Bindung sein, nämlich der Bindung zum eigenen Kind. Die Flucht in die Zukunft ist Ausdruck für die Unfähigkeit der Mädchen, sich von der Vergangenheit in gesunder Weise abzulösen.[161]

Wird ein Mädchen nun innerhalb dieser Lebensphase schwanger und selbst Mutter, hat das unmittelbare Auswirkungen auf den Ablösungsprozess, die sich jedoch je nach Situation unterschiedlich darstellen und verschiedene Facetten haben können. Mit der Schwangerschaft kann der ersehnte Auszug aus dem Elternhaus verbunden sein, um mit einer eigenen Wohnung der belastenden Situation dort zu entgehen.[162]

Mit Schwangerschaft kann darüber hinaus der Wunsch verbunden sein, die Beziehung zu den Eltern zu verändern und durch die eigene Mutterschaft den Status eines Erwachsenen zu erreichen.[163]

5.2.4 Unbefriedigende Lebenssituation und Schwangerschaft

Frühe Elternschaft bei adoleszenten Mädchen kann jedoch nicht nur eine Reaktion auf die problematische Situation und unbefriedigenden Verhältnisse im Elternhaus darstellen, aus denen die Mädchen ausbrechen möchten, sondern generell ein *"Ausweg aus einer schwierigen sozialen Lebenssituation"*[164] sein.[165]

Der Wunsch nach einem Baby resultiert bei Betroffenen nicht selten aus dem tiefen Gefühl heraus, im eigenen Leben etwas verändern zu wollen und vorhandene Probleme durch die Geburt des Kindes zu

---

160 vgl. Merz; 1988; S. 48
161 vgl. Franz & Busch; 2004; S. 10f.
162 vgl. Osthoff; 1999; S. 122
163 vgl. Schriftenreihe des Bundesministers für Jugend, Familie, Frauen und Gesundheit; 1990; S. 22
164 Schöning; 2004; S. 32
165 vgl. Häußler-Sczepan, u.a.; 2005; S. 31

bewältigen, eigene Defizite im sozialen und emotionalen Bereich durch das kleine Kind zu kompensieren, das einerseits zum Lebensinhalt fingiert wird und dem eigenen Leben wieder Sinn gibt und andererseits zum Status eines Erwachsenen und der damit verbundenen gesellschaftlichen Anerkennung und Wertschätzung verhilft.[166]

Geringe Selbstachtung und wenig Vertrauen in sich selbst können Ursachen dafür sein, dass mit der Mutterschaft für adoleszente Mädchen die Hoffnung verbunden ist, dem eigenen Leben und der eigenen Existenz durch das Kind einen Wert zu verleihen, über das Kind den eigenen Selbstwert durch das Gefühl des ʿGebraucht-Werdensʾ aufzuwerten, und damit wichtige Aufgaben der Adoleszenz, nämlich Gewinnung eines Gefühls von Identität und Selbstwert, zu lösen:[167]

"Mit einem Kind, mit der Sorge für ein Baby hat man eine reale Identität gefunden. Man hat eine wichtige Aufgabe und weiß, wer man zukünftig sein wird: die Mama für sein Kind"[168].

Die Hoffnung als Mutter gesellschaftliche Anerkennung zu bekommen, endet jedoch nicht selten mit der schmerzlichen Erfahrung, als minderjährige Mutter als Sozialfall angesehen zu werden und mit dem Vorwurf der Unverantwortlichkeit konfrontiert zu sein.[169]

5.2.5 Mangelnde berufliche Perspektiven und Schwangerschaft

Folgende Erklärungsansätze für Schwangerschaften bei Minderjährigen beziehen sich jeweils auf den sozialen Kontext der Mädchen. Gerade dann, wenn die soziale Situation und die Lebensperspektiven der jungen Schwangeren durch geringe Chancen hinsichtlich der beruflichen Ausbildung gekennzeichnet sind, kann ein Kind eine mögliche Alternative sein, um das eigene Leben von dieser Perspektivlosigkeit zu befreien.[170]

Mutterschaft im Jugendalter kann vor allem dann, wenn kein Ausbildungs- oder Arbeitsplatz zur Verfügung steht, aus der finanziellen

---

166 vgl. Löcherbach; 2003; S. 23 und vgl. Klees-Möller; 1993; S. 102
167 vgl. Häußler-Sczepan, u.a.; 2005; S. 31 und vgl. Merz; 1988; S. 53
168 Löbner; 2003; S. 12
169 vgl. Thiessen & Anslinger; 2004; S. 24
170 vgl. Franz & Busch; 2004; S. 11

Abhängigkeit von den Eltern befreien und dem Jugendlichen zu einer eigenen Wohnung und eigenen monatlichen Einkünften – aus staatlichen Transferleistungen nach SGB II und Erziehungsgeld – verhelfen. Dies kann eine attraktive Perspektive und sinnstiftende Alternative zur Arbeitslosigkeit und finanziellen Abhängigkeit von den Eltern darstellen.[171]

Thiessen und Anslinger stellen in ihren Ausführungen zur Schwangerschaft bei Minderjährigen einen Zusammenhang zwischen Strukturdaten her. Sie zeigen, dass Geburtenziffern bei jungen Frauen in Stadtstaaten, in strukturschwachen Regionen und in Gebieten mit hoher Arbeitslosigkeit und hoher Sozialhilfequote vergleichsweise höher sind.[172]

Darüber hinaus nennt Pro Familia ungünstige Rahmenbedingungen wie mangelnde Chancen auf Zugang zu Bildung und den damit fehlenden Möglichkeiten, die eigene Zukunft sinnvoll zu gestalten, als Risikofaktoren für das Entstehen ungewollter Schwangerschaften bei Jugendlichen.[173]

Während für alle Jugendlichen die Berufsorientierung eine zentrale Rolle spielt, müssen Mädchen sowohl ihre Berufswünsche an die Chancen und Möglichkeiten des aktuellen Arbeitsmarktes anpassen als sich bei ihrer Berufsplanung zusätzlich mit der Vereinbarkeit von Beruf und Familie auseinandersetzen. Beide Ansprüche mit ihren widersprüchlichen Anforderungen zu integrieren stellt grundsätzlich eine große Herausforderung für heranwachsende Mädchen und junge Frauen dar. Schwierig wird es aber vor allem dann, wenn Mädchen im Schul- und Ausbildungssystem wenig berufliche Chancen oder keine Perspektiven haben, sei es durch ungünstige persönliche Voraussetzungen, durch die Erfahrungen der Sozialisation oder durch die angespannte Situation auf dem Arbeitsmarkt. Erhalten die Mädchen in schulischer und beruflicher Hinsicht nur wenig bis gar keine Anerkennung und Bestätigung, können Mutterschaft und Familienorientierung eine lohnende, identitätsstiftende Alternative und Zukunftsperspektive sein, die einerseits dem eigenen Leben Sinn gibt und andererseits die

---

171 vgl. Franz & Busch; 2004; S. 11f.
172 vgl. Thiessen & Anslinger; 2004; S. 22
173 vgl. Sobotta; 2002; S. 22

Möglichkeit eröffnet, "*sich als kreativ und potent zu erleben*"[174]. Fehlende berufliche Perspektiven können ursächlich für die Entscheidung zum Kind, Mutterschaft eine psychische Entlastung vom Druck des Bestehens im Schul- und Ausbildungssystem sein. Alternativ zu Schwierigkeiten und Konkurrenzdruck in der Schule und auf dem Ausbildungsmarkt kann Mutterschaft Verantwortung, Bindung und Sinn geben: [175]

> "*Über den Topos "Mutter" werden viele der Gefühle und Wünsche transportiert, die sich immer weniger leben lassen: Harmonie, Wärme, verbindliche Beziehungen, Aufgehobensein, Zuhausesein, Sicherheit, Geborgenheit, Glück und Zufriedenheit*"[176].

5.2.6 Partnerschaft und Schwangerschaft

Eine Schwangerschaft im Jugendalter stellt für die Beziehung eines Paares eine schwere Prüfung dar. Unter Umständen ist das Entstehen der Schwangerschaft von Seiten des jungen Mädchens davon unbewusst motiviert, den Partner auf die Probe zu stellen und herauszubekommen, ob er wirklich zu ihr steht. Verstärkt um die Paarbeziehung und weniger um das Baby geht es auch bei der Motivation, mit einem Kind der Partnerschaft eine neue Richtung zu geben und sie erneut zu beleben, den Partner für immer an sich zu binden und die Beziehung zu festigen oder gar zu retten.[177]

Schwangerschaft im Jugendalter kann also in vielerlei Hinsicht einen Neubeginn bedeuten. Der ersehnte Auszug aus dem Elternhaus und eine eigene Wohnung lassen sich realisieren. Die Mutterschaft ermöglicht nicht nur die Gründung einer eigenen Familie mit dem Freund, mit ihr ist ein gesellschaftlich anerkannter Statuserwerb verbunden, der vorläufig Sicherheit, Orientierung und Anerkennung ver-

---

174 Thiessen & Anslinger; 2004; S. 24
175 vgl. Thiessen & Anslinger; 2004; S. 23f. und vgl. Klees-Möller; 1993; S. 93f.
176 Beiträge zur feministischen Theorie und Praxis; 1988; S. 21f. zitiert nach Klees-Möller; 1993; S. 104f.
177 vgl. Klees-Möller; 1993; S. 104 und vgl. Osthoff; 1999; S. 89 und vgl. Bindel-Kögel; 2004; S. 116 und vgl. Schriftenreihe des Bundesministers für Jugend, Familie, Frauen und Gesundheit; 1990; S. 22 und vgl. Häußler-Sczepan, u.a.; 2005; S. 31

spricht, der vielen Mädchen angesichts mangelnder Schul- und Ausbildungsplätze versagt bliebe.[178]

Alle bisher angeführten Erklärungsansätze erheben keinen Anspruch auf Vollständigkeit, weil hinsichtlich der Motive, Gründe und Ursachen für Schwangerschaft bei Minderjährigen nur wenig empirisch abgesichertes Wissen vorhanden ist und dahingehend noch dringend Forschungsbedarf besteht.[179]

Nach diesem Exkurs zu den Hintergründen und Erklärungsansätzen für Mutterschaft in der Adoleszenz wendet sich das folgende Kapitel wieder der Überprüfung der Thesen zu und knüpft direkt an die Kapitel 2, 3 und 4 an, indem es die Entwicklungsaufgaben, die mit der Schwanger- und Mutterschaft verbunden sind, den zentralen Entwicklungsaufgaben des Jugendalters gegenüberstellt und damit die komplexe Lebenssituation minderjähriger Schwangerer in ausgewählten Teilbereichen ihres Lebens deutlich macht.

5.3 Ausgewählte Aspekte der Lebenslagen adoleszenter Mütter

5.3.1 Frühe Mutterschaft – ein komprimierter Lernprozess

Nicht selten wird die Schwangerschaft von den minderjährigen Mädchen erst zu einem relativ späten Zeitpunkt nach der Empfängnis entdeckt, körperliche Signale werden nicht wahrgenommen oder aus Angst verdrängt. Häufig ist auch die für das Alter noch typische Unregelmäßigkeit der Monatsblutung Grund dafür, dass die Mädchen nicht unmittelbar an eine Schwangerschaft denken, wenn die Menstruation ausbleibt. Das Erfahren von der Schwangerschaft kann bei einem jungen Mädchen krisenhaftes Erleben zur Folge haben, bedenkt man, dass viele Lebensbereiche der Minderjährigen von der Schwangerschaft tangiert werden. Die Fragen dahingehend, was wohl die Eltern sagen, ob der Vater des Kindes zu einem steht, wie es mit der Schule weitergeht, wie sich die Zukunft mit dem Kind gestalten wird oder ob man nicht zu jung und überhaupt schon reif für ein Kind ist, können emo-

---

178 vgl. Garst; 2003; S. 22f.
179 vgl. Häußler-Sczepan, u.a.; 2005; S. 34

tional sehr belastend sein und ambivalente Gefühle von Freude bis hin zu Sorge und Verzweiflung hervorrufen.[180]
Viele Minderjährige entscheiden sich für die Abtreibung, etwa ebenso viele bekommen das Kind, aber nur sehr wenige geben ihr Kind zur Adoption frei:

> *"Sie denken zwar irgendwann an eine solche Möglichkeit, verwerfen diese aber rasch, weil sie glauben, dass sie eine positive Beziehung zum eigenen Kind aufbauen können oder weil sie im Interesse des Kindes argumentieren"*[181].

Die jungen Mütter leiden regelhaft an schwierigen ökonomischen Bedingungen und haben wenig eigene finanzielle Ressourcen, nur wenige der Minderjährigen befinden sich in einer stabilen Paarbeziehung mit dem Kindesvater oder sind mit ihm verheiratet, und in vielen Fällen war die Schwangerschaft zumindest ungeplant, häufig aber auch unerwünscht.[182]
Junge Mütter stehen vor der Aufgabe, die ungeplante Schwangerschaft zu verarbeiten und nach der Geburt Mutterrolle und die Erziehung des Kindes mit Schule, Ausbildung und Berufsfindung zu vereinen. Sie tragen häufig die Verantwortung für den eigenen Haushalt, müssen Rechnungen begleichen, Reparaturen organisieren, Anträge stellen und Behördengänge erledigen.[183]
Soziale Geringschätzung der Mutterschaft im Jugendalter, ablehnende oder vorwurfsvolle Reaktionen der Eltern und eine negative Haltung des Partners können die ohnehin komplexe Situation für die junge Mutter zusätzlich erschweren.[184]

5.3.2 Kollision von Entwicklungsaufgaben

Wie in den Kapiteln 2 und 3 ausführlich erläutert, stellen sowohl die Entwicklungsaufgaben des Jugendalters als auch die Veränderungen,

---

180 vgl. Osthoff; 1999; S. 127f.
181 Osthoff; 1999; S. 138
182 vgl. Bier-Fleiter & Grossmann; 1989; S. 27
183 vgl. Osthoff; 1999; S. 124
184 vgl. Schriftenreihe des Bundesministers für Jugend, Familie, Frauen und Gesundheit; 1990; S. 24

die mit der Mutterschaft verbunden sind, den Einzelnen vor neue Herausforderungen. All diese Entwicklungsaufgaben und Anforderungen sind einzeln betrachtet schon relativ komplex. Bei minderjährigen Schwangeren kollidieren die Entwicklungsaufgaben des Jugendalters mit dem für die Adoleszenz non-normativen kritischen Lebensereignis der Mutterschaft und den damit verbundenen Aufgaben. Das bedeutet, dass Entwicklungsaufgaben, die im Leben eines Menschen eigentlich aufeinander folgen, hier gleichzeitig stattfinden. Die folgende Übersicht stellt zentrale Themen und Aufgaben des Jugendalters und der Elternschaft, die in den Kapiteln 2 und 3 herausgearbeitet wurden, einander gegenüber.

Jugendalter	Mutterschaft
IDENTITÄT	

— Suche nach Individualität
— Suche nach Identität
— Eigene Gefühle stehen im Zentrum der Aufmerksamkeit
— Gedanken kreisen um die Frage: Wer bin ich selbst? Was macht mich aus?
— Identitätssuche geht häufig einher mit
  — Selbstzweifeln
  — Verunsicherung
  — Orientierungslosigkeit
  — Gefühl von Widersprüchlichkeit
  — Überforderung
	— Sorge und Verantwortung für ein Kind
	— Bedürfnisse des Säuglings stehen im Mittelpunkt
	— Säugling beansprucht volle Aufmerksamkeit der Mutter
	— Mutter muss mit diesen Forderungen umgehen lernen, Unabhängigkeit aufgeben und im Sinne des Kindes Kompromisse schließen
	— Stillen und Pflege des Kindes erfordern viel Zeit und Orientierung an den Bedürfnissen des Säuglings
	— Eltern müssen dem Kind Geborgenheit und Sicherheit geben
	— Kind benötigt eine stabile, feste Bindung

Tabelle 8 Gegenüberstellung zentraler Entwicklungsaufgaben zum Themenkreis Identität

Die Suche nach Individualität und Identität und die damit verbundene intensive Beschäftigung mit sich selbst, den eigenen Gefühlen, der Egozentrismus, der für die Adoleszenz so typisch ist, stehen den Anforderungen der Mutterschaft und dem bedingungslosen Sorgen für das Kind konträr gegenüber. Im Jugendalter bedingungslos für die Pflege, Erziehung und Bedürfnisse des Säuglings da zu sein, das eigene Zeitmanagement an einem Kind zu orientieren, für dessen gesunde Entwicklung stabile und feste Rahmenbedingungen zu schaffen und eine verlässliche Mutter-Kind-Bindung aufzubauen, kann für die jungen Mütter deshalb schwierig werden, weil sie parallel dazu, noch viel Zeit und Energie für die eigene Entwicklung benötigen. Alles in allem kann festgehalten werden, dass die Entwicklung von Autonomie und Selbstständigkeit und die Herausbildung einer eigenen Identität im Jugendalter sich durch die Mutterschaft schwieriger gestalten, frühzeitig unterbrochen oder gar unmöglich gemacht werden können.

Jugendalter	Mutterschaft
KÖRPER	

— Körperliche Veränderungen und Entwicklung der Geschlechtsmerkmale im Jugendalter müssen akzeptiert und in das Körperkonzept integriert werden
— Mädchen müssen sich allmählich mit dem `Frau-Werden´ und ihrem zunehmend weiblichen Körper auseinandersetzen, Rundungen akzeptieren lernen und ein positives Körperbild entwickeln
— Diese Entwicklung geht mit großen Unsicherheiten hinsichtlich des eigenen Körpers einher
— Gefühle von Scham und Ambivalenz, Freude und Stolz können sich vermischen
	— Enorme körperliche Veränderungen durch die Schwangerschaft, die deutlich nach außen sichtbar sind:
	  — Gewichtszunahme
	  — Wachsen des Bauchumfangs
	— Hormonelle Umstellung vor und nach der Geburt
	  — Müdigkeit
	  — Erbrechen
	  — Stimmungsschwankungen
	  — Kreislaufbeschwerden
	  — …
	— Schwangerschaft stellt eine körperliche Belastung dar, bringt häufig Beschwerden und Einschränkungen mit sich
	— Schmerzen bei der Geburt

Tabelle 9 Gegenüberstellung zentraler Entwicklungsaufgaben zum Themenkreis Körper

Im Verlauf der Adoleszenz wird das Bild vom eigenen Körper zwar zunehmend stabiler, der Weg dorthin ist aber dennoch von Suche und Auseinandersetzung geprägt. Für heranwachsende Mädchen, die akribisch, unsicher und kritisch jede kleinste Veränderung ihres Körpers begutachten, die damit beschäftigt sind, sich mit den weiblichen Formen ihres Körpers anzufreunden, die sich mit Beginn der Regelblutung erst einmal mit ihrer Fruchtbarkeit und der Möglichkeit, Kinder zu bekommen, auseinandersetzten müssen, stellen die komplexen Prozesse von Schwangerschaft und Geburt und die damit einhergehenden enormen hormonellen und körperlichen Veränderungen, die auch für eine erwachsene Frau Beschwerden und Einschränkungen mit sich bringen, eine zusätzliche Belastung dar, die das junge Mädchen überfordern kann. Durch eine Schwangerschaft muss die werdende junge Mutter, ihr Körperkonzept erneut anpassen.

Jugendalter	Mutterschaft
ELTERN	
— Ablösung von den Eltern — Emotionale Unabhängigkeit gewinnen — Meinungsverschiedenheiten, Konflikte und Streit, um eigene Normen und Werte zu entwickeln — Räumliche Trennung durch Auszug — Finanzielle Selbstständigkeit	— Unterstützung durch die Eltern/ Herkunftsfamilie — in emotionaler Hinsicht — in praktischer Hinsicht — in finanzieller Hinsicht — Praktische Hilfe — durch Reden und Gespräche — durch Kinderbetreuung — durch Begleitung auf Ämter — durch Ratschläge hinsichtlich der Erziehung und Pflege des Kindes

Tabelle 10   Gegenüberstellung zentraler Entwicklungsaufgaben zum Themenkreis Eltern

Die ersehnte Eigenständigkeit bezüglich der Lebensgestaltung und gegenüber der Herkunftsfamilie kann sich jedoch durch die Geburt eines Kindes schnell in erneute Abhängigkeit umkehren. Nämlich dann, wenn das junge Mädchen nach der Geburt des Kindes verstärkt auf die Hilfe und Unterstützung, die Erfahrung und Ressourcen der Eltern angewiesen ist und damit in einer starken Abhängigkeit verbleibt. Die Unterstützung durch die eigenen Eltern kann für die junge Mutter sowohl entlastend als auch belastend sein. Schwanger- und Mutterschaft im Jugendalter können die Ablösung von den Eltern behindern, die Unterstützung der eigenen Eltern kann eine erneute Abhängigkeit von der Herkunftsfamilie forcieren. Somit wird es für minderjährige Mütter schwieriger sein, die zentrale Entwicklungsaufgabe der Ablösung im Jugendalter zu bewältigen. Wenn aber die Eltern der minderjährigen Mutter schockiert und ablehnend auf die Mutterschaft ihrer Tochter reagieren und jegliche Unterstützung verweigern, kann ebenfalls keine gesunde Loslösung erfolgen, denn gesunde Ablösung vollzieht sich nicht – wie bereits im Kapitel 2 aufgezeigt wurde – durch Abbruch der Beziehung zu den Eltern.

Jugendalter	Mutterschaft
PARTNERSCHAFT	
— Zunehmendes Interesse am anderen Geschlecht	— Durch Elternschaft wird die Paarbeziehung zu etwas Verbindlichem
— Erste sexuelle Empfindungen und gegengeschlechtliche Paarbeziehungen	— Elternschaft als Belastungsprobe und Herausforderung für die Partnerschaft
— Testen intimer Beziehungen, um sich mit Themen wie Partnerschaft und Familiengründung auseinanderzusetzen und dahingehend eigene Zukunftsvorstellungen zu entwickeln	— Elternschaft erfordert Neuorientierung der Partnerschaft – das Paar muss sich an die neue Situation zu dritt gewöhnen
	— Interaktion verändert sich
	— Zeit für Zärtlichkeit, Zweisamkeit, Intimität und Gespräche reduziert sich durch das Kind
	— Paar muss sich über die Aufteilung der anfallenden Arbeiten hinsichtlich der Versorgung des Kindes und der Aufgaben im Haushalt Gedanken machen
	— Gegebenenfalls muss sich die Mutter mit der wirtschaftlichen Abhängigkeit vom Partner auseinandersetzen
	— Vater steht unter dem Druck, jetzt für eine Familie sorgen zu müssen

Tabelle 11 Gegenüberstellung zentraler Entwicklungsaufgaben zum Themenkreis Partnerschaft

Eher unverbindliche Beziehungen, das Testen und Ausprobieren von Verbindungen und Sexualität im Jugendalter, stehen der festen Paarbeziehung im Erwachsenenalter gegenüber. Es ist für sehr junge Eltern eine enorme Herausforderung, die komplexen Anforderungen und Veränderungen, die Elternschaft innerhalb einer Paarbeziehung verursacht und die selbst Erwachsene vor große Herausforderungen stellt, zu bewältigen. Die innere Reife, die benötigt wird, um dem in der Tabelle dargestellten Katalog an Veränderungen zu begegnen, kann von einem sich im Jugendalter und damit mitten in der Entwicklung befindenden Menschen nicht selbstverständlich erwartet werden.

Jugendalter	Mutterschaft
FREUNDSCHAFTEN	
— Peers werden immer wichtiger — Bieten Orientierung hinsichtlich Werten und Normen — Geben Identifikationsmöglichkeiten — Austausch von wichtigen Erfahrungen im Jugendalter — Gemeinschaft und Abgrenzung nach außen, Zusammengehörigkeit, `Wir- Gefühl´ und ein Gefühl des `Sich-Zugehörig-Fühlens´ — Helfen gegen Einsamkeit und dabei, sich besser von der Familie zu lösen und Autonomie zu entwickeln — Peers geben dem Jugendlichen Sicherheit, Vertrauen und emotionale Unterstützung	— Durch die Geburt des Kindes finden auch Veränderungen auf sozialer Ebene statt, Beziehungen zu den Freunden verändern sich — Häufig brechen alte Freundschaften wegen der unterschiedlichen Interessen und veränderten Zeitkapazitäten weg — Kontakte zu anderen Familien mit Kindern können intensiver werden — Konzentration auf das Kind macht es häufig schwierig, Freundschaften zu pflegen — Isolation

Tabelle 12 Gegenüberstellung zentraler Entwicklungsaufgaben zum Themenkreis Freundschaften

Gleichaltrige nehmen im Leben des Jugendlichen eine zentrale Rolle ein. Den Kontakt zu ihnen durch die Mutterschaft zu verlieren, bedeutet auch, emotionale Unterstützung und die Sicherheit zu verlieren, die Peers inmitten der Orientierungslosigkeit des Jugendalters geben. Gerade für jugendliche Mütter kann der Verlust der Freunde und die bewusste oder unbewusste Ablehnung, weil die Interessen durch die Geburt des Kindes auseinandergehen oder die Versorgung des Kindes den Zeitplan der jungen Mutter dominiert, sehr schmerzlich und verletzend sein. Fehlende Annahme durch Peers und eine möglicherweise daraus resultierende Isolation im Jugendalter können negative Rückwirkung auf das Selbstwertgefühl der jungen Mutter haben.

Jugendalter	Mutterschaft
SCHULE, BERUF und ZUKUNFT	
− Eigene Stärken und Interessen entdecken − Sich mit Wünschen, Träumen und realen Perspektiven auseinandersetzen − Schule bietet Möglichkeit zu sozialen Lernerfahrungen − Schule ermöglicht soziale Kontakte zu Peers − Berufswunsch entwickeln − Qualifikation als Voraussetzung für die eigene Zukunft begreifen − Eigenverantwortung hinsichtlich der eigenen Zukunft entwickeln	− Vorübergehender Ausstieg aus Schule und Beruf − Inanspruchnahme von Elternzeit − Häufig erschwerter Wiedereinstieg nach der Babypause − Häufig keine Selbstständigkeit, sondern wirtschaftliche Abhängigkeit vom Partner oder Staat − Wenn schulische und berufliche Kontakte während der Elternzeit wegfallen, verstärkt das die Isolation − Mit einem Kind trägt man nicht nur Verantwortung für die eigene Zukunft, sondern auch die für die Zukunft des Kindes

Tabelle 13   Gegenüberstellung zentraler Entwicklungsaufgaben zu den Themenkreisen Schule, Beruf und Zukunft

Durch den Ausstieg aus Schule und Beruf während der Mutterschaft geht den jungen Müttern nicht nur ein wichtiger Raum für soziale Kontakte und Lernerfahrungen, sondern mindestens vorübergehend auch die Möglichkeit der intensiven Auseinandersetzung mit der eigenen beruflichen Zukunftsperspektive verloren. Diese Tatsache wiegt umso schwerer, als dass die adoleszenten Mütter nun nicht mehr allein für sich selbst, sondern auch für die Zukunft des Kindes Verantwortung tragen.

Die beschriebene komplexe Anforderungssituation in verschiedenen Teilbereichen kann dazu führen, dass die minderjährigen Mädchen mit der Erfüllung der teilweise widersprüchlichen Anforderungen völlig überfordert sind. Sie impliziert Risiken, die durch das Zusammentreffen von Entwicklungsaufgaben entstehen und Verhaltensprobleme und Entwicklungsverzögerungen begünstigen können.

Im Folgenden werden ausgewählte Aspekte dieser Anforderungssituation minderjähriger Mütter einer ausführlicheren Analyse unterzogen.

5.3.3 Das Moratorium geht zu Ende

"Mir macht das Jungsein Spaß. Mir ist voll bewußt, daß ich jetzt und in den nächsten Jahren am meisten Kraft besitze, daß ich in der Jugend am schönsten bin, daß die Jugend die unbeschwerteste Zeit ist, daß ich noch unabhängig und frei bin. Das sind für mich schon genügend Gründe, warum ich froh bin und warum ich versuche, diese Zeit total zu genießen und sie auszukosten"[185].

Das Moratorium des Jugendalters, die unbeschwerte Zeit des Suchens und Fragens, des Ausprobierens und der Experimente – wie sie in dem obigen Zitat von einer 19-Jährigen beschrieben wird – die Zeit, seine Individualität zu entdecken und sich eine selbst gewählte Identität zu erarbeiten, geht mit der Geburt des Kindes zu Ende. Den im Jugendalter gewährten Aufschub von Verpflichtungen und Verantwortungen, um die Reife zu gewinnen, den Anforderungen der Erwachsenenwelt gewachsen zu sein, hat das junge Mädchen nicht mehr. Sie muss sich nun damit auseinandersetzen, dass sie zuallererst einmal Mutter ist.

Einen `normalen´, geregelten Alltag für das Kind zu organisieren, während man sich selbst im mitten im Jugendalter befindet, stellt die junge Mutter vor enorme Herausforderungen, denn wie Anna Freud es formuliert:

"...während der Adoleszenz entspricht anormales Verhalten der Norm"[186].

Die Individuation der Adoleszenz steht der Symbiose der Schwangerschaft völlig konträr gegenüber. Die Freiheit und Unbefangenheit der Jugend, die Suche nach Individualität, der Drang etwas auszuprobieren, der Wunsch nach Konfrontation, aber auch die mit dem Jugendalter einhergehende Orientierungslosigkeit und mögliche Selbstzweifel treffen auf die elementaren Bedürfnisse des Kindes nach Ruhe, Beständigkeit, Zuverlässigkeit und Halt.[187]

---

185 Göppel; 2005; S. 76
186 Freud, Anna; 1958; S. 275; zit. nach Zimbardo & Gerrig; 1999; S. 493
187 vgl. Garst; 2003; S. 24

5.3.4 Egozentrismus des Jugendalters versus bedingungslose Fürsorge für das Kind

Minderjährige Mütter müssen quasi von heute auf morgen `Erwachsen-Werden´ und die Unbeschwertheit des Jugendalters hinter sich lassen. Vor allem nach der Geburt muss die Mutter viele Aufgaben wie wickeln, füttern, pflegen, die tägliche Versorgung des Säuglings bewältigen, die regelhaft völlig neu für sie sind. Die eigenen Bedürfnisse der Jugendlichen nach Freiheiten und die Zeit für sich selbst kollidieren mit den Aufgaben des Mutterseins, der Verantwortung für das Kind und dem Wunsch, alles richtig machen zu wollen – ein Balanceakt zwischen dem Achten auf eigene Bedürfnisse, ohne die Bedürfnisse des Kindes zu vernachlässigen:[188]

"Junge Mütter durchleben den Prozess des Erwachsenwerdens sehr rapide, sie müssen Verantwortung übernehmen, der sie noch nicht gewachsen sind. Ihr gesamter Alltag strukturiert sich um das Kind und bringt sie manchmal an den Rand ihrer Belastbarkeit"[189].

Die Verantwortung für ein Kind zu übernehmen bedeutet auch, die Bedürfnisse des Kindes wahrzunehmen und eigene Bedürfnisse zurückzunehmen. Das fällt vor allem dann schwer, wenn in der eigenen Sozialisation eigene Bedürfnisse nach Zuneigung, Geborgenheit und `Versorgt-Werden´ verwehrt wurden und die jungen Frauen erkennen müssen, dass ihnen ein eigenes Kind diese Sehnsüchte nicht erfüllen wird, sondern verstärkt das von ihnen fordert, was sie in vielen Fällen selbst so schmerzlich vermisst haben. Kollidiert der Anspruch, dem Kind nur das Beste bieten zu wollen, mit den Grenzen der Mutter, dieses Ideal aufgrund eigener negativer Sozialisationserfahrungen oder mangelnder Reife und situativer Überforderung nicht erfüllen zu können, können sich neben liebevoller Zuwendung auch aggressive Tendenzen und eine Ablehnungshaltung der Mutter gegenüber dem Kind zeigen. Gerade deshalb, weil die Mütter noch sehr mit ihren eigenen Bedürfnissen und Wünschen beschäftigt sind, kann es dazu kommen, dass das Kind stört.[190]

---

188   vgl. Bindel-Kögel; 2004; S. 119f.
189   Garst; 2001; S. 13
190   vgl. Trumm; 2003; S. 7 und vgl. Osthoff; 1999; S. 138 und vgl. Fraas; 2001; S. 98

Es fällt jugendlichen Müttern häufig schwer, eigene Bedürfnisse des Kindes zu erkennen und ernst zu nehmen. Sie treten dann in Konkurrenz zu ihrem Kind und betrachten dessen Bedürfnisse gegen sich selbst gerichtet:

> *"Die Mädchen empfinden es oft so, dass das Baby sie bewusst ärgert und ihnen so manches Vergnügen madig macht. Sie verstehen nicht, dass das Baby solche Entscheidungen noch gar nicht treffen kann"*[191].

Eigene ambivalente Gefühle dem Kind gegenüber können auch dazu führen, dass die junge Mutter Ängste entwickelt, jemand anders könnte eine bessere Mutter sein, und deshalb Schwierigkeiten damit hat, angebotene Hilfe anzunehmen oder selbst um Hilfe zu bitten.[192]

5.3.5 Kontakt zu den Eltern

Es gibt Familien, die der schwangeren Tochter intensiven emotionalen, sozialen und materiellen Rückhalt bieten, sie bei der Suche nach geeigneter professioneller Hilfe und Beratung unterstützen und Begleitung bei Ämtern und Behörden anbieten können. Nicht jede minderjährige Mutter wird jedoch diese emotionalen und materiellen Ressourcen in ihrer Familie vorfinden. Eigene materielle Not und räumliche Enge können das Engagement der Eltern für die schwangere Tochter erschweren und zur Folge haben, dass sie sie nur im äußersten Notfall unterstützen können. Schwierig wird es auch, wenn die alterstypische Ablösungsproblematik den Kontakt erschwert oder gar kein Kontakt mehr zur Herkunftsfamilie besteht oder erwünscht ist oder die Eltern der minderjährigen Mutter genug eigene Probleme haben und der Kontakt zu ihnen schon vor der Schwangerschaft brüchig oder nur sporadisch war. Allein die Kontakte und Beziehungen zu den Gleichaltrigen werden als Unterstützung für die umfassenden Veränderungen durch die Mutterschaft nicht ausreichen, wenn sie überhaupt verlässlich sind und nicht nur vorübergehender Natur waren.[193]

---

191 Garst; 2003; S. 24
192 vgl. Garst; 2003; S. 24
193 vgl. Bindel-Kögel; 2004; S. 118f.

5.3.6 Kontakt zum Kindesvater

In der Praxis sind die Hilfe und Unterstützung durch den Kindesvater und sein Rückhalt nicht immer vorhanden, viele Väter ziehen sich angesichts der bereits geschilderten immensen Belastung aus der Verantwortung der Vaterschaft oder beteiligen sich nur am Rande oder gar nicht an den Aufgaben der Elternschaft. Zu der ohnehin schwierigen Aufgabe der jungen Mutterschaft kommt bei vielen adoleszenten Müttern folglich die Herausforderung hinzu, ihr Kind allein, ohne den Vater großzuziehen, was letztlich bedeutet, alleinerziehend zu sein und auch die damit zusätzlich verbundenen Belastungen – wie sie in Kapitel 3.5 geschildert wurden – zu bewältigen.[194]

5.3.7 `Zwischen den Stühlen´

Junge Mütter nehmen innerhalb der Gesellschaft eine Zwischenstellung ein, sie sind Grenzgängerinnen zwischen der Jugend und dem `Erwachsen-Sein´. Einerseits wirken sie durch die Verantwortung der Mutterschaft zu reif, um noch zur Altersgruppe der Teenager zu gehören. Häufig werden sie von den Peers auch so charakterisiert und wegen konträrer Interessen und mangelnder Zeit und Flexibilität aufgrund der Versorgung des Babys von diesen auch verlassen. Darüber hinaus besitzen Gleichaltrige selbst in der Regel keine Erfahrung mit der Mutterschaft und der Bewältigung dieser Aufgabe, da diese nicht zu den typischen Herausforderungen des Jugendalters gehört und damit *"on-time"*[195] ist, sondern es sich um eine Entwicklungsaufgabe handelt, die *"off-time"*[196] stattfindet. Peers sind mit dem Thema in der Regel nicht vertraut und können dahingehend mit Ratschlägen nicht unterstützend weiterhelfen. Andererseits stehen Erwachsene ihnen skeptisch gegenüber, weil sie den noch Minderjährigen die Verantwortung für ein Kind nicht zutrauen und ihnen mangelnde Reife unterstellen. Die Tatsache, dass sich das Durchschnittsalter der Erstgebären-

---

194 vgl. Bindel-Kögel; 2004; S. 118f.
195 Gloger-Tippelt; 1988; S. 12
196 Gloger-Tippelt; 1988; S. 12

den während der letzten Jahre nach hinten verlagert hat und Frauen durchschnittlich immer später ihr erstes Kind bekommen, macht minderjährige Mütter noch deutlicher zur Ausnahme von der Regel.[197]

5.3.8 Berufliche Lebensplanung

Wenn Heranwachsende schwanger werden, befinden sie sich noch in der Schule oder haben gerade eine Ausbildung begonnen. Die frühe Mutterschaft verhindert dann meist den Abschluss von Schule und Ausbildung. Die Regelschule zu besuchen oder sich auf dem Ausbildungsmarkt zu behaupten und eine Vollzeitausbildung zu absolvieren, ist neben den Versorgungsaufgaben für das Kind, der gleichzeitigen Bewältigung des Haushaltes und darüber hinaus dem Mangel an Kinderbetreuungsplätzen äußerst schwierig. Teilzeitausbildungen, die sich leichter mit den Öffnungszeiten der Kinderkrippen und -gärten vereinbaren ließen und der Mutter darüber hinaus die Möglichkeit offerieren würden, auch selbst noch Zeit für das Kind zu haben, sind in Deutschland kaum vorhanden. Beginnen die jungen Mütter nicht bald nach der Mutterschaft ihre schulische oder berufliche Ausbildung, sondern erst Jahre später, kann es sein, dass sie im Klassen- oder Ausbildungsverband die Ältesten und auch dadurch wieder Außenseiter sind. Fehlzeiten durch Krankheit des Kindes können den Abschluss der Ausbildung zusätzlich gefährden.[198]

Bühnemann de Falcón gibt eine gute Zusammenfassung der Gründe, weshalb eine Schul- und Berufsausbildung gerade für junge Mütter von großer Bedeutung wäre:

"1. Arbeit als Gegengewicht zur Familie
2. Arbeit als Selbstfindung und Weiterentwicklung
3. Arbeit als Kontaktmöglichkeit
4. Arbeit als Weg, die Welt neu zu erleben und dem Kind etwas zu bieten
5. Arbeit als Geldverdienst, um unabhängig zu sein"[199].

---

197 vgl. Bühnemann de Falcón & Bindel-Kögel; 1993; S. 1f. und vgl. Bindel-Kögel; 2004; S. 114

198 vgl. Klees-Möller; 1993; S. 106 und vgl. Helmken, u.a.; 2001; S. 32 und vgl. Schäfer, u.a.; 2001; S. 84 und vgl. Bindel-Kögel; 2004; S. 123f.

199 Bühnemann de Falcón; 1993; S. 26

Viele junge Mütter starten stattdessen nicht zuletzt aufgrund ihrer vielfältigen Belastungssituation und der oben genannten Rahmenbedingungen ohne jegliche berufliche Qualifikation in eine Zukunft, die wenig Hoffnung auf ein eigenständiges Leben zulässt. Klees-Möller hält dazu treffend fest:[200]

> *"Die frühe Schwangerschaft stellt ... eine Krisensituation dar, weil die Übernahme der Mutterrolle in dieser Phase der Berufsfindung und Lebensplanung stört und der gesamte Lebenszusammenhang noch instabil ist"*[201].

5.3.9 Soziale Lage und finanzielle Situation

Mit der Geburt des Kindes unterbrechen junge Frauen überwiegend ihre Bildungsbiographie, bevor sie einen Abschluss erreicht haben, nehmen die Elternzeit in Anspruch und werden dafür von der Schulpflicht befreit. Es ist das Recht der minderjährigen Mutter, die Elternzeit in Anspruch zu nehmen, Schule und Ausbildung erst einmal für bis zu drei Jahre zu unterbrechen. Die Befreiung vom vielleicht ohnehin lästigen und anstrengenden Schulbesuch kann anfangs für manche Minderjährige durchaus attraktiv erscheinen. Problematisch ist diese Perspektive dahingehend, als dass sie während der ersten beiden Lebensjahre des Kindes durch staatliche Transferleistungen wie Kindergeld, Erziehungsgeld, Unterhalt und Leistungen nach SGB II eine relativ gute `Einkommenssituation´ sichert, wie folgende Übersicht zeigt:[202]

---

200 vgl. Klees-Möller; 1993; S. 106
201 Klees-Möller; 1993; S. 99
202 vgl. Pregitzer & Jones; 2004; S. 27 und vgl. Bindel-Kögel; 2004; S. 123f. und vgl. Häußler-Sczepan, u.a.; 2005; S. 32f.

Jahr 2006

Übernahme der Kosten für angemessenen Wohnraum (Bruttowarmmiete) gemäß § 22/Abs. 1/S. 1 SGB II	**444** € (Obergrenze für einen 2 Personen-Haushalt/Berlin)
Regelsatz für die Mutter nach § 20 SGB II	**345** €
Regelsatz für das Kind nach § 20 SGB II	**207** €
Zuschlag für Alleinerziehende nach § 21/Abs. 3 SGB II	**124** €
Erziehungsgeld	**300** €
Kindergeld	**154** €
Unterhaltsvorschuss	**127** €
Rechnung: Kindergeld und Unterhaltsvorschuss zählen im Rahmen des SGB II als Einkommen des Kindes und müssen vom Regelsatz nach SGB II wieder abgezogen werden:	**444** € Miete + **300** € Erziehungsgeld + **154** € Kindergeld + **127** € Unterhaltsvorschuss + **271** € Regelleistung für Mutter + **124** € und Kind nach SGB II (345€ + 207€ – 154€ – 127€) Alleinerziehendenzuschlag
Gesamt:	= **1420** €

Jahr 2019

Übernahme der Kosten für angemessenen Wohnraum (Bruttokaltmiete) gemäß § 22/ Abs. 1/S. 1 SGB II	**472,20 €** (Obergrenze für einen 2 Personen-Haushalt/ Berlin 2018)
Regelsatz für die Mutter nach § 20 SGB II	**424 €** (ab 01.01.2019)
Regelsatz für das Kind nach § 20 SGB II	**245 €** (ab 01.01.2019)
Mehrbedarf für Alleinerziehende nach § 21/Abs. 3 SGB II	**152,64 €** (Alleinerziehend mit 1 Kind unter 7 Jahren = 36 % vom Regelsatz)
Elterngeld	**300 €** (wird seit 01.01.2011 als Einkommen auf das ALG II angerechnet)
Kindergeld für das 1. Kind	**204 €** (ab 01.01.2019)
Unterhaltsvorschuss	**154 €**
Rechnung: Elterngeld, Kindergeld und Unterhaltsvorschuss zählen im Rahmen des SGB II als Einkommen des Kindes und müssen vom Regelsatz nach SGB II wieder abgezogen werden:	**472,20 €** Miete **+ 300 €** Elterngeld **+ 204 €** Kindergeld **+ 154 €** Unterhaltsvorschuss **+ 88 €** Regelleistung für Mutter und Kind nach SGB II (424 € + 245€ – 300 € -154€ – 127€) **+ 152,64 €** Alleinerziehendenzuschlag
Gesamt:	**= 1370,84€**

Tabelle 14 Beispielrechnungen: Monatliche staatliche Transferleistungen auf die eine minderjährige, alleinerziehende Mutter während der ersten beiden Lebensjahre des Kindes Anspruch hat im Vergleich: 2006 und Jahr 2019

Der vergleichende Blick auf die Jahre 2006 und 2019 zeigt, dass eine alleinerziehende Mutter, die in Berlin auf SGB II Leistungen angewiesen ist, im Jahr 2019 weniger Geld zur Verfügung hat als noch im Jahr 2006. Als ursächlich hierfür ist anzuführen, dass das 2006 noch gewährte Erziehungsgeld im Jahr 2007 durch das Elterngeld ersetzt wurde. Dieses wurde inzwischen als anrechenbares Einkommen auf Sozialleistungen deklariert. Trotz Steigerungen im Bereich der Kosten für die Unterkunft, der Anhebung der Regelsätze und infolge der prozentual errechneten Zuschläge bleiben einer alleinerziehenden Mutter im Vergleich zu 2006 heute weniger Mittel. Im Jahr 2006 hatte eine junge Mutter in den ersten beiden Jahren monatlich 300 € Erziehungsgeld. Dieses fällt nun weg.

Jedoch wird spätestens mit dem Ende der Elternzeit, nämlich dann, wenn von der jungen Mutter gesetzlich gefordert wird, nun eigenständig durch Erwerbsarbeit den Lebensunterhalt für sich und das Kind zu sichern, deutlich, dass die vorläufige Unterbrechung der Schullaufbahn enorme Nachteile mit sich bringt. In Zeiten, in denen es ohnehin schwierig geworden ist, einen Ausbildungsplatz zu bekommen, sind Mütter ohne Schulabschluss keine Konkurrenz für andere Bewerber. Durch die Inanspruchnahme von Elternzeit haben die jungen Mütter wertvolle Jahre hinsichtlich Schule und Ausbildung verloren. Dies zeigt, dass Chancen sich durch das Kind auf einem ohnehin knappen Arbeitsmarkt zusätzlich verschlechtern und die Zukunftsperspektiven minderjähriger Mütter sich schwierig gestalten. Ohne die Möglichkeit, eine Ausbildung zu absolvieren, bleibt die Abhängigkeit von staatlichen Transferleistungen mit großer Wahrscheinlichkeit bestehen, Handlungsspielräume und die Teilhabe am regulären Leben eingeschränkt und der für einige junge Mädchen einstige` Ausweg Mutterschaft´ erweist sich letztlich als Sackgasse.[203]

Für jugendliche Mütter, die das Ideal der heilen Familie und liebenden, fürsorglichen Mutter, die ihren Kindern etwas bietet, realisieren möchten, wird es gerade dann, wenn sie noch nicht einmal einen Schulabschluss besitzen und auch der Kindesvater nicht in der Lage ist, einen finanziellen Beitrag zum Familienleben zu leisten, das heißt

---

203 vgl. Thiessen & Anslinger; 2004; S. 23ff. und vgl. Pregitzer & Jones; 2004; S. 27 und vgl. Bindel-Kögel; 2004; S. 123f.

unter ökonomisch und privat ungünstigen Rahmenbedingungen, schwierig, dieses Ideal auch zu erreichen:[204]

"Die Mutterschaft wird verbunden mit der Hoffnung auf Glück, Sinnerfüllung, Stabilität, Liebe und Anerkennung. Dabei hat die Mehrzahl der Teenager-Mütter wenig emotionale, soziale und finanzielle Ressourcen für die Erfüllung dieser Wünsche"[205].

Minderjährige Mütter befinden sich nicht nur in psychosozialer Hinsicht in einer besonderen Lebenslage. Sie werden Mütter, obwohl sie selbst noch Jugendliche und nach dem deutschen Recht noch nicht volljährig sind. Welche Konsequenzen das für ihre rechtliche Situation als Mutter hat und welche rechtlichen Rahmenbedingungen im Zusammenhang mit der Elternschaft darüber hinaus von zentraler Bedeutung für die jungen Mütter sind, soll im Folgenden dargestellt werden.

5.4 Rechtliche Rahmenbedingungen

5.4.1 Mutterschaft und Vaterschaft

Die Mutter eines Kindes ist nach § 1591 BGB die Frau, die das Kind geboren hat. Hinsichtlich der Vaterschaft muss der biologische Vater eines Kindes nicht zwingend der rechtliche Vater des Kindes sein. Ist der biologische Vater bei Geburt des Kindes mit der Mutter verheiratet, ist er automatisch auch der rechtliche Vater des Kindes. Sind die Eltern nicht miteinander verheiratet, kann durch die Anerkennung der Vaterschaft nach § 1592 BGB in Verbindung mit § 1594 BGB eine rechtliche Vaterschaft erreicht werden. Hierzu wird allerdings nach § 1595 BGB die Zustimmung der Mutter benötigt. Ist die Mutter minderjährig und deshalb nur beschränkt geschäftsfähig, so kann sie zwar auch nach § 1596/Abs. 1 BGB nur selbst der Vaterschaftsanerkennung zustimmen, benötigt darüber hinaus aber nach § 1596/Abs. 2 BGB die Zustimmung ihres gesetzlichen Vertreters. Da der Mutter die elterliche Sorge und die Vertretung des Kindes aufgrund ihrer Minderjährigkeit

---

204 vgl. Friese; u.a.; 2001; S. 5f.
205 Lucks-Kuhl; 2003; S. 15f.

gemäß § 1673/Abs. 1 und 2 BGB nicht zusteht, bedarf die Anerkennung nach § 1595/Abs. 2 BGB der Zustimmung des Kindes. Weil der Säugling selbst aber nicht zustimmen kann, tut dies sein gesetzlicher Vertreter, der gesetzliche Amtsvormund[206]. Darüber hinaus kann im Konfliktfall auch ein Gericht nach § 1592 BGB in Verbindung mit § 1600d BGB die Vaterschaft feststellen. Diese Vaterschaftsanerkennung per Gerichtsgutachten kann sowohl von der Kindesmutter und dem Mann, der vermutet, biologischer Vater zu sein, als auch von dem Kind selbst erhoben werden.[207]

5.4.2 Elterliche Sorge

Wer rechtlicher Vater eines Kindes ist, ist nicht automatisch sorgeberechtigt. Die Frage der Vaterschaft ist folglich von der Frage der elterlichen Sorge getrennt. Die elterliche Sorge umfasst Personen- und Vermögenssorge und kann sowohl von der volljährigen Mutter als auch dem rechtlichen und volljährigen Vater ausgeübt werden. Ein Vater ohne rechtliche Vaterschaft kann auch die elterliche Sorge nicht ausüben. Miteinander verheiratete volljährige Eltern sind automatisch auch Träger der elterlichen Sorge. Wenn die Eltern nicht miteinander verheiratet sind und der Vater die Vaterschaft anerkannt hat, kann er gemeinsam mit der Mutter des Kindes eine Sorgerechtserklärung nach § 1626a/Abs. 1/Nr. 1 BGB abgeben.[208]

Die beschriebenen Vorschriften zur elterlichen Sorge beziehen sich auf Eltern, die volljährig sind. Für unverheiratete minderjährige Mütter müssen hinsichtlich der elterlichen Sorge spezielle Regelungen beachtet werden, die sich aufgrund der Minderjährigkeit ergeben. Diese werden im folgenden Abschnitt dargestellt.

---

206 Nähere Erläuterungen zur gesetzlichen Amtsvormundschaft folgen im Kapitel 5.4.3 dieser Arbeit

207 vgl. Tammen; 2004c; S. 362–365 und vgl. Meysen; 2003; S. 12 und vgl. Bürgerliches Gesetzbuch; 2003; S. 385f. und S. 388 und S. 405f.

208 vgl. Tammen; 2004c; S. 365f. und vgl. Bürgerliches Gesetzbuch; 2003; S. 398

5.4.3 Gesetzliche Amtsvormundschaft nach § 1791c BGB

Da die Mutter die Volljährigkeit gemäß § 2 BGB noch nicht erreicht hat, ist sie folglich nach § 106 BGB beschränkt geschäftsfähig. Aus der beschränkten Geschäftsfähigkeit resultiert ein Ruhen der elterlichen Sorge hinsichtlich der gesetzlichen Vertretung des Kindes und der tatsächlichen Vermögenssorge aufgrund eines rechtlichen Hindernisses gemäß § 1673/Abs. 2 BGB. Die Folge dieses Ruhens der elterlichen Sorge ist, dass die minderjährige Mutter gemäß § 1675 BGB nicht berechtigt ist, die elterliche Sorge auszuüben. Damit sind die Voraussetzungen gegeben, dass das Kind der minderjährigen Mutter einen Vormund erhält, denn wer nicht unter elterlicher Sorge steht, erhält gemäß § 1773 BGB einen Vormund. Mit der Geburt des Kindes einer minderjährigen Mutter tritt nach § 1791 c/Abs. 1 BGB dann die gesetzliche Amtsvormundschaft für das Baby ein, wenn die Mutter nicht verheiratet ist:[209]

"Die Vormundschaft für ein Kind einer minderjährigen, nicht verheirateten Mutter tritt Kraft Gesetz mit der Geburt ein"[210].

In diesem Fall erhält das Standesamt des Geburtsortes von der Klinik oder der Hebamme nach § 21b PstG eine Mitteilung über die Geburt des Kindes. Dieses leitet die Geburtsmeldung an das zuständige Jugendamt weiter. Zuständig nach § 87 c/Abs. 1/S. 1 SBG VIII in Verbindung mit § 30/Abs. 3/S. 1 und 2 SGB I ist immer das Jugendamt, in dessen Zuständigkeitsbereich die minderjährige Mutter mit ihrem Baby wohnt. Das Jugendamt meldet pflichtgemäß nach § 57 SGB VIII die Geburt des Kindes und die aus der minderjährigen Mutterschaft resultierende Vormundschaft gemäß § 1791c BGB unverzüglich dem Vormundschaftsgericht. Daraufhin erhält das Jugendamt nach § 1791 c/Abs. 3 BGB eine Bescheinigung des Vormundschaftsgerichtes über den Eintritt der gesetzlichen Amtsvormundschaft, so dass das Jugendamt die minderjährige Mutter unverzüglich davon unterrichten kann. Die gesetzliche Amtsvormundschaft zählt nach § 2/Abs. 3/Nr. 11 SGB VIII zu den anderen Aufgaben des Jugendamtes, die das Jugendamt nach

---

209 vgl. Schlüter; 2001; S. 241 und vgl. Bürgerliches Gesetzbuch; 2003; S. 61 und S. 76 und S. 405f. und S. 420 und S. 424
210 Meysen; 2003; S. 11

§ 55/Abs. 1 und 2 SGB VIII einzelnen Beamten und Angestellten überträgt.[211]

Nach § 56/Abs. 1 SGB VIII müssen bei der Führung der Amtsvormundschaft die Bestimmungen des BGB beachtet und angewandt werden. Daraus ergeben sich folgende Aufgaben für den Amtsvormund. Er übernimmt gemäß § 1793 BGB die Personen- und Vermögenssorge. Der gesetzliche Amtsvormund hat zum einen die Aufgabe, die Mutter mit Informationen und Beratung zu unterstützen, zum anderen vertritt er die Interessen des Kindes und ist folglich für das Wohl des Kindes verantwortlich. Er ist gesetzlicher Vertreter des Kindes in persönlichen Angelegenheiten, hat damit die rechtliche Personensorge inne und ist verantwortlich für die Vermögenssorge. Hierzu ist die minderjährige Mutter nach § 1673/Abs. 2/S. 2/Hs. 2 BGB nicht befugt. Neben dem Amtsvormund steht jedoch auch der minderjährigen Mutter die tatsächliche Personensorge für das Kind zu. Die Kindesmutter behält das Recht, die tatsächliche Personensorge auszuüben, das heißt ihr Kind zu versorgen, zu pflegen, zu erziehen, zu beaufsichtigen und Entscheidungen des Alltags zu treffen. Die Kindesmutter und der gesetzliche Amtsvormund teilen sich folglich nach § 1673/Abs. 2/S. 2 BGB die Personensorge. Kommt es dahingehend zwischen der Mutter und dem Amtsvormund zu Meinungsverschiedenheiten, geht gemäß § 1673/Abs. 2/S. 3 BGB die Meinung der minderjährigen Mutter vor. In diesem Fall kann der Vormund nicht gegen den Willen der Mutter handeln, sondern allenfalls versuchen, sie in einem Gespräch zu informieren und aufzuklären. Erst wenn das Wohl des Kindes nach § 1666 BGB in Gefahr ist, kann er auch gegen den Willen der Mutter Entscheidungen treffen und Maßnahmen einleiten.[212]

Eine weitere Aufgabe des Vormundes ist nach § 52a SGB VIII in Verbindung mit § 2/Abs. 3/Nr. 9 SGB VIII das Erreichen der Vaterschaftsanerkennung nach § 1592 BGB in Verbindung mit § 1594 BGB.

---

211 vgl. Bundesministerium der Justiz: Personenstandsgesetz § 21b; URL: http://www.gesetze-im-internet.de/persstdg/_21b.html und vgl. Sozialgesetzbuch – Achtes Buch; 2004; S. 17 und S. 38 und S. 56 und vgl. Sozialgesetzbuch – Erstes Buch; 2004; S. 13 und vgl. Bürgerliches Gesetzbuch; 2003; S. 424

212 vgl. Meysen; 2003; S. 12f. und vgl. Ollmann; 2003; S. 572 – 576 und vgl. Schlüter; 2001; S. 241 und vgl. Bindel-Kögel; 2004; S. 120 und vgl. Mutke; 2004; S. 250–253 und vgl. Sozialgesetzbuch – Achtes Buch; 2004; S. 38f. und vgl. Bürgerliches Gesetzbuch; 2003; S. 404f. und S. 420 und S. 424

Die Kindesmutter muss dieser Anerkennung nach § 1595/Abs. 1 BGB zustimmen. Darüber hinaus müssen auch die Unterhaltszahlungen durch den Amtsvormund geregelt werden. Hierzu muss er den Vater heranziehen, der die Vaterschaft anerkannt hat.[213]

Gemäß § 1882 BGB in Verbindung mit § 1773 /Abs. 1 BGB endet die gesetzliche Amtsvormundschaft für das Kind einer minderjährigen Mutter, sobald diese volljährig wird, da die Voraussetzungen des § 1773 BGB dann nicht mehr gegeben sind. Die volljährige Mutter ist dann gemäß § 7/Abs. 1/Nr. 5 SGB VIII in Verbindung mit § 1626 BGB und § 1626a/Abs. 2 BGB die Inhaberin der elterlichen Sorge. Hat die Mutter die alleinige elterliche Sorge inne und teilt sie sich diese nicht mit dem Vater des Kindes, so kann sie darüber nach § 58a SGB VIII beim Jugendamt eine Negativbescheinigung beantragen. Darüber hinaus kann die Vormundschaft nach § 1882 BGB in Verbindung mit § 1773/Abs. 1 BGB auch dann früher enden, wenn die minderjährige Mutter ihren volljährigen Partner heiratet. Ihr Ehemann übt dann gemäß § 1678/Abs. 1 BGB die elterliche Sorge solange allein aus, bis die Mutter volljährig wird und damit das Ruhen der elterlichen Sorge der Kindesmutter gemäß § 1673/Abs. 2 BGB mit ihrer Volljährigkeit endet. Dasselbe gilt, wenn die Eltern zwar nicht miteinander verheiratet sind, der Kindesvater aber schon volljährig ist, die Vaterschaft gemäß § 1592 BGB anerkannt hat und eine gemeinsame Sorgeerklärung nach § 1626a/Abs. 1/S. 1 BGB vorliegt.[214]

5.4.4 Ehefähigkeit

Mit dem 18. Geburtstag, dem Eintritt der Volljährigkeit, ist man in Deutschland gemäß § 1303/Abs. 1 BGB in Verbindung mit § 2 BGB berechtigt, die Ehe einzugehen, das heißt man erhält die Ehemündigkeit. Die Ehe kann auch schon ab dem 16. Geburtstag geschlossen werden, wenn der zukünftige Ehepartner bereits volljährig ist, der gesetzli-

---

213 vgl. Sozialgesetzbuch – Achtes Buch; 2004; S. 17 und S. 36f. und vgl. Bürgerliches Gesetzbuch; 2003; S. 385

214 vgl. Meysen; 2003; S. 11f. und vgl. Sozialgesetzbuch – Achtes Buch; 2004; S. 19 und S. 39 und vgl. Bürgerliches Gesetzbuch; 2003; S. 385 und S. 398 und S. 405f. und S. 420 und S. 438

che Vertreter der Minderjährigen der Eheschließung nicht mit einem triftigen Grund widerspricht und das Familiengericht die Eheschließung genehmigt und die Minderjährige gemäß § 1303/Abs. 2 und 3 BGB von der Vorschrift der Ehemündigkeit nach § 1303/Abs. 1 BGB befreit. Wenn das Familiengericht die Minderjährige von dieser Vorschrift befreit hat, kann die Minderjährige die Ehe eingehen, ohne hierfür zusätzlich gemäß § 1303/Abs. 4 BGB die Erlaubnis der Personensorgeberechtigten zu benötigen.[215]

5.4.5 Beistandschaft

Sobald die minderjährige Mutter mit dem 18. Geburtstag die Volljährigkeit erreicht, kann sie, wenn sie die alleinige Sorge für ein Kind hat oder es überwiegend alleine betreut, gemäß § 1712 – § 1716 BGB beim Jugendamt einen formlosen schriftlichen Antrag auf Beistandschaft stellen. Das Jugendamt wird dann Beistand der Alleinerziehenden und unterstützt diese hinsichtlich der Vaterschaftsfeststellung und Durchsetzung von Unterhaltsansprüchen für das Kind, ohne ihre Rechte als Sorgeberechtigte einzuschränken. Die Beistandschaft beginnt unmittelbar nach Antragseingang und endet ebenfalls auf schriftlichen Antrag. Das Jugendamt wird gemäß § 2/Abs. 3/Nr. 11 SGB VIII in Verbindung mit § 55/Abs. 1 und 2 SGB VIII Beistand und überträgt die Führung der Beistandschaft an einzelne Mitarbeiter, das heißt an Angestellte und Beamte des Jugendamtes. Dies kann für junge Mütter gerade dann relevant sein, wenn die gesetzliche Amtsvormundschaft endet und sich darüber hinaus noch Fragen zu Vaterschaft und Unterhalt stellen.[216]

---

215 vgl. Tammen; 2004b; S. 360 und vgl. Schlüter; 2001; S. 12–15 und vgl. Bürgerliches Gesetzbuch; 2003; S. 61 und S. 333
216 vgl. Tammen; 2004a; S. S. 337 und vgl. Sozialgesetzbuch – Achtes Buch; 2004; S. 17 und S. 38 und vgl. Bürgerliches Gesetzbuch; 2003; S. 410f.

5.4.6 Umgangsrecht

Sind die Eltern getrennt und leben nicht miteinander zusammen oder besitzt die bereits volljährige Mutter die elterliche Sorge nach § 1626a/ Abs. 2 BGB alleine, hat das Kind darüber hinaus gemäß § 1684/Abs. 1 BGB ein Recht auf Umgang mit dem Elternteil, der nicht unmittelbar die elterliche Sorge besitzt. Erwähnenswert scheint an dieser Stelle, dass die Eltern nicht nur das Recht auf Umgang, sondern auch die Pflicht dazu haben. Zu beachten ist nach § 1684/Abs. 4 BGB stets, dass der Umgang zum Kindeswohl nach § 1697a BGB beiträgt. Möchte der biologische Vater, der nicht rechtlicher Vater ist, Umgang mit dem Kind haben, hat auch er gemäß § 1685/Abs. 2 BGB Anspruch darauf, jedoch ist hierbei Voraussetzung, dass er eine Beziehung zu dem Kind hat und im besten Fall auch schon mit dem Kind zusammengelebt hat. Anspruch auf Beratung hinsichtlich des Umgangsrechtes besteht nach § 18/Abs. 3 SGB VIII beim zuständigen Jugendamt.[217]

5.4.7 Unterhalt

Gegenseitig unterhaltspflichtig sind sich nach § 1601 BGB jeweils Verwandte in gerader Linie immer dann, wenn der Unterhaltsberechtigte gemäß § 1602 BGB bedürftig und der Unterhaltsverpflichtete gemäß § 1603 BGB leistungsfähig ist. Eine gesteigerte Unterhaltspflicht haben Eltern gegenüber ihren minderjährigen, unverheirateten Kindern gemäß § 1603 BGB. Der Elternteil, der mit dem Kind zusammenlebt, leistet seinen Beitrag zum Unterhalt durch Pflege und Erziehung des Kindes, der Elternteil, der nicht mit dem Kind zusammenlebt, ist barunterhaltspflichtig. Für den Unterhalt nach § 1601 BGB für ein Kind muss vorher die Verwandtschaft nach § 1589 BGB und die Vaterschaft nach § 1592 BGB geprüft werden. Mindestvoraussetzung für den Anspruch auf Unterhalt ist die oben bereits erläuterte Anerkennung der Vaterschaft oder die gerichtliche Feststellung der Vaterschaft. Darüber hinaus muss die Bedürftigkeit des Kindes nach § 1602 BGB und die

---

217 vgl. Tammen; 2004c; S. 369 und vgl. Sozialgesetzbuch – Achtes Buch; 2004; S. 22f. und vgl. Bürgerliches Gesetzbuch; 2003; S. 398 und S. 407f. und S. 409

Leistungsfähigkeit nach § 1603 BGB gegeben sein. Wenn der Vater nicht zahlen kann, weil er leistungsunfähig ist, hat die Mutter die Möglichkeit, einen Anspruch auf Unterhaltsvorschuss für das Kind bei der Unterhaltsvorschusskasse des Jugendamtes geltend zu machen.[218]

Unterhalt für die Mutter nach § 1615l BGB setzt voraus, dass die Mutterschaft nach § 1591 BGB vorliegt und die Vaterschaft nach § 1592 BGB geprüft wurde. Wenn die Mutter selbst nicht erwerbstätig ist, hat sie Anspruch auf Unterhalt durch den Kindesvater. Ist der Kindesvater allerdings gemäß § 1603 BGB nicht leistungsfähig, muss die Kindesmutter auf staatliche Leistungen zurückgreifen. Beratung hierzu erhält die Kindesmutter nach § 18 SGB VIII.[219]

5.5 Zusammenfassung[220]

Das statistische Datenmaterial zu den Schwangerschaftsabbrüchen und Lebendgeburten in Deutschland zeigt, dass es sich bei den minderjährigen Schwangeren und minderjährigen Müttern gesamtgesellschaftlich betrachtet um eine zahlenmäßig relativ kleine Gruppe handelt. ´Groß´ sind im Gegensatz dazu die Veränderungen, Herausforderungen und Belastungen, die sich durch die Mutterschaft in zentralen Lebensbereichen der betroffenen Mädchen ergeben.

Die Gegenüberstellung von zentralen Entwicklungsaufgaben, die jeweils mit dem Jugendalter und der Mutterschaft verbunden sind, hat gezeigt, dass die jungen Mütter in den Bereichen der Identitätsarbeit, der körperlichen Auseinandersetzung, den Beziehungen zu den Eltern, Freunden und dem Partner und in beruflicher Hinsicht Anforderungen in doppelter Weise ausgesetzt sind. Da die Anforderungen einzeln betrachtet schon relativ komplex sind, bündelt gerade die Kombination Jugendalter und Schwangerschaft einen Aufgabenkatalog für die

---

218 vgl. Tammen; 2004c; S. 371 und vgl. Verband alleinerziehender Mütter und Väter – Bundesverband e.V.; 2004; S. 76 und vgl. Bürgerliches Gesetzbuch; 2003; S. 384f. und S. 388f.

219 vgl. Sozialgesetzbuch – Achtes Buch; 2004; S. 22f. und vgl. Bürgerliches Gesetzbuch; 2003; S. 385 und S. 389 und S. 394

220 Der Exkurs über Ursachen, Hintergründe, Motive und Erklärungsansätze wird in die Zusammenfassung des Kapitels 5 nicht einbezogen, da er nicht unmittelbar zur Überprüfung der Thesen dient, sondern ergänzend angeführt wurde.

junge Mutter, der leicht zu Überforderung führen kann, denn folgende Themen stehen sich völlig konträr gegenüber:

- Egozentrismus im Jugendalter
- Bedingungslose Sorge und
- Verantwortung für die Bedürfnisse des Kindes
- Orientierungslosigkeit und Selbstzweifel im Jugendalter
- Bedürfnis des Kindes nach Geborgenheit, Stabilität und Halt
- Veränderungen des Körpers in der Adoleszenz und damit verbundene Unsicherheiten im Jugendalter
- Enorme körperliche und hormonelle Veränderungen durch die Schwangerschaft
- Ablösung von den Eltern im Jugendalter
- Erneute Abhängigkeit und erschwerte Loslösung durch die Mutterschaft
- Unverbindliches Testen und Ausprobieren von Partnerschaft und ersten intimen Beziehungen im Jugendalter
- Vater- und Mutterschaft und die damit verbundene Verantwortung als Paar dem Kind gegenüber
- Zentrale Rolle der Peers im Jugendalter
- Verlust alter Freundschaften aufgrund der Mutterschaft, mögliche Isolation
- Schule als wichtiger Ort für Qualifikation, Bildung, soziale Lernerfahrungen und Kontakte
- Elternzeit, (vorübergehender) Ausstieg aus Schule und Beruf

Darüber hinaus gesellen sich zu diesen zentralen Entwicklungsherausforderungen häufig zusätzlich schwierige Lebensumstände, die es nicht leicht machen, eine junge Mutter zu sein.

Ein großes Dilemma der Situation minderjähriger Mütter ist, dass sie Verantwortung tragen müssen, die sie eigentlich noch nicht tragen können, dass sie bereits selbst Mütter sind, obwohl sie noch Jugendliche sind. Einerseits wird von ihnen die Ausfüllung der Mutterrolle erwartet und andererseits wird ihnen dies aufgrund ihrer Jugendlichkeit häufig gar nicht zugetraut:

- Negative Reaktionen aus der Umwelt
- Soziale Geringschätzung früher Mutterschaft
- Vorwurf der Unverantwortlichkeit

So bleiben minderjährige Mütter mit ihrer problematischen Lebenssituation häufig allein, können nicht auf die Hilfe Gleichaltriger zählen, weil diese mit dem Thema Mutterschaft ebenso wenig Erfahrung haben, noch immer auf die unvoreingenommene Unterstützung Erwachsener vertrauen, weil diese ihnen nicht selten mangelnde Reife unterstellen und ihnen die Bewältigung der Mutterschaft gar nicht zutrauen. Die Reaktion vieler adoleszenter Mütter, von vornherein völlig auf Hilfe verzichten zu wollen, um zu demonstrieren, dass sie es alleine schaffen und den Vorurteilen mit denen sie täglich konfrontiert werden, zu trotzen, erscheint hier nahezu verständlich, birgt aber das große Risiko, sich im tatsächlichen Fall von Überforderung keine Hilfe, sei sie privater oder professioneller Art, zu organisieren.

Nicht selten leiden minderjährige Mütter unter dem Fehlen des Kindesvaters, wenn sie sich nicht in einer stabilen Partnerschaft befinden oder der Vater sich aus seiner Verantwortung für das Kind völlig zurückgezogen hat, und daran, dass sie dann letztlich alleinerziehend sind und die tatsächliche alleinige Erziehungsverantwortung tragen müssen.

Die Ausführungen hinsichtlich der sozialen Lage und finanziellen Situation haben in diesem Kapitel darüber hinaus gezeigt, dass minderjährige Mütter regelhaft an einer schwierigen ökonomischen Situation leiden. Das Dilemma daran ist, dass sich an dieser Situation ohne einen Schulabschluss und fundierte Ausbildung wohl kaum etwas ändern lässt und die gesetzlich gewährte Erziehungszeit den Bruch in der Bildungslaufbahn überhaupt erst ermöglicht. Minderjährige Mütter können sich so in den ersten beiden Jahren nach der Geburt in finanzieller Sicherheit wiegen, auf die nach Ablauf der Gewährung von Erziehungsgeld ein böses Erwachen folgt. Wenig finanzielle Ressourcen aufgrund von fehlender Ausbildung und Qualifikation schränken die Teilhabe der minderjährigen Mutter am sozialen Leben zusätzlich ein und machen sie damit einmal mehr zur Außenseiterin.

Der Blick auf die rechtliche Situation der minderjährigen Mutter zeigt zwei zentrale Aspekte auf. Zum einen wird deutlich, dass die gesetzlichen Regelungen zur Vaterschaft, elterlichen Sorge, Umgang und Unterhalt relativ komplex sind und es für ein junges Mädchen schwierig sein dürfte, diese Zusammenhänge ohne Probleme zu verstehen. Zum anderen machen die gesetzlichen Regelungen der minderjährigen

Mutter einmal mehr deutlich, dass sie zwar tatsächlich Mutter, aber vor dem Gesetz eben noch nicht erwachsen und damit nicht voll geschäftsfähig ist und deshalb für zentrale Entscheidungen wie beispielsweise hinsichtlich der Vaterschaftsanerkennung und der Eheschließung die Zustimmung der Eltern, des gesetzlichen Amtsvormundes oder des Familiengerichts benötigt. Dies mag einerseits rechtlich und im Sinne des Kindes durchaus sinnvoll sein, konfrontiert andererseits die Heranwachsende, die nach Unabhängigkeit strebt und unter Umständen zeigen möchte, dass sie eine gute Mutter sein kann, obwohl sie noch sehr jung ist, mit Grenzen von außen, die in ihrer Situation unter Umständen nur schwer zu akzeptieren sind.

Nachdem die bisherigen Kapitel zentrale Aspekte der Lebenslagen minderjähriger Mütter näher dargestellt und erläutert haben, wird nun das Augenmerk auf die professionellen Hilfeangebote gerichtet, die minderjährigen Müttern grundsätzlich zur Verfügung stehen, um ihre Situation zu bewältigen, um dann in einem weiteren Schritt zu diskutieren, ob diese Angebote für die Lebenslagen der jungen Mütter angemessen und geeignet sind.

6 Hilfeangebote für minderjährige Mütter

6.1 Grundlegende rechtliche Ansprüche

6.1.1 Mutterschutz

Auch wenn die meisten minderjährigen Schwangeren in der Regel aufgrund ihres Alters keine Ausbildung angefangen oder abgeschlossen haben, werden an dieser Stelle die Vorschriften des Mutterschutzes erörtert, um all den jungen Müttern gerecht zu werden, die vor der Geburt des Kindes in einem Ausbildungs-, Teilzeit- oder Vollzeitarbeitsverhältnis gestanden haben. Sie haben einen gesetzlichen Anspruch auf Mutterschutz nach dem Mutterschutzgesetz. Sechs Wochen vor der Geburt und bis acht Wochen, bei einer Früh- oder Mehrlingsgeburt bis zwölf Wochen nach der Geburt muss die werdende Mutter von der Arbeit freigestellt werden. Die Mutter kann nur dann bis zum Geburtstermin einer Arbeit nachgehen, wenn sie dies wünscht und zustimmt. Nach der Geburt ist jegliche Arbeit während der Mutterschutzfrist jedoch unzulässig. Kommt das Baby zu früh zur Welt, wird die Zeit, die durch die Frühgeburt an Mutterschutz verloren gegangen ist, nach der Geburt an den regulären Mutterschutz angehängt. Die werdende Mutter ist nicht gesetzlich verpflichtet, den Arbeitgeber über ihre Schwangerschaft zu informieren, sollte das aber in ihrem eigenen Interesse tun, denn eine werdende Mutter darf nicht mit Arbeiten betraut werden, die schädigend für ihre und die Gesundheit des Kindes sind. Darunter fallen Arbeiten, bei denen man mit Gasen, Staub, Strahlen, Hitze, Dämpfen, Kälte, Nässe oder anderen Stoffen, die die Gesundheit gefährden, in Berührung kommt. Körperlich anstrengende Arbeit darf nicht verrichtet werden, Akkord-, Fließbandarbeit und Überstunden sind nicht erlaubt. Frauen unter 18 Jahren dürfen täglich höchstens acht Stunden und höchstens 80 Stunden in zwei Wochen arbeiten. Arbeit an Sonn- und Feiertagen sowie in der Zeit zwischen 20:00 und 6:00 Uhr ist für werdende Mütter nicht erlaubt. Stellt ein Arzt fest, dass eine bestimmte Tätigkeit, eine Gefährdung für die Gesundheit und das Leben von Mutter und Kind darstellt, darf die werdende Mutter diese Tätigkeit nicht weiter ausüben. Wenn eine Frau aufgrund der Schutzbestimmungen ihren Arbeitsplatz wechseln muss, darf dies keinen Verdienstausfall für sie nach sich ziehen, und der Arbeitgeber muss den ursprünglichen Lohn weiterbezahlen. Der Kündigungsschutz besteht für (werdende) Mütter ab dem Tag, an dem der Arbeitgeber von der Schwangerschaft erfahren hat, bis vier Monate nach der Geburt des Kindes oder, falls Elternzeit in Anspruch genommen wird, bis zum Ende der mit dem Arbeitgeber vereinbarten Elternzeit.[221] Das seit 01.01.2018 geltende Mutterschutzrecht ist auch für Schülerinnen und Studentinnen anzuwenden.

6.1.2 Elternzeit

Elternzeit kann von dem sorgeberechtigten Vater, der sorgeberechtigten Mutter, dem Partner des sorgeberechtigten Elternteils oder den Adoptiveltern bis zum Ende des 3. Lebensjahres des Kindes genommen werden, um sich um die Betreuung des Kindes zu kümmern. Wenn es sich um einen Härtefall handelt, können auch die Großeltern in Elternzeit gehen. Anspruch auf Elternzeit hat darüber hinaus nur derjenige, der mit dem Kind im selben Haushalt lebt und es überwiegend selbst betreut. Sowohl ArbeitnehmerInnen als auch Auszubildende haben darauf Anspruch. Anspruch auf drei Jahre Elternzeit hat jeder Elternteil unabhängig voneinander. Die 3-jährige Elternzeit kann von beiden Eltern gemeinsam oder abwechselnd genommen werden, ohne dass der Arbeitsplatz dadurch verloren geht. Die Elternzeit muss jedoch nicht zwingend bis zum 3. Geburtstag genommen werden, ein Teil des Anspruchs – bis zu 24 Monate – kann auch erst nach dem 3. bis zum 8. Geburtstag des Kindes eingelöst werden. Dies gilt für alle Geburten nach dem 01. Juli 2015. Die Zustimmung des Arbeitgebers ist hierzu nur noch in Ausnahmefällen erforderlich. Die Elternzeit, die innerhalb der ersten drei Lebensjahre in Anspruch genommen wird, muss dem Arbeitgeber sieben Wochen vor Inanspruchnahme schrift-

---

221 vgl. Nees-Delaval; 2005; S. 189–191 und vgl. Grönert; 2005; S. 65–73

lich erklärt werden. Für Elternzeit innerhalb des 3.–8. Lebensjahres gilt eine Anmeldefrist von 13 Wochen im Voraus. Während der Elternzeit kann jeder Elternteil 30 Stunden pro Woche arbeiten. Der Arbeitgeber muss dann, wenn ein Unternehmen mehr als 15 Beschäftigte hat, diese Teilzeitarbeit ermöglichen. Die Elternzeit hat für denjenigen, der sie beansprucht, eine kostenlose Weiterversicherung in der gesetzlichen Kranken- und Arbeitslosenversicherung zur Folge, wenn er keiner Teilzeitbeschäftigung nachgeht. Einen Anspruch auf Krankengeld haben nur die Eltern, die während der Elternzeit einer versicherungspflichtigen Teilzeitbeschäftigung nachgehen. Die Elternzeit kann auch hinsichtlich der Rentenansprüche geltend gemacht werden. Mütter stehen, wie bereits oben aufgezeigt, von Beginn der Schwangerschaft bis zum Ende der beanspruchten Elternzeit unter Kündigungsschutz. Für Väter, die Elternzeit nehmen, beginnt der Kündigungsschutz frühestens acht Wochen vor Beginn der Elternzeit oder mit dem Tag der Anmeldung der Elternzeit und endet mit dem Ende der beanspruchten Elternzeit. Nimmt jemand während der Ausbildung Elternzeit in Anspruch, so verlängert sich die Ausbildung jeweils um die Dauer der beanspruchten Elternzeit.[222]

6.1.3 Befreiung von der Schulpflicht

Während des Mutterschutzes muss die junge Mutter nicht zur Schule gehen, danach kann sie sich für die Dauer der Elternzeit auf Antrag bei der jeweiligen Schule von der Schulpflicht befreien lassen. Voraussetzung für die Befreiung ist allerdings, dass das Baby nicht anderweitig betreut werden kann.[223]

---

222 vgl. Nees-Delaval; 2005; S. 295f. und vgl. Grönert; 2005; S. 81–101 und vgl. www.bmfsfj.de (Stand: 27.10.2018)
223 vgl. Lucks-Kuhl; 2003; S. 15

6.1.4 Freistellung bei Krankheit des Kindes

Jede alleinerziehende Mutter hat grundsätzlich Anspruch darauf, 20 Tage im Jahr von der Arbeit fernzubleiben, um ihr krankes Kind zu pflegen. Dies gilt grundsätzlich bis zum 12. Geburtstag eines Kindes. Hierzu muss ein Attest des Arztes vorgelegt werden. In Ausnahmefällen kann sich dieser Anspruch durch individuelle Vertragsgestaltung anders gestalten oder ganz entfallen.[224]

6.2 Finanzielle Hilfen

6.2.1 Mutterschaftsgeld

Jede werdende Mutter, die zur Zeit der Schwangerschaft in einem Arbeitsverhältnis steht, hat Anspruch auf die Zahlung von Mutterschaftsgeld für die Zeit des Mutterschutzes sechs Wochen vor und bis acht oder zwölf Wochen nach der Geburt. Der Lohn wird bei Frauen, die gesetzlich krankenversichert sind, während des Mutterschutzes weiterbezahlt. Einen täglichen Betrag von bis zu 13 € übernimmt die Krankenkasse, den Restbetrag zum bisherigen Nettoverdienst begleicht der Arbeitgeber.[225]

6.2.2 Elterngeld

Das Elterngeld hat im Jahr 2007 das bis dahin gewährte Erziehungsgeld abgelöst. Es ist im Gegensatz zum Erziehungsgeld eine Familienleistung, die abhängig vom jeweiligen Einkommen gewährt wird und das Ziel der verbesserten Vereinbarkeit von Berufsleben und Elternschaft verfolgt. Das Mindestelterngeld von 300 € wird allen Eltern gewährt, die nach der Geburt des Kindes ihr Kind selbst betreuen und maximal 30 Wochenstunden arbeiten. Allerdings wird auch der Min-

---

224 vgl. Verband alleinerziehender Mütter und Väter – Bundesverband e.V.; 2004; S. 145ff.

225 vgl. Grönert; 2005; S. 65–73 und vgl. Nees-Delaval; 2005; S. 191f.

destbetrag Elterngeld in Höhe von 300 € bei Sozialleistungen wie ALG II und beim Kinderzuschlag als Einkommen voll angerechnet, wenn die Eltern vor der Geburt des Kindes nicht erwerbstätig waren[226].

6.2.3 Bayerisches Familiengeld

Das Bayerische Familiengeld ist eine spezifische Leistung des Freistaates Bayern und löst mit 01.09.2018 das Landeserziehungsgeld und das Betreuungsgeld in Bayern ab. Für Geburten nach dem 01.10.2015 können Eltern für das erste und zweite Kind mtl. 250 € und ab dem dritten Kind mtl. 300 € in der Zeit zwischen dem 13. und 36. Lebensmonat des Kindes erhalten. Das Bayerische Familiengeld ist im Gegensatz zum Elterngeld einkommensunabhängig. Allerdings ist das Bayerische Familiengeld nach einer Entscheidung des Bundesministeriums für Arbeit und Soziales entgegen der Auffassung der Bayerischen Staatsregierung auf Sozialleistungen wie SGB II – Leistungen anzurechnen. Bayern hat damit begonnen das Bayerische Familiengeld auszuzahlen. Rechtsklarheit zur Anrechnung gibt es bis dato nicht.[227]

6.2.4 Kindergeld

Kindergeld erhalten alle Eltern, die in Deutschland mit ihrem Kind zusammen in einem Haushalt leben ab der Geburt des Kindes. Für das Kindergeld ist das Einkommen der Eltern nicht relevant. Für jedes erste und zweite Kind bekommen die Eltern 194 €, für das Dritte 200 € und für das vierte und alle weiteren Kinder 225 € im Monat. Anträge auf Kindergeld werden schriftlich bei der Familienkasse der zuständigen Agentur für Arbeit gestellt.[228]

---

226 Weitere Informationen zum Elterngeld finden Sie unter www.zbfs.bayern.de
227 vgl. www.zbfs.bayern.de (Stand 27.10.2018)
228 vgl. Nees-Delaval; 2005; S. 293f. und vgl. Verband alleinerziehender Mütter und Väter – Bundesverband e.V.; 2004; S. 43f. und vgl. www.familienkasse.de (Stand: 27.10.2018)

6.2.5 Unterhaltsvorschuss

Wenn ein Vater, mit dem die Mutter nicht verheiratet ist, von dem sie geschieden oder dauerhaft getrennt ist, keinen Unterhalt zahlt oder sein Aufenthaltsort nicht bekannt ist, dann gibt es die Möglichkeit, Unterhaltsvorschuss zu beantragen. Gleiches gilt für verwitwete Frauen. Ein Antrag kann von der Mutter beim zuständigen Jugendamt gestellt werden. Bezieht die Mutter Leistungen nach SGB II oder XII, so ist sie sogar verpflichtet, den Antrag auf Unterhaltsvorschuss zu stellen, da es sich hierbei um eine vorrangige staatliche Leistung handelt. Der gezahlte Unterhaltsvorschuss zählt dann als Einkommen des Kindes und wird auf die Leistungen nach SGB II und XII angerechnet. Unterhaltsvorschuss kann insgesamt für zwölf Jahre gezahlt werden, jedoch nur für Kinder im Alter zwischen null und zwölf Jahren. Zwischen dem 12. und 18. Lebensjahr kann weiterhin Unterhaltsvorschuss für das Kind bezogen werden, wenn keine SGB II-Leistungen bezogen werden. Ist der Vater des Kindes zu einem späteren Zeitpunkt zahlungsfähig, wird das gewährte Geld von ihm zurückgefordert werden. Aus diesem Grund ist die Mutter gesetzlich verpflichtet, bei der Antragstellung den Vater und seinen Aufenthaltsort bekannt zu geben, wenn sie diesen kennt. Weigert sie sich, entfällt der Anspruch auf Unterhaltsvorschuss. Ausnahmefälle diesbezüglich sind diejenigen, in denen die Mutter den Vater nicht kennt oder es triftige Gründe gibt, den Namen nicht zu nennen. Die monatliche Höhe des Unterhaltsvorschusses beträgt seit dem 01.01.2018 154 € für Kinder von 0–5 Jahren, 205 € für Kinder von 6–11 Jahren und 273 € für Kinder von 12–17 Jahren. Der Anspruch auf Unterhaltsvorschuss bleibt auch dann bestehen, wenn die Mutter mit einem neuen Partner zusammenlebt. Allerdings darf dieser Mann nicht Vater des Kindes sein. Heiratet die Mutter erneut, entfällt der Anspruch.[229]

---

229 vgl. Nees-Delaval; 2005; S. 294 und vgl. Verband alleinerziehender Mütter und Väter – Bundesverband e.V.; 2004; S. 89–91 und vgl. Bundesministerium für Familie, Senioren, Frauen und Jugend; und vgl. www.bmfsfj.de (Stand: 27.10.2018)

6.2.6 Zuschuss zur Kinderbetreuung

Minderjährige Mütter können beim zuständigen Jugendamt einen Zuschuss zu den Kinderbetreuungskosten beantragen, wenn sie sich in einer Schul- oder Berufsausbildung befinden oder in einem festen Arbeitsverhältnis stehen und unter eine bestimmte Einkommensgrenze fallen.[230]

6.2.7 Landesstiftung `Hilfe für Mutter und Kind´

Bei der Landesstiftung `Hilfe für Mutter und Kind – Schutz des ungeborenen Lebens´ kann jede schwangere Frau, die ihren gewöhnlichen Aufenthalt in Bayern hat und sich in einer Notlage befindet – so auch minderjährige Mütter ohne die Einwilligung ihres gesetzlichen Vertreters –, einen Antrag auf einmalige Beihilfe für Anschaffungen wie zum Beispiel Schwangerschaftsbekleidung, Babyausstattung, Kindermöbel oder eine Waschmaschine stellen. Der Antrag kann jedoch nicht direkt bei Landesstiftung, sondern muss über eine vorangestellte staatlich anerkannte Beratungsstelle für Schwangerschaftsfragen gestellt werden. Der Antrag bei der Stiftung muss vor der Geburt des Kindes gestellt werden, um Förderleistungen zu erhalten. Im Antragsverfahren werden der Mutterpass und die Einkommensverhältnisse überprüft. Stiftungsgelder kommen vor allem dann zum Einsatz, wenn vorrangige Sozialleistungen nicht gewährt wurden oder nicht ausreichen und sich die Schwangere in einer Notlage befindet. Es besteht allerdings kein Rechtsanspruch auf diese Leistungen. Die gewährten Zuschüsse werden nicht auf die Leistungen des Arbeitslosengeldes II oder der Sozialhilfe angerechnet.[231]

---

230 vgl. Lucks-Kuhl; 2003; S. 16
231 www.zbfs.bayern.de (Stand: 27.10.2018) und vgl. www.stmas.bayern.de (Stand: 27.10.2018)

6.2.8 Spezielle Leistungen nach SGB II bei Schwanger- und Mutterschaft

Grundsätzlich bildet die minderjährige Mutter, wenn sie alleinerziehend ist, mit ihrem Kind eine eigene Bedarfsgemeinschaft nach § 7 SGB II. Ist die minderjährige Mutter verheiratet, bildet sie im Umkehrschluss zu § 7/Abs. 3/Nr. 4 SGB II mit ihrem Partner und dem Kind ebenso eine eigene Bedarfsgemeinschaft, denn minderjährige verheiratete Kinder gehören nicht zur Bedarfsgemeinschaft ihrer Eltern.[232]

Für schwangere Frauen gibt es nach § 21/Abs. 2 SGB II ab der 13. Schwangerschaftswoche einen monatlich gewährten Mehrbedarf. Die Zahlung erfolgt bis zum tatsächlichen Entbindungstermin. Darüber hinaus haben Alleinerziehende nach der Entbindung Anspruch auf einen monatlichen Mehrbedarf für Alleinerziehende, der bei einem Kind unter 7 Jahren nach § 21/Abs. 3/S. 1 SBG II 36% des Regelsatzes beträgt. Als einmalige Leistungen im Rahmen des SGB II haben Schwangere sowohl Anspruch auf eine Pauschale für die Erstausstattung des Babys (Kinderwagen, Hochstuhl, Wickeltisch oder Ähnliches) auf eine Pauschale für die eigene Schwangerschaftsbekleidung und die Babyerstausstattung mit Babybekleidung.[233]

6.2.9 Wohngeld

Wohngeld kann von minderjährigen Müttern beantragt werden, die in einem Arbeitsverhältnis stehen, wenn ihr Einkommen nicht ausreicht, um die Kosten für die Miete zu bestreiten. Empfänger von SGB II-Leistungen können kein Wohngeld beantragen, da die Kosten für die Wohnung bereits im Arbeitslosengeld II enthalten sind. Entscheidend für die Gewährung von Wohngeld sind das monatliche Familieneinkommen, die monatliche Miete und die Anzahl der Familienmitglieder, die in der Wohnung leben. Anträge können bei der jeweiligen ört-

---

232 vgl. Sozialgesetzbuch – Zweites Buch; 2005; S. 7f. und vgl. Arbeitnehmerkammer Bremen: Bedarfsgemeinschaft; URL: http://www.arbeitnehmerkammer24.de/ sozialpolitik/ doku/05.soziales/sgb_ii/alg_ii_abisz.htm

233 vgl. Sozialgesetzbuch – Zweites Buch; 2005; S. 15ff.

lichen Wohngeldstelle (Stadtverwaltung, Landratsamt, Gemeindeverwaltung) gestellt werden.[234]

6.2.10 Leistungen der gesetzlichen Krankenkassen

Minderjährige Mütter, die in der gesetzlichen Krankenkasse versichert sind, haben während der Schwangerschaft Anspruch auf die folgenden Leistungen:

- Ärztliche Vorsorgeuntersuchungen
- Hebammenhilfe
  - Beratung und Betreuung
  - Vorsorge
  - Hilfe bei Schwangerschaftsbeschwerden
  - Geburtsvorbereitung
  - Begleitung der Geburt
  - Nachsorge im Wochenbett
  - Stillberatung und Rückbildungsgymnastik
- Versorgung mit Arznei-, Verband- und Heilmitteln
- Stationäre Entbindung
- Häusliche Pflege
  - Grundpflege und hauswirtschaftliche Versorgung, wenn sie vom Arzt oder der Hebamme als notwendig erachtet wird, z.B. weil eine Fehlgeburt zu befürchten ist und die Pflege von keinem Angehörigen geleistet werden kann
- Haushaltshilfe
  - Wenn die Mutter aufgrund von Schwangerschaft und Entbindung den Haushalt nicht weiterführen kann und dies auch von keiner anderen Person übernommen werden kann
- Mutterschaftsgeld

An dieser Stelle ist festzuhalten, dass auch Mütter, die arbeitslos sind und Leistungen nach SGB II beziehen, als Pflichtmitglieder in der ge-

---

234 vgl. Verband alleinerziehender Mütter und Väter – Bundesverband e.V.; 2004; S. 91f. und vgl. Häußler-Sczepan, u.a.; 2005; S. 36

setzlichen Krankenkasse versichert werden und ebenso Anspruch auf die genannten Leistungen haben.[235]

6.2.11 Berufsausbildungsbeihilfe

Im Rahmen einer Erstausbildung oder für Teilnehmer an berufsvorbereitenden Bildungsmaßnahmen kann im Fall der Bedürftigkeit Berufsausbildungsbeihilfe bei der Bundesagentur für Arbeit beantragt werden.[236]

6.3 Sozialpädagogische Unterstützung

6.3.1 Schwangerenberatung

Neben den finanziellen Unterstützungsleistungen haben minderjährige Schwangere auch Anspruch auf sozialpädagogische Beratung und Unterstützung. So sind staatlich anerkannte und kirchliche Schwangerenberatungsstellen mögliche erste Anlaufstellen für die minderjährige Schwangere, bei denen sie kostenlose und vertrauliche Beratung zu Fragen der Schwangerschaft, zu Möglichkeiten der Diagnostik während der Schwangerschaft oder Informationen bezüglich Empfängnisverhütung und Familienplanung nach der Schwangerschaft erhält. Darüber hinaus informiert die Beratungsstelle über staatliche Leistungen, Rechte und Ansprüche. Das Aufsuchen einer Beratungsstelle und das Gespräch mit Fachkräften kann die junge Schwangere dabei unterstützen, ihre Lebenssituation näher zu betrachten, die anstehenden Veränderungen durch das Kind zu thematisieren und mögliche Hilfen zu erörtern.[237]

---

235 vgl. Verband alleinerziehender Mütter und Väter – Bundesverband e.V.; 2004; S. 30 und vgl. Marburger; 2005; S. 52–70
236 vgl. Verband alleinerziehender Mütter und Väter – Bundesverband e.V.; 2004; S. 124ff.
237 vgl. Bindel-Kögel; 2004; S. 117f. und 120f.

6.3.2 Anonyme und vertrauliche Geburt

Bisweilen gestalten sich die Lebenslangen junger Schwangerer so komplex, dass die Entscheidung, das Kind anonym oder vertraulich zu gebären, der einzig gangbare Weg ist. Dieser Schritt ist bedauerlicherweise noch immer gesellschaftlich stigmatisiert und erfährt wenig Anerkennung. Um so wichtiger ist es, junge Mädchen nicht alleine zu lassen und sie durch eine geschützte Beratungssituation und einfühlsames Verständnis auf diesem Weg zu begleiten, um individuelle Lösungswege zu erarbeiten und das Leben des Kindes zu ermöglichen, wenn dies auch nicht immer ein Leben mit der leiblichen Mutter bedeutet.

In Bayern gibt es seit dem Jahr 2001 mit dem MOSES-Projekt der staatlich anerkannten Schwangerenberatungsstellen von DONUM VITAE für Schwangere, die sich in ausweglosen und belastendenden Lebenswelten befinden, fest implementierte und juristisch abgesicherte Strukturen, ein Kind anonym unter ärztlicher Betreuung und Aufsicht innerhalb eines Klinikums auf die Welt zu bringen. Auch die Beratung und Begleitung der Schwangeren vor, während und nach der Geburt des Kindes erfolgt auf Wunsch unter Zusicherung der Anonymität. Nach der Geburt wird das Neugeborene zuerst acht Wochen in einer Pflegefamilie und danach in einer Adoptionsfamilie untergebracht. Für die leibliche Mutter besteht auch nach der Geburt noch die Möglichkeit, das Kind zu sich zurückzunehmen, sich für die Unterbringung in einer Pflegefamilie zu entscheiden oder das Kind selbst zur Adoption freizugeben. Allerdings erfordert dies die Aufgabe der Anonymität seitens der leiblichen Mutter.

Bezogen auf die gesamtdeutsche Situation trat 2014 mit dem Angebot der vertraulichen Geburt eine bundesweit geltende gesetzliche Neuregelung in Kraft. Die vertrauliche Geburt erfordert von der werdenden Mutter einen einmaligen Nachweis ihrer Identität. Die Personalien der Mutter werden zentral verwaltet und können von dem zur Welt gebrachten Kind mit Vollendung des 16. Lebensjahres eingesehen werden. Die Mutter hat darüber hinaus im Falle von schwerwiegenden Gründen das Recht zur Wahrung der Anonymität. Damit ermöglicht die vertrauliche Geburt ebenso eine Geburt unter medizinisch sicheren Rahmenbedingungen und unter Wahrung der Schweigepflicht.

Die Angebote der anonymen und vertraulichen Geburt sind für junge Frauen, die sich in einer Notlage befinden ein unverzichtbares Hilfeangebot, um die Gesundheit und das Leben der Mutter und des Kindes zu schützen. Weitere detaillierte Informationen zum komplexen Thema, die den Rahmen dieser Publikation sprengen würden, entnehmen Sie bitte den Webseiten, die im Kapitel 12 angeführt sind. Hier erhalten sowohl Betroffene als auch Fachkräfte Informationen sowie Beratung und Unterstützung.

6.3.3 Öffentlicher Kinder- und Jugendgesundheitsdienst

Der öffentliche Kinder- und Jugendgesundheitsdienst ist Teil des Gesundheitsamtes. Grundsätzlich können sich Familien oder Mütter und Väter mit Kindern im Alter von null bis zwei Jahren an den Kinder- und Jugendgesundheitsdienst wenden. Für Familien mit Kindern über zwei Jahren ist das Jugendamt primärer Ansprechpartner. Das Jugendamt wird generell auch dann hinzugezogen, wenn das Kindeswohl nach § 1666 BGB gefährdet ist. Den Kontakt zum Kinder- und Jugendgesundheitsdienst können die Eltern selbst suchen. Wird in einer Familie ein Kind geboren, erhalten die Eltern einen Informationsbrief für die Angebote des Dienstes. Dem Ziel, alle Familien mit einem Neugeborenen persönlich zu Hause zu besuchen, kann heute aufgrund von Personalmangel und Sparmaßnahmen nicht immer flächendeckend nachgekommen werden. Allerdings werden bei Alleinerziehenden und minderjährigen Müttern auch heute noch Ersthausbesuche durchgeführt. Beim Hausbesuch beurteilen die Sozialpädagoginnen den Pflege- und Ernährungszustand des Säuglings. Des Weiteren wird die häusliche Umgebung begutachtet und nachgesehen, ob für den Säugling alle relevanten Dinge, die er für eine gesunde Entwicklung benötigt, vorhanden sind. Beim Hausbesuch werden auch Vorsorgeuntersuchungen und Impfungen kontrolliert und die Eltern über mögliche Angebote und die kostenlose Beratung informiert. Die Eltern können sich grundsätzlich mit allen pädagogischen, wirtschaftlichen und sozialen Fragen an den Kinder- und Jugendgesundheitsdienst wenden, sie werden präventiv und gesundheitsbezogen in allen Fragen rund um die Pflege, Ernährung, Gesundheit und Entwicklung des Säuglings beraten, erhalten Informationen über gesetzliche Leistungen und Ansprüche oder familienrechtliche Fragen. Je nach Bedarf geben die Sozialpädagoginnen auch Hilfestellung bei Fragen zur Erziehung und beraten bei Problemen in Partnerschaft und Familie. Für Säuglinge und Kleinkinder bis zu 2 Jahren werden von den Ärztinnen im Kinder- und Jugendgesundheitsdienst vor allem bei den Familien, bei denen für die Kinder keine Krankenversicherung besteht oder Termine für die Vorsorgeuntersuchungen und Impfungen bereits überschritten worden sind, Vorsorgeuntersuchungen und Impfungen kostenlos durchgeführt. Regelmäßig erteilen die jeweiligen gesetzlichen Vormünder den jungen Müttern die Auflage, sich und das Kind bis zur Volljährigkeit der jungen Mutter regelmäßig im Kinder- und Jugendgesundheitsdienst vorzustellen. Es sei an dieser Stelle darauf hingewiesen, dass es sich beim Kinder- und Jugendgesundheitsdienst der Gesundheitsämter um ein Berlinspezifisches Angebot handelt, welches es in dieser Form in Bundesland Bayern nicht gibt.[238]

6.3.4 KoKi – Koordinierende Kinderschutzstellen

Um die Zusammenarbeit der Gesundheitsdienste und der Kinder- und Jugendhilfe zu intensivieren wurden mit dem Ziel der systematischen Vernetzung durch das Bayerische Familienministerium im Jahr 2009 flächendeckend Koordinierende Kinderschutzstellen – KoKi eingeführt. KoKi, das Netzwerk frühe Kindheit ist ein niedrigschwelliges Angebot für Alleinerziehende und Familien. (Werdende) Eltern erhalten bei dieser zentralen Anlaufstelle Informationen zur kindlichen Entwicklung, zu regionalen Unterstützungs- und Hilfeangeboten und Leistungsansprüchen. KoKi hat verfolgt zudem die Intention, Hürden

---

238 Die Inhalte dieses Abschnitts stammen überwiegend aus den praktischen Erfahrungen, die ich während eines Praxiseinsatzes im Kinder- und Jugendgesundheitsdienst Neukölln sammeln konnte. Sie beschreiben Strukturen des Kinder- und Jugendgesundheitsdienstes in Berlin. Sie sind nicht generell auf andere Bundesländer übertragbar, jedoch vor allem in Hinblick auf die geführten Interviews mit minderjährigen Müttern aus dem Bezirk Berlin-Neukölln relevant. Vgl. Bürgerliches Gesetzbuch; 2003; S. 404 vgl. Meireis; URL: http://www.familienhandbuch.de/cmain/f_Programme/a_Angebote_und_Hilfen/s1132.html

zu Ämtern abzubauen. Die Inanspruchnahme des Angebots basiert auf Freiwilligkeit und erfolgt nicht im Zwangskontext.[239]

6.3.5 Jugendamt

Für Fragen hinsichtlich der Erziehung und Entwicklung des Kindes finden Eltern und Erziehungsberechtigte im Jugendamt einen Ansprechpartner, erhalten dort Beratung, Begleitung und Unterstützung rund um das Thema Familie. Im Folgenden werden einzelne Angebote des Jugendamtes, speziell die Leistungen der Jugendhilfe, näher erläutert, die grundsätzlich allen Eltern zur Verfügung stehen und auch für junge Mütter von besonderem Interesse sein können.[240]

6.4 Ausgewählte Leistungen der Jugendhilfe nach dem SGB VIII

6.4.1 § 17 SGB VIII: Beratung hinsichtlich Partnerschaft, Trennung und Scheidung

Mütter und Väter, die Personensorgeberechtigte sind oder tatsächlich für ein Kind sorgen, haben gemäß § 17/Abs. 1/Ziff. 1 und 2 SGB VIII einen einklagbaren Rechtsanspruch auf Beratung, die primär den Zweck erfüllt, eine Trennung zu vermeiden und Wege zur Fortführung der Partnerschaft aufzuzeigen, das heißt Hilfe bei Konflikten in der Familie anbietet, zwischen den Partnern vermittelt und bei Partnerschaftskonflikten berät. Ist ein gemeinsamer Weg der Eltern nicht mehr möglich, können Eltern nach § 17/Abs. 1/Ziff. 3 und Abs. 2 SGB VIII dahingehend beraten werden, trotz Trennung und Scheidung die gemeinsame Erziehungsverantwortung für die Kinder weiterhin wahrzunehmen.[241]

---

239 vgl. https://www.blja.bayern.de/hilfen/koki/index.php (Stand: 28.10.2018)
240 vgl. Textor & Winterhalter-Salvatore; URL: http: www.familienhandbuch.de/ cmain/f_ Programm/a_Angebote_und_Hilfen/s83.html
241 vgl. Sozialgesetzbuch – Achtes Buch; 2004; S. 22

6.4.2 § 18 SGB VIII: Beratung und Unterstützung zur Ausübung der Personensorge

Gemäß § 18/Abs. 1 SGB VIII haben Mütter, denen die alleinige elterliche Sorge zusteht oder die tatsächlich allein für ein Kind sorgen, Anspruch auf Beratung und Unterstützung bei der Ausübung der Personensorge, hier speziell auch zu Erziehungsfragen und hinsichtlich der Unterhaltsansprüche des Kindes. Darüber hinaus können sie nach § 18/Abs. 2 SGB VIII hinsichtlich ihrer Unterhaltsansprüche nach § 1615 l BGB beraten werden. Nach § 18/Abs. 3/S. 3 SGB VIII haben Eltern darüber hinaus Anspruch auf Beratung hinsichtlich des Umgangs mit dem Kind. Diese Beratung kann auch von dem Elternteil in Anspruch genommen werden, der nicht mit dem Kind zusammenlebt, sowie von Großeltern, Geschwistern, Stiefeltern und ehemaligen Pflegeeltern. Im Rahmen der Beratungsangebote nach § 18 SGB VIII kann die Mutter zudem über die Möglichkeit der Beistandschaft durch das Jugendamt, die oben bereits erläutert wurde, aufgeklärt werden.[242]

6.4.3 § 19 SGB VIII: Gemeinsame Wohnform für Mutter und Kind

Bei Mutter/Vater-Kind-Einrichtungen nach § 19 SGB VIII handelt es sich um eine stationäre Wohnform für Schwangere und Mütter/Väter mit ihren Kindern. Das Angebot richtet sich an junge Eltern, die allein für ein Kind sorgen und die aufgrund ihrer Persönlichkeitsentwicklung mit der Verantwortung für die Erziehung und Pflege eines Kindes und der Bewältigung des Lebensalltags überfordert sind. Allerdings kann jeweils nur ein Elternteil mit Kind aufgenommen werden und das nur bis zum 6. Geburtstag des Kindes. Das Angebot soll die Persönlichkeitsentwicklung fördern, auf ein eigenständiges Leben vorbereiten und die Möglichkeit des Absolvierens einer Schulausbildung oder Lehre bei gleichzeitiger flexibler Kinderbetreuung ermöglichen.[243]

---

242 vgl. Tammen; 2004a; S. 325f. und vgl. Sozialgesetzbuch – Achtes Buch; 2004; S. 22f. und vgl. Bürgerliches Gesetzbuch; 2003; S. 394

243 vgl. Klees-Möller; 1993; S. 1f. und vgl. Tammen; 2004a; S. 326 und vgl. Sozialgesetzbuch – Achtes Buch; 2004; S. 23

Da minderjährige Mütter selbst noch Kinder sind, müssen ihre Eltern als Sorgeberechtigte im Rahmen des Aufenthaltsbestimmungsrechts ihre Ermächtigung zu dem Aufenthalt in der gemeinsamen Wohnform gemäß § 1688 BGB erteilen, das heißt, die Mitarbeiter der Einrichtung werden zur Wahrnehmung von Angelegenheiten der tatsächlichen Personensorge ermächtigt. Der gesetzliche Amtsvormund des Kindes der minderjährigen Mutter muss ebenfalls zustimmen, da er sich mit der minderjährigen Mutter die tatsächliche Personensorge, die auch das Aufenthaltsbestimmungsrecht beinhaltet, teilt. Stimmen die Eltern der minderjährigen Tochter der Maßnahme nach § 19 SGB VIII nicht zu, obwohl der Aufenthalt im Mutter-Kind-Heim zum Wohl der Minderjährigen beitragen würde, kann ein Antrag beim Familiengericht über den § 1666 BGB folgen und den Eltern das Aufenthaltsbestimmungsrecht entzogen werden, so dass die Minderjährige letztlich auch ohne Zustimmung ihrer Eltern in die Einrichtung ziehen kann.[244]

In neueren Ansätzen wird versucht, das stationäre Wohnen so zu gestalten, dass der spätere Übergang in eine eigene Wohnung leichter fällt. In manchen Einrichtungen ist es nun möglich, dass auch der Vater mit der Mutter und dem Kind zusammenwohnt. Häufig werden Kurse zu Themen wie Säuglingspflege, Erziehung und Führung eines eigenen Haushaltes angeboten.[245]

6.4.4 § 23 SGB VIII: Tagespflege

Tagespflege nach § 23 SGB VIII umfasst die stundenweise bis ganztägige Betreuung eines Kindes in den ersten Lebensjahren durch eine Tagesmutter. Eine Tagespflegeperson können sich die Eltern entweder selbst suchen oder diese durch das Jugendamt vermittelt bekommen. Tagesmütter, die das Jugendamt vermittelt, werden auch durch das Jugendamt finanziert, privat organisierte nicht. Allerdings erhebt auch

---

244 vgl. Bindel-Kögel; 2004; S. 122f. und vgl. Sozialgesetzbuch – Achtes Buch; 2004; S. 23 und vgl. Bürgerliches Gesetzbuch; 2003; S. 404 und S. 408
245 vgl. Bindel-Kögel; 2004; S. 122f.

das Jugendamt für die Tagespflege einen Kostenbeitrag in Abhängigkeit vom elterlichen Einkommen.[246]

6.4.5 § 24 SGB VIII: Tageseinrichtungen

Tageseinrichtungen können in Form von Krippen, Krabbelstuben, einem Kindergarten oder Kinderhort organisiert sein und sollen den Eltern eine bessere Vereinbarkeit von Beruf und Erziehung ermöglichen. Im Mittelpunkt stehen jedoch die Förderung der Persönlichkeit und die Entwicklung des Kindes. Gebühren, die die Eltern für Tagesbetreuung leisten müssen, sind abhängig vom Einkommen und der Kinderzahl. Einen Anspruch auf einen Kindergartenplatz, der sich nicht an weitere Voraussetzungen knüpft, haben die Eltern ab dem 3. Geburtstag des Kindes. Allerdings wird kein Anspruch auf einen Ganztagsplatz garantiert. Auf die Betreuung ihrer Kinder, die unter drei Jahre alt sind, haben Eltern keinen Rechtsanspruch. Sind in einer Krippeneinrichtung mehr Bewerber als Plätze vorhanden, sind Kriterien für die Vergabe häufig folgende: Frühzeitige Anmeldung, Alleinerziehend, sich in Ausbildung befindend oder volle Berufstätigkeit beider Eltern.[247]

6.4.6 § 27 SGB VIII: Hilfen zur Erziehung

Hilfen zur Erziehung nach § 27 SGB VIII in Verbindung mit § 2/ Abs. 2/Nr. 4 SGB VIII kann die minderjährige Mutter ab dem vollendeten 15. Lebensjahr aufgrund des § 36/Abs. 1/SGB I selbst beantragen. Der gesetzliche Amtsvormund muss der Hilfe zwar zustimmen, jedoch kann er nicht gegen den Willen der minderjährigen Mutter Hilfen zur Erziehung beantragen. Denkbare Hilfen für minderjährige Mütter wären beispielsweise Erziehungsberatung nach § 28 SGB VIII, Sozialpädagogische Familienhilfe nach § 31 SGB VIII, die im Alltag

---

246 vgl. Tammen; 2004a; S. 329 und vgl. Sozialgesetzbuch – Achtes Buch; 2004; S. 24f.
247 vgl. Tammen; 2004a; S. 327 – 329 und vgl. Verband alleinerziehender Mütter und Väter – Bundesverband e.V.; 2004; S. 140–143 und vgl. Sozialgesetzbuch – Achtes Buch; 2004; S. 25

der jungen Familie unterstützend wirkt, oder auch eine intensive sozialpädagogische Einzelbetreuung nach § 35 SGB VIII, das bedeutet eine Betreuung, die speziell an der Lebenssituation der minderjährigen Mütter orientiert ist, ihre Kompetenzen stärkt, Lernprozesse fördert und sowohl die soziale Integration als auch die eigenverantwortliche Lebensführung fördert.[248]

6.5 Zusammenfassung und Diskussion der Hilfen

Die Darstellung der Hilfeangebote in Kapitel 6 zeigt, dass es in Deutschland ein durchaus vielseitiges Angebot an rechtlichen Ansprüchen, finanziellen Hilfen und sozialpädagogischer Unterstützung für Schwangere, Eltern und Alleinerziehende gibt. Allerdings erscheinen nicht alle Angebote für die besondere Lage der minderjährigen Mütter geeignet.

Hinsichtlich der rechtlichen Ansprüche ist – wie bereits in Kapitel 5.3.9 angedeutet – anzumerken, dass die Kombination von Mutterschutz, Elternzeit und die damit zusammenhängende Befreiung von der Schulpflicht oder der Ausbildung einen Bruch in der Bildungsbiographie der jungen Mädchen bedeutet, bei dem ihnen wichtige Jahre im Ausbildungssystem verloren gehen. Wenn die jugendlichen Mütter den Wiedereinstieg nach der Elternzeit überhaupt schaffen, sind sie häufig die Ältesten der Klasse oder des Ausbildungsverbandes und wieder Außenseiter. Wenn nicht, besteht die Gefahr, dass sie dauerhaft ohne Schulabschluss, Qualifikation und Ausbildung und damit auf dem Arbeitsmarkt chancenlos bleiben.

Die Betrachtung der finanziellen Hilfen zeigt – wie dies bereits das Kapitel 5.3.9 in Zahlen getan hat -, dass minderjährige Mütter während der ersten zwei Lebensjahre des Kindes auch ohne eigenständige Erwerbsarbeit relativ gut abgesichert sind. Problematisch ist dies dahingehend, als dass der minderjährigen Mutter durch den Bezug von SGB II Leistungen und Erziehungsgeld eine finanzielle Situation er-

---

248 vgl. Meysen; 2003; S. 12 und vgl. Bindel-Kögel; 2004; S. 123 und vgl. Tammen; 2004a; S. 330f. und vgl. Sozialgesetzbuch – Achtes Buch; 2004; S. 17 und S. 26f. und vgl. Sozialgesetzbuch – Erstes Buch; 2004; S. 15

möglicht wird, die sie – ohne Abschluss und Ausbildung – nach Wegfall des Erziehungsgeldes nicht aufrechterhalten kann. Die relativ gute Versorgung in den ersten Jahren kann dazu führen, dass die Minderjährige sich gar nicht mit der Möglichkeit einer Ausbildung auseinandersetzen muss, weil sie erst einmal alles hat, was sie braucht. Wenn die Mutter nach der Elternzeit mit ihrer Perspektivlosigkeit auf dem Arbeitsmarkt konfrontiert wird und der Wegfall des Erziehungsgeldes finanziell spürbar wird, besteht die Gefahr, dass dann eine erneute Mutterschaft die gute Versorgungslage wiederherstellt. Der scheinbare `Ausweg Mutterschaft´ kann dann wieder zu einer sinn- und identitätsstiftenden und vorübergehend absichernden Alternative zur Erwerbsarbeit werden. Im Vergleich zu 2006 haben sich diese Rahmenbedingungen dahingehend verändert, dass das Erziehungsgeld durch das Elterngeld ersetzt wurde. Elterngeld wird als Einkommen gewertet und auf die SGB II Leistungen angerechnet, so dass sich die Versorgungssituation für Mutter und Kind in den ersten Lebensjahren des Kindes deutlich verschlechtert hat.

Ebenso ambivalent erscheint die Gewährung von Arbeitslosengeld II für minderjährige Mütter und ihre Kinder. Die Möglichkeit als eigene Bedarfsgemeinschaft betrachtet zu werden, bietet den Vorteil, dass sich die minderjährige Mutter mit einer eigenen Wohnung und einem eigenen Haushalt verstärkt von den Eltern lösen kann und nicht in der Abhängigkeit verbleiben muss. Dieses Angebot unterstützt die Loslösung vom Elternhaus trotz Schwanger- und Mutterschaft. Andererseits könnte diese Hilfe für junge Mädchen dahingehend verlockend sein, dass ein Kind überhaupt erst die Möglichkeit zu räumlicher und finanzieller Selbstständigkeit eröffnet und sie dadurch Unabhängigkeit von den Eltern erreichen, eine eigene Wohnung bekommen und der ohnehin oft lästigen Schule fernbleiben können – Dinge, die ihnen ohne Kind versagt bleiben.

Als besonders positiv sind die kostenlosen Leistungen der Krankenkassen zu bewerten, die auch jungen Müttern, die SGB II-Leistungen empfangen, eine umfassende medizinische Versorgung vor und nach der Geburt gewähren und ein umfassendes Angebot für die Gesundheit von Mutter und Kind zur Verfügung stellen.

Die Betrachtung der sozialpädagogischen Unterstützungsangebote macht deutlich, dass es nach dem SGB VIII nur ein einziges Angebot gibt, das eine spezielle sozialpädagogische Begleitung und Unterstützung für minderjährige Mütter offeriert, nämlich die Mutter-Kind-Heime nach § 19 SGB VIII. Hierbei handelt es sich allerdings um eine stationäre Wohnform für Mutter und Kind, die nicht zwingend für alle minderjährigen Mütter geeignet ist. Nicht alle junge Mütter benötigen diese intensive Betreuung. Ambulante Angebote für minderjährige Mütter, die einen Teil des Leistungsspektrums nach § 19 SGB VIII beinhalten, wie beispielsweise Unterstützung und praktische Anleitung bei der Pflege und Erziehung des Kindes, hinsichtlich der Führung des eigenen Haushalts und der Förderung der Persönlichkeitsentwicklung der jungen Mutter, fehlen weitgehend.

Zwar haben die Mädchen die Möglichkeit, Schwangerenberatungsstellen aufzusuchen, die grundsätzlich in Bezug auf die Aufklärung über Leistungen, Rechte und Ansprüche ein umfassendes Informations- und Beratungsangebot bereitstellen. Diese Beratungsstellen sind aber grundsätzlich Anlaufstellen für alle Schwangeren und bieten darüber hinaus nicht zwingend spezielle Hilfen an, die unmittelbar an der Lebenslage minderjähriger Mütter orientiert sind. Ein Beratungs- und Betreuungsangebot, bei dem direkt auf die junge Mutter zugegangen wird, stellt die Beratung im Rahmen der gesetzlichen Amtsvormundschaft dar, unter der der Säugling einer minderjährigen unverheirateten Mutter steht, bis diese volljährig wird oder ihren volljährigen Partner heiratet. Problematisch an diesem Angebot ist, dass es verpflichtend ist und die minderjährige unverheiratete Mutter nicht wählen kann, ob sie dieses Beratungs- und Betreuungsangebot möchte oder nicht. Das kann als Belastung und Kontrolle erlebt werden (`Jetzt werde ich vom Jugendamt betreut, weil die glauben, ich schaff´ das nicht´) und eine innere Haltung der Abwehr gegen das Beratungsangebot forcieren, obwohl die Inhalte der Beratung hinsichtlich Vaterschaftsanerkennung und Unterhaltsgewährung und Vermittlung zu weiteren Hilfen durchaus als sinnvoll und passend für die Lebenslage der Minderjährigen zu betrachten und die gesetzlichen Amtsvormünder inhaltlich darauf spezialisiert sind. Darüber hinaus ist an dieser Stelle kritisch anzumerken, dass verheirateten minderjährigen Müttern dieses Angebot nicht zur Verfügung steht, obwohl sie sich grundsätzlich in einer ähnlichen Lebenssituation befinden und aufgrund der

Kombination Jugendalter und Elternschaft ebenso Beratung und Unterstützung benötigen.

Beim Angebot des Kinder- und Jugendgesundheitsdienstes finden die minderjährigen Mütter über die Beratung hinsichtlich der Rechte und Ansprüche hinaus Ansprechpartner zu den Themen der Pflege, Ernährung, Erziehung und Entwicklung und werden zu weiteren Hilfen beraten und im Umgang mit anderen Ämtern begleitet. Im Bezirk Berlin-Neukölln, dem Bezirk, in dem auch die nachfolgenden Interviews geführt wurden, ist es Praxis, dass alle minderjährigen Mütter und deren Säuglinge verpflichtend vom Kinder- und Jugendgesundheitsdienst bis zur Volljährigkeit sozialpädagogisch – die Säuglinge auch ärztlich – betreut und begleitet werden. Der verpflichtende Charakter des Angebotes sichert zwar den Schutz des Kindes, die begleitende Hilfe kann aber von der Mutter als Bevormundung erlebt werden und dadurch gegebenenfalls weniger gut angenommen werden. Ein Nachteil der Organisation des Angebotes ist zudem, dass es erst nach der Geburt einsetzt, nämlich dann, wenn dem Gesundheitsamt durch die Geburtsmeldung bekannt wird, dass ein Kind geboren wurde. Während der Schwangerschaft und vor der Geburt ist dadurch regelhaft kein Angebot möglich.

Weitere Hilfen des Jugendamtes nach § 27 SGB VIII, wie beispielsweise Sozialpädagogische Familienhilfe oder Erziehungsberatung, erfordern die Erfüllung der Voraussetzung, dass ein Erziehungsdefizit vorliegt, ein Hilfeplanverfahren nach § 36 SGB VIII stattfindet und damit ein 'Vertragsabschluss' über die Hilfe zwischen dem Jugendamt und der minderjährigen Mutter erfolgt. Angesichts der oben bereits angesprochenen Tatsache, dass minderjährige Mütter häufig mit dem Vorurteil konfrontiert sind, sie könnten es nicht leisten, ihr Kind zu erziehen, kann es einer minderjährigen Mutter unter Umständen schwerfallen, eine derartige Hilfe beim Jugendamt anzunehmen. Niedrigschwellige Hilfen mit ähnlichen Inhalten fehlen hier. Als positiv kann an dieser Stelle bewertet werden, dass minderjährige Mütter, die eine Ausbildung absolvieren, oder minderjährige Alleinerziehende in der Regel Vorrang bei der Belegung der in Deutschland knappen Krippenplätze genießen.

Die angeführten Aspekte zeigen, dass es einen Mangel an sozialpädagogischen Hilfen für minderjährige Mütter gibt, die ihre komplexe

Lebenslage im Blickfeld haben. Es fehlen darüber hinaus ambulante Hilfen, die von den Müttern freiwillig in Anspruch genommen werden können und niedrigschwellige Angebote, die einen vereinfachten Zugang zu Hilfen gewähren.

7 Zusammenfassung

Am Ende der theoretischen Reflektion zu den Lebenslagen minderjähriger Mütter sollen die anfänglich aufgestellten Thesen erneut aufgegriffen werden:

1. Minderjährige Mütter befinden sich in einer Lebenssituation, die sich schwierig gestaltet, weil die komplexen Anforderungen des Jugendalters mit den Anforderungen der Elternschaft zusammentreffen.

Dass sich minderjährige Mütter in einer Lebenslage befinden, die sich durch vielschichtige Aufgaben und Anforderungen auszeichnet und die durch das Zusammentreffen von Jugendalter und Elternschaft äußerst komplex ist, hat die Gegenüberstellung zentraler Entwicklungsaufgaben beider Lebensabschnitte in Kapitel 5.3.2 gezeigt. Während Jugendliche mit den zentralen Entwicklungsaufgaben des Jugendalters beschäftigt sind, müssen sie zudem mit der Elternschaft Entwicklungsanforderungen bewältigen, die typischerweise dem Erwachsenenalter zugeordnet werden. So konnte durch die Ausführungen des Kapitels 2, das gezeigt hat, welche Anforderungen sich mit dem Jugendalter verbinden, des Kapitels 3, das die Aufgaben der Elternschaft näher erläutert hat, des Kapitels 4, welches deutlich gemacht hat, welche Konsequenzen es hat, wenn kritische Lebensereignisse, wie die unerwünschte Schwangerschaft und zentrale Entwicklungsaufgaben, wie die des Jugendalters, kollidieren, und durch das Kapitel 5.3.2, das diese zentralen Aufgaben einander gegenübergestellt hat, die These, dass minderjährige Mütter sich in einer komplexen Lebenslage befinden, bestätigt werden.

2. Minderjährige Mütter benötigten zur Bewältigung ihrer Lebenssituation spezielle, zielgruppenspezifische professionelle Hilfen und Beratungsangebote

Kapitel 3 hat gezeigt, dass die Qualität der Aufgabenbewältigung rund um die Mutterschaft sowohl von der persönlichen Situation, den Beziehungen zur Herkunftsfamilie und zu Freunden als auch den sozialen Netzwerken und der Verfügbarkeit professioneller Hilfsangebote abhängt. Die Tatsache, dass es sich bei der Mutterschaft im Jugendalter – wie im Kapitel 4 gezeigt werden konnte – um ein kritisches Lebensereignis handelt, das non-normativ, das heißt *"off- time"*[249] stattfindet und dadurch zusätzlich belastend ist und leicht zur Überforderung der betroffenen Mädchen führen kann, macht bereits deutlich, dass die adoleszenten Mütter bei der Bewältigung des mit der Mutterschaft in Verbindung stehenden Aufgabenkatalogs, der in Kapitel 3 dargestellt wurde, unterstützt werden müssen. Dass vielen der minderjährigen Mütter die Unterstützung durch den Partner fehlt, sie häufig alleinerziehend sind und überwiegend nicht auf die Unterstützung von Freunden zurückgreifen können, macht deutlich, dass diese fehlende Hilfe durch Angebote aus dem professionellen Bereich ausgeglichen werden muss. Denn dort, wo soziale Netzwerke fehlen, ist es Aufgabe der Sozialarbeit, unterstützend tätig zu werden. Minderjährige Mütter benötigen nicht zuletzt auch deswegen professionelle Hilfeangebote bei der Bewältigung der Mutterschaft, um nicht einseitig auf die Hilfe der eigenen Eltern zurückgreifen zu müssen und damit die Gefahr einzugehen, erneut in Abhängigkeit zu geraten und dadurch die Loslösung vom Elternhaus, die im Jugendalter so zentral ist, nicht zu erreichen. Junge Mütter benötigen folglich spezielle Beratungsangebote, die ihre komplexe Lebenssituation im Blick haben und auf ihre Lebenslage zugeschnitten sind. Notwendig sind ganzheitliche Ansätze, die in ihrer Arbeit sowohl das Lebensalter der Mädchen und ihre Bedürfnisse als Jugendliche als auch ihre Mutterschaft und die Bedürfnisse und das Wohl des Kindes berücksichtigen.

3. Vorhandene Angebote reichen nicht aus und müssen weiterentwickelt werden.

Vornehmlich das Kapitel 6 hat gezeigt, dass das in Deutschland existierende Angebot für Schwangere und Mütter durchaus sehr differenziert und vielseitig ist, jedoch nur unzureichend auf die spezielle Situation minderjähriger Mütter eingeht. So existiert im gesamten Kinder- und Jugendhilfegesetz nur ein Angebot, das sich spezifisch an junge Mütter wendet. Da diese Hilfeleistung nach § 19 SGB VIII jedoch stationär or-

---

249 Gloger-Tippelt; 1988; S. 12

ganisiert ist, schließt auch sie nicht die Bedürfnisse aller minderjährigen Mütter ein, sondern konzentriert sich auf diejenigen, die aufgrund
ihrer Persönlichkeitsentwicklung den festen stationären Rahmen benötigen, um sich Kompetenzen zur Erziehung ihres Kindes anzueignen und sich auf ein selbstständiges Leben mit dem Kind vorzuberei-
ten. Für minderjährige Mütter, die in einer eigenen Wohnung oder
noch bei den Eltern leben, fehlen jedoch Angebote, die sie in ihrer spezifischen Lebenssituation als junge unerfahrene Mütter unterstützen.
Stellt man die Angebote an Beratung der spezifischen Lebenssituation
der minderjährigen Mütter gegenüber, kann festgehalten werden, dass
bisher sozialpädagogische Hilfen fehlen, die die komplexe Lebenslage
der adoleszenten Mütter im Blick haben und diese neben der Mutterschaft und den damit verbunden Aufgaben und Verantwortlichkeiten
auch bei folgenden, für die jungen Mütter relevanten Themen, unterstützen:

– Hilfe und Orientierung bei Orientierungslosigkeit und Selbstzwei-
  fel im Jugendalter
– Unterstützung bei der Ablösung von den Eltern
– Hilfe und Beratung hinsichtlich der jungen Paarbeziehung
– Unterstützung beim Erhalt von Kontakten zu Gleichaltrigen und/
  oder dem Aufbau von neuen Kontakten
– Unterstützung hinsichtlich der Fortführung von Schule und des Er-
  werbs von weiterführenden Qualifikationen

Beim Vergleich der komplexen Lebenslage minderjähriger Mütter und
den möglichen professionellen Hilfeangeboten wurde in Kapitel 6
deutlich, dass es einen Mangel an sozialpädagogischen Hilfeangeboten
gibt, die sowohl die zentralen Anforderungen des Jugendalters als auch
die Aufgaben der Mutterschaft berücksichtigen. Damit konnte auch
die dritte These, nämlich dass es einerseits einen Mangel an adäquaten
Hilfsangeboten für minderjährige Mütter gibt und vorhandene Angebote aus diesem Grund weiterentwickelt werden müssen, belegt werden.

Alle bisher gewonnenen Erkenntnisse fließen in die Überlegungen
zu den Handlungsempfehlungen für die Praxis ein. Auf die Frage, wie
die Unterstützung in den einzelnen Lebensbereichen für minderjährige Mütter aussehen könnte, wird im Kapitel 10 näher eingegangen.

Zuvor widmet sich die vorliegende Arbeit jedoch in den Kapiteln 8 und 9 der Darstellung der empirischen Untersuchung, die im Rahmen dieser Diplomarbeit durchgeführt wurde.

8 Methodik

8.1 Problemstellung und Untersuchungsziel

Die bisherigen Ausführungen und die Analyse relevanter Literatur haben gezeigt, dass die Schwanger- und die Mutterschaft im Jugendalter, aufgrund der Kollision von Entwicklungsaufgaben in zentralen Lebensbereichen, kritische Lebenssituationen darstellen, die komplexe Aufgaben und enorme Herausforderungen mit sich bringen und für deren Bewältigung die junge Mutter Unterstützung und professionelle Hilfeangebote benötigt.

Im Anschluss an die bisherigen theoretischen Ausführungen gilt das Erkenntnisinteresse der vorliegenden empirischen Untersuchung der Erfassung subjektiver Sichtweisen, Einstellungen und Erfahrungen minderjähriger Mütter, die außerhalb von Mutter-Kind-Einrichtungen leben, ihrem individuellen Erleben der Situation als junge Mutter und ihrer subjektiven Realität.

Das zentrale Interesse der empirischen Untersuchung richtet sich zum einen auf die Bedeutung, die das Ereignis der frühen Mutterschaft aus der Sicht der jungen Mädchen in ihrem Leben hat. Der Fokus liegt hier auf den Anforderungen, Aufgaben und Veränderungen, die sich für die Mädchen aufgrund der Schwanger- und Mutterschaft ergeben haben. Zum anderen stehen die Reaktion der Umwelt auf die Schwanger- und Mutterschaft, die gewährte private Unterstützung und die professionellen Hilfsangebote, die die Minderjährigen als Schwangere und junge Mütter in Anspruch genommen haben, um die Situation besser bewältigen zu können, im Zentrum des Interesses.

Die Erhebung des empirischen Materials verfolgt das Ziel, die Lebenssituation minderjähriger Mütter hinsichtlich der oben genannten Aspekte aus deren Sicht zu ergründen, um daraus in Kombination mit den Erkenntnissen aus der theoretischen Reflektion der Kapitel 1–7 Konsequenzen und Handlungsempfehlungen für die sozialpädagogische Praxis ableiten zu können.

8.2 Darstellung des Forschungsdesigns

8.2.1 Qualitative Forschung

Das Interesse der Untersuchung gilt vorrangig einer breiten und unvoreingenommenen Erfassung der subjektiven Realität minderjähriger Mütter. Aus diesem Grund ist der Einsatz qualitativer empirischer Methoden nahe liegend, da eine standardisierte quantitative Erhebung, zum Beispiel durch Fragebögen mit einem strikt vorgegebenen Fragekatalog und möglichen Antwortvorgaben nur wenig Raum für die offene, freie Erzählung lässt und damit der Darstellung subjektiver Bedeutungszusammenhänge nicht ausreichend gerecht werden kann. In der vorliegenden Arbeit wurden deshalb qualitative Interviews geführt, um dem oben genannten Untersuchungsziel nachzukommen, den Interviewten die Möglichkeit zu geben, ihre individuelle Sichtweise mit eigenen Worten wiederzugeben und damit unterschiedlichste Facetten der Lebenswelten minderjähriger Mütter zu erfassen, denn:[250]

> "Qualitative Interviews eignen sich in besonderem Maße, Meinungen, Werte, Einstellungen, Erlebnisse, subjektive Bedeutungszuschreibungen und Wissen zu erfragen"[251].

8.2.2 Verfahren der Datenerhebung: Problemzentriertes Interview nach Witzel

Qualitative Interviews beinhalten weder klar definierte Frageabfolgen noch konkrete Antwortvorgaben. Die Fragen werden offen zu den für die Forschung relevanten Themen gestellt und sollen die Interviewten zur Erzählung anregen. Um einerseits Offenheit zu ermöglichen, das heißt, den befragten Mädchen den Spielraum zu lassen, den sie benötigen, um ihre Erfahrungen und Erlebnisse individuell in das Interview einbringen zu können, und andererseits die oben genannten Themen, die für die Forschungsfrage von Interesse sind, abzudecken, damit den Problembereich einzugrenzen und die Vergleichbarkeit des empiri-

---

250 vgl. Seipel & Rieker; 2003; S. 84f. und vgl. Reinders; 2005; S. 27
251 Reinders; 2005; S. 97

schen Materials zu realisieren, fiel die Wahl der Methode zur Datener-
hebung auf ein teilstandardisiertes Verfahren: das problemzentrierte
Interview nach Witzel.[252]

Das problemzentrierte Interview nach Witzel, das jeweils eine bestimmte Problemstellung im Fokus der Betrachtung hat, stellt eine Va-
riante des teilstandardisierten Interviews dar:

> "Im Mittelpunkt problemzentrierter Interviews stehen nicht weit gefasste,
> wenig spezifizierte Themen, sondern eingegrenzte Fragestellungen"[253].

Wichtige Aspekte der Problemstellung, die von der Forscherin in den
theoretischen Ausführungen des ersten Teils der Arbeit vor der Entwicklung und Durchführung der Interviews analysiert und erarbeitet
wurden, fließen inhaltlich und thematisch in die Gestaltung des Interviews ein, denn das problemzentrierte Interview

> "eignet sich hervorragend für eine theoriegeleitete Forschung, da es keinen
> rein explorativen Charakter hat, sondern die Aspekte der vorrangigen Pro-
> blemanalyse in das Interview Eingang finden"[254].

Das problemzentrierte Interview eröffnet die Möglichkeit, aus der
theoretischen Reflektion gewonnene Erkenntnisse durch die Interviews zu ergänzen und zu konkretisieren.

Das Interview enthält im Leitfaden folglich die relevanten Themenbereiche, die aus der theoretischen Auseinandersetzung gewonnen
wurden. Die Fragestellungen werden hierbei aber weder bis ins Detail
ausformuliert noch systematisch abgearbeitet, sondern vielmehr für
das Forschungsinteresse relevante Themenbereiche berührt, sprich das
Angebot eines die Erzählung forcierenden Stimulus gemacht, das den
Interviewten die Möglichkeit zur offenen Erzählung gibt und ihnen so
ermöglicht, frei zu berichten und individuelle Schwerpunkte zu setzen:[255]

> "Die Offenheit des Vorgehens wird durch den narrativen Charakter der Be-
> fragung, die dem Befragten viel Freiraum zur eigenen Betonung wichtiger
> Themenbereiche lässt, gewährleistet"[256].

---

252 vgl. Seipel & Rieker; 2003; S. 149
253 Reinders; 2005; S. 118
254 Schmidt-Grunert; 1999; S. 40
255 vgl. Hopf; 1991; S. 177f. und vgl. Mayring; 2002; S. 67
256 Reinders; 2005; S. 97

Das problemzentrierte Interview kombiniert auf diese Weise deduktives und induktives Vorgehen. So bringt die Forscherin ihr theoretisches Vorwissen und Verständnis in die Konzeption des Leitfadens und damit in das Feld ein und verfolgt das Ziel, diese Vorannahmen durch Interviews zu überprüfen. Sie ist aber dennoch dem Anspruch der Unvoreingenommenheit verpflichtet, denn die[257]

"...theoretischen Vorstellungen werden durch das Interview mit der sozialen Realität konfrontiert, plausibilisiert oder modifiziert" [258].

Wenn folglich während des Interviews Themen und Aspekte auftauchen, die die Interviewerin nicht bedacht hat, fließen diese in die spätere Auswertung der Interviews mit ein und dienen ebenso dem Erkenntnisinteresse.[259]

Dies erfordert

"...einen Balanceakt: Einerseits müssen die speziellen Perspektiven und Relevanzen der einzelnen Befragten erkundet werden und ein Interview muss ihnen gerecht werden; andererseits sollte in den Gesprächen der Bezug zu theoretischen Vorannahmen und Fragestellungen hergestellt werden können, so dass die verschiedenen Interviews diesbezüglich vergleichbar sind"[260].

Das problemzentrierte Interview besteht in der praktischen Umsetzung aus folgenden Teilelementen: einem standardisierten Kurzfragebogen zur Erfassung der Sozialdaten, dem Interviewleitfaden mit den relevanten Themenbereichen, dem Einsatz eines Tonbandgerätes, um die mündlichen Daten festzuhalten und die Aufnahme als Grundlage für die spätere Transkription der Daten verwenden zu können, und dem Postskriptum, um wichtige Stimmungen, situative Besonderheiten und weitere Gesprächsinhalte vor und nach dem Interview festzuhalten.[261]

---

257 vgl. Reinders; 2005; S. 117f. und vgl. Lamnek; 1995; S. 90
258 Lamnek; 1995; S. 90
259 vgl. Reinders; 2005; S. 117f.
260 Seipel & Rieker; 2003; S. 152
261 vgl. Witzel; 1982; S. 89 und vgl. Lamnek; 1995; S. 77

8.3 Vorbereitung der Befragung

8.3.1 Entwicklung des Kurzfragebogens

Der Kurzfragebogen – als Element des problemzentrierten Interviews – stellt zentrale Sozialdaten der minderjährigen Mutter sicher und sorgt dafür, dass der Erzählfluss des Interviews nicht durch das simple Abfragen von Sozialdaten unterbrochen wird. Allerdings wurde er in der vorliegenden Arbeit nicht – wie bei Witzel empfohlen – an den Anfang, also vor das Interview gestellt, sondern am Ende des Interviews gemeinsam mit der Mutter ausgefüllt. Dies geschah, um keine Themen des Interviews vorwegzunehmen, die Mutter – nicht zuletzt aufgrund ihres jugendlichen Alters – hinsichtlich möglicher Interviewinhalte nicht unnötig zu verunsichern und den Einstieg in das Gespräch nicht durch das Abfragen sozialer Daten bürokratisch gestalten zu müssen, sondern um einen lockeren, individuell auf die jeweilige Mutter und Situation abgestimmten Einstieg in das Interview gestalten zu können.[262]

8.3.2 Entwicklung des Interviewleitfadens

Um einerseits die Gespräche so offen wie möglich zu gestalten und andererseits zu garantieren, dass jeweils alle für das Forschungsinteresse wichtigen Bereiche thematisiert werden und die Aussagen dadurch vergleichbar bleiben, wurde auf dem Hintergrund der theoretischen Erörterungen der Kapitel 1–7 ein Interviewleitfaden entwickelt. Der Leitfaden beinhaltet die wichtigsten Themenbereiche der Problemstellung und dient während des Interviews vor allem der Orientierung der Forscherin und dem Erreichen des Untersuchungsziels. [263]

Es werden keine vorformulierten Fragen entlang eines festen Leitfadens abgearbeitet, sondern die Fragen werden im Verlauf des Inter-

---

262 vgl. Schmidt-Grunert; 1999; S. 42 und vgl. Witzel; 1982; S. 90
263 vgl. Schmid-Grunert; 1999; S. 43f.

views, sowohl was die Reihenfolge als auch die konkrete Formulierung angeht, dem jeweiligen Interviewpartner angepasst.[264]

Zentrale Themenbereiche des Leitfadens werden für den Interviewseinsatz in kurzen Stichpunkten skizziert. Diese dienen als Gedächtnisstütze, um sicherzustellen, dass alle relevanten Themenbereiche angesprochen werden, wobei der gesamte Interviewleitfaden aber vor allem gedanklich bei der Forscherin präsent ist, was ein wirres Hin- und Herblättern zwischen den ausformulierten Fragen und ein zu fixiertes Kleben am Leitfaden vermeidet. Die Einstiegsfrage ist grundsätzlich offen gestaltet, lenkt darüber hinaus aber inhaltlich bereits auf die zentrale Problemstellung hin. Nach der Stellung der erzählungsgenerierenden Eingangsfrage bestimmt erst einmal die Interviewte die Inhalte des Interviews und setzt individuelle Schwerpunkte bei der Erzählung. Lediglich wenn der Erzählfluss abbricht oder am Ende Fragen offenbleiben, gibt die Forscherin Erzählanreize oder thematisiert weitere Themenbereiche, die für sie von Interesse sind.[265]

Hierbei wird im problemzentrierten Interview zwischen Sondierungs- und Ad-hoc-Fragen unterschieden. Sondierungsfragen sind Fragen zu Themen, die im Leitfaden enthalten sind. Diese Fragen knüpfen jeweils unmittelbar an die Erzählungen des Interviewpartners an und können zur Vertiefung von Themen anregen. Nach der Phase der Sondierungsfragen gibt es durch die sich daran anschließenden Ad-hoc-Fragen die Möglichkeit, damit Themenbereiche anzusprechen, die bisher im Verlauf des Interviews nicht thematisiert wurden, aber Bestandteil des Leitfadens und damit wichtig für das Forschungsinteresse sind.[266]

Zurückspiegelung und Verständnisfragen tragen darüber hinaus dazu bei,

> "dass sich der Interviewpartner in seiner Problemsicht ernstgenommen fühlt und Unterstützung darin findet, an der jeweiligen Thematik weiterzuarbeiten"[267].

---

264 vgl. Reinders; 2005; S. 118f.
265 vgl. Lamnek; 1995; S. 68 und vgl. Reinders; 2005; S. 170
266 vgl. Reinders; 2005; S. 120ff. und vgl. Lamnek; 1995; S. 76 und vgl. Mayring; 2002; S. 70
267 Witzel; 1982; S. 100

Durch die Elemente der Zurückspiegelung von thematisierten Inhalten und dem Stellen von Verständnisfragen gibt die Forscherin dem Interviewten des Weiteren die Möglichkeit, unklare oder widersprüchliche Antworten zu spezifizieren, näher auszuführen, zu modifizieren oder zu korrigieren.[268]

Im Folgenden wird nun der Blick näher auf die Themenbereiche des Leitfadens gelenkt: Das Interview beginnt mit der folgenden Einstiegsfrage:

"Können Sie mir rückblickend erzählen, wie Sie die Zeit von dem Tag an, an dem Sie erfahren haben, dass Sie schwanger sind, die Schwangerschaft, die Geburt und die Zeit als Mutter bis heute erlebt haben"?

Mit dieser relativ allgemein gehaltenen Frage soll der Einstieg in die Erzählung erleichtert werden und rückblickend das Erleben von Schwangerschaft, Geburt und Mutterschaft thematisiert werden. Hierbei hat die Mutter die Möglichkeit, selbst Schwerpunkte der Erzählung zu setzen und Aspekte anzusprechen, die ihr persönlich im Zusammenhang mit ihrer frühen Mutterschaft wichtig erscheinen und in Erinnerung geblieben sind.[269]

Darüber hinaus geben die Themen des konzipierten Leitfadens der Forscherin die Möglichkeit, Fragen zu weiteren Aspekten zu stellen, die für die Problemstellung und das Untersuchungsziel von zentraler Bedeutung sind und die von der Interviewten nicht eigenständig oder nicht differenziert genug thematisiert werden. Folgende Themenkomplexe sind im Leitfaden enthalten:

- Leben und Lebenssituation vor der Schwangerschaft
- Subjektive Bedeutung der Schwanger- und Mutterschaft
- Neue Aufgaben und einschneidende Veränderungen, die sich durch die Mutterschaft ergeben haben
- Reaktionen auf die Schwangerschaft
- Private Unterstützung
- Professionelle Hilfeangebote
- Zukunftsvorstellungen der jungen Mutter

---

268 vgl. Lamnek; 1995; S. 76
269 vgl. Witzel; 1982; S. 96

Mittels der qualitativen Interviews sollen Informationen darüber gewonnen werden, wie sich das Leben der Mutter aus ihrer Sicht durch die neuen Aufgaben und Anforderungen, die sich im Rahmen der Mutterschaft ergeben haben, verändert hat. Darüber hinaus ist das Interesse darauf gerichtet, welche Bedeutung die Mutterschaft im Leben der jungen Frau hat, das heißt wie sie selbst den Eintritt der Schwangerschaft beurteilt. Ein weiterer wichtiger Themenbereich umfasst die Reaktionen aus der Umwelt auf die Schwanger- und Mutterschaft, speziell die des Partners, der Familie und der Freunde der jungen Mutter. Des Weiteren soll im Interview untersucht werden, welche Unterstützung die Mutter aus ihrem privaten Umfeld erhalten hat und welche professionellen Angebote sie in Anspruch genommen hat, um die 'Herausforderung Mutterschaft' besser bewältigen zu können. Die Fragestellung nach den Zukunftsvorstellungen der Mutter rundet den Themenkatalog des Leitfadens ab.

8.4 Zielgruppenbestimmung und Auswahlkriterien

8.4.1 Zugang zum Interviewfeld

Der Erstkontakt zur Zielgruppe der vorliegenden empirischen Forschungsarbeit, den minderjährigen Müttern, entstand über Multiplikatoren aus dem Kinder- und Jugendgesundheitsdienst Berlin-Neukölln. Die Vorgehensweise, mit der Hilfe von Sozialarbeitern als *"Gatekeeper"*[270], die sozusagen die Tür zum sozialen Feld geöffnet und konkrete potentielle Interviewpartner benannt haben, Kontakte zu minderjährigen Müttern zu knüpfen, resultiert aus dem schwierigen Zugang zur Untersuchungsgruppe. Da die Vermittler aus dem Kinder- und Jugendgesundheitsdienst sowohl das Vertrauen der zu Interviewenden als auch das der Forscherin genossen, sicherte dieser Zugang auch eine grundsätzliche Vertrauensbasis zwischen Forscherin und Befragten. Die Praxiskontakte der Multiplikatoren trugen wesentlich dazu bei, potentielle Interviewpartnerinnen für das Forschungsvorhaben zu gewinnen. Die Multiplikatoren stellten jeweils den ersten Kontakt her,

---

270 Reinders; 2005; S. 139

informierten die Frauen vorab über das Anliegen und gaben die Adressen derjenigen Frauen, die Interesse an einer Teilnahme hatten, an die Forscherin weiter.[271]

Diese Art der Rekrutierung von Interviewteilnehmerinnen impliziert, dass damit automatisch eine bestimmte Personengruppe fokussiert wurde, nämlich junge Mütter, die allesamt bereits Kontakte zum Kinder- und Jugendgesundheitsdienst hatten, und die alle aus dem Bezirk Berlin-Neukölln stammen. Mit diesem Zugang über *"Gatekeeper"*[272] ist folglich eine Vorselektion und damit das Risiko verbunden, dass die Gruppe der Interviewpartnerinnen sehr homogen ist. Dies kann möglicherweise Auswirkungen auf die Varianz der Interviewpartnerinnen und damit auf die Heterogenität der Aussagen haben.[273]

Da nicht zuletzt aufgrund des äußerst schwierigen Zugangs zur Untersuchungsgruppe in Kombination mit dem knappen Zeitbudget für die vorliegende Arbeit kein anderer Zugang gefunden werden konnte, wurden dieser Nachteil und das mögliche Risiko, durch den Zugang über *"Gatekeeper"*[274] keine maximale Varianzbreite zu erhalten, in Kauf genommen.

8.4.2 Auswahl der Interviewpartnerinnen

Abgesehen von der Tatsache, dass alle der befragten jungen Mütter bereits Kontakt zum Kinder- und Jugendgesundheitsdienst hatten und im Bezirk Berlin-Neukölln lebten, wurde bei der Auswahl der zu interviewenden Mädchen darauf geachtet, dass darüber hinaus folgende Merkmale erfüllt waren:

Da sich die vorliegende Arbeit mit Mutterschaft bei Minderjährigen beschäftigt, war es hinsichtlich des Erkenntnisinteresses wichtig, dass alle Interviewteilnehmerinnen bei der Geburt des Kindes noch minderjährig waren. Darüber hinaus untersucht die vorliegende Arbeit die Lebenssituation und die möglichen Angebote für junge Mütter, die außerhalb von Mutter-Kind-Einrichtungen leben. Aus diesem

---

271 vgl. Lamnek; 1995; S. 68 und vgl. Reinders; 2005; S. 139f.
272 Reinders; 2005; S. 139
273 vgl. Reinders; 2005; S. 134ff. und S. 140
274 Reinders; 2005; S. 139

Grund war bei der Auswahl der Interviewpartnerinnen darauf zu achten, dass alle Befragten entweder in einer eigenen Wohnung oder noch bei den Eltern beziehungsweise Schwiegereltern lebten, jedoch nicht in einer stationären Einrichtung nach § 19 SGB VIII untergebracht waren. Da das Forschungsinteresse wesentlich dem subjektiven Erleben der Situation als minderjährige Schwangere und Mutter gilt, war es wichtig, dass alle Befragten retrospektiv auf die Schwanger- und Mutterschaft zurückblicken konnten. Die retrospektive Perspektive wurde deshalb gewählt, weil mittels einer Langzeitstudie, bei der die jungen Mütter während der Schwangerschaft, nach der Geburt und nach einiger Zeit der Mutterschaft interviewt worden wären, zwar der Schwerpunkt deutlicher auf die jeweilige Entwicklung hätte gelegt werden können und dadurch Prozesse besser hätten sichtbar gemacht werden können, diese Arbeit aber aufgrund der begrenzten zeitlichen Rahmenbedingungen dieser Diplomarbeit nicht geleistet werden konnte.

Aus diesem Grund war ein weiteres Auswahlkriterium, dass die Kinder der minderjährigen Mütter zum Zeitpunkt der Befragung mindestens ein halbes und höchstens drei Jahre alt sein mussten. Mindestens ein halbes Jahr sollten die Kinder deswegen sein, damit alle befragten Mütter schon auf Erfahrungen mit dem Kind zurückgreifen können. Das Höchstalter des Kindes wurde bei 3 Jahren angesetzt, so dass die Geburt bei den Frauen noch nicht so lange zurückliegt und dadurch eine bessere Vergleichbarkeit der Stichprobe gegeben ist.

8.5 Datenerhebung

8.5.1 Kontaktaufnahme

Nachdem die Kontaktadressen von jungen Müttern, die den oben genannten Auswahlkriterien entsprachen, vorlagen, begann die telefonische Kontaktaufnahme.

Interviewpartnerinnen zu finden, gestaltete sich trotz der Vorkontakte schwierig. Am Anfang lagen acht Kontaktadressen von Frauen, die die obigen Kriterien erfüllten, vor. Nach der ersten telefonischen Kontaktaufnahme, bei der den jungen Müttern das Anliegen, Interesse und das Oberthema des Interviews nochmals genauer erklärt wurde, willigten alle Mütter zuerst ein, einige sagten aber dann dennoch ab, als es in einem weiteren Telefonat darum ging, einen Termin für das Interview zu vereinbaren. Zwei Frauen nannten als Grund für die Absage, dass ihr Mann gegen ein Interview und eine Aufnahme sei. Sie konnten auch im ausführlichen, persönlichen Gespräch nicht für eine Teilnahme gewonnen werden. Eine Mutter sagte kurzfristig ihre Teilnahme ab, weil sie aufgrund einer neuen Arbeitsgelegenheit und den parallelen Aufgaben der Kinderbetreuung keine zeitlichen Kapazitäten für ein Interview hatte. Am Ende waren es fünf junge Frauen, die die Auswahlkriterien erfüllten und die gerne bereit waren, an der Befragung teilzunehmen.

Mit den jungen Müttern wurde telefonisch ein Ort und die Zeit für das Interview vereinbart. Die Wahl des Ortes war den Müttern überlassen. Alle Mütter baten darum, das Interview bei sich zu Hause durchzuführen. Die Uhrzeit für das Interview orientierte sich ebenfalls an den Möglichkeiten der jungen Mütter – wobei sie gebeten wurden, für das Interview jeweils mindestens eine und höchstens eineinhalb Stunden einzuplanen. Darüber hinaus wurden die Mütter informiert, dass es wichtig sei, das Interview in möglichst ungestörter Atmosphäre führen zu können.[275]

8.5.2 Pretest

Das erste Interview war gleichzeitig der Pretest, in dem der entwickelte Leitfaden getestet wurde. Hier wurde überprüft, ob die Themen und Fragen für die Interviewpartnerin verständlich sind, der Aufbau sinnvoll und logisch ist und alle wesentlichen Themen, die für die Forschungsfrage von Interesse sind, im Leitfaden berücksichtigt wurden.[276]

Darüber hinaus wurde getestet, ob der geplante Zeitrahmen von etwa 30 Minuten bis höchstens 50 Minuten grundsätzlich eingehalten werden kann. Da der Leitfaden den Pretest hinsichtlich der Umsetzbarkeit bestanden hat, es zu keinen Unstimmigkeiten oder Verständ-

---

275 vgl. Reinders; 2005; S. 186
276 vgl. Schmidt-Grunert; 1999; S. 48f.

nisproblemen kam, wurde dieser ohne weitere Modifikationen für die nachfolgenden Interviews verwandt und auch das erste Interview in die spätere Auswertung einbezogen.

8.5.3 Tonbandaufzeichnung

Alle Interviews wurden mit Hilfe eines digitalen Aufnahmegerätes aufgezeichnet, um sicherzustellen, dass die Daten gesichert und die Interviews verschriftlicht werden konnten, um dadurch eine bessere Auswertung garantieren zu können. Die digitale Aufnahme ermöglichte es darüber hinaus, während des Interviews die Aufmerksamkeit völlig auf die Interviewführung und die Erzählungen der Interviewten richten zu können.[277]

8.5.4 Durchführung der Interviews/Setting

Die Interviews mit den fünf ausgewählten Frauen wurden im Januar und Februar 2006 durchgeführt. Alle Interviews fanden auf Wunsch der Frauen bei ihnen zu Hause, das heißt im alltäglichen Milieu der Befragten statt. Dies entsprach dem Anspruch der natürlichen Feldsituation und gewährleistete eine vertraute Umgebung und gewohnte Situation für die Interviewpartnerinnen:[278]

"Durch die gewohnte Umgebung in Verbindung mit dem Befragungsthema, mit dem der Befragte ja sehr vertraut ist ... erfährt der Interviewpartner einen Expertenstatus, was ihm das Antworten sehr erleichtert"[279].

Mit drei der fünf Frauen wurde das Interview völlig allein geführt, bei zwei Frauen waren die Kinder anwesend, weil keine Betreuung organisiert werden konnte. Die vorher vereinbarte Abwesenheit der Ehemänner und Familie war wichtig, um keine verfälschten Angaben zu be-

---

277 vgl. Witzel; 1982; S. 91 und vgl. Seipel & Rieker; 2003; S. 152f. und vgl. Lamnek; 1995; S. 68 und vgl. Schmidt-Grunert; 1999; S. 43
278 vgl. Lamnek; 1995; S. 68
279 Lamnek; 1995; S. 95

kommen. Die Interviews dauerten zwischen 15 und 45 Minuten, im Durchschnitt 33 Minuten.

Die individuellen Besonderheiten jeder Begegnung brachten es mit sich, dass die Interviews von jeweils anderen Stimmungen begleitet waren und in einer jeweils unterschiedlichen Atmosphäre stattfanden. Dennoch erhielten alle Frauen dieselben Informationen und einleitenden Worte zu Beginn des Interviews. Anfangs wurde der Frau erneut das Thema der Befragung genannt, der Ablauf erklärt und mögliche Fragen diesbezüglich beantwortet. Die jungen Frauen wurden hinsichtlich der Aufzeichnung des Gesprächs mit dem Aufnahmegerät aufgeklärt, die Vertraulichkeit und Anonymität wurde allen Frauen schriftlich zugesichert. Die Aufgabe der Interviewerin diesbezüglich war es, Befangenheit und ein mögliches ungutes Gefühl hinsichtlich des Aufnahmegeräts zu thematisieren und während des Interviews für ein angemessenes, vertrauliches und entspanntes Gesprächsklima zu sorgen. Darüber hinaus war es für den Verlauf des Interviews von zentraler Bedeutung, Interesse zu zeigen, der Interviewten aufmerksam und interessiert, respektvoll, zurückhaltend und empathisch gegenüberzutreten und keinerlei eigene Stellungnahmen abzugeben.[280]

Da sich die Befragten individuell voneinander unterschieden und auch die Interviewsituation jeweils eine völlig andere war, erwies sich die oben bereits thematisierte Entscheidung dafür, Fragen nicht vorzuformulieren, sondern im Leitfaden lediglich relevante Themenbereiche festzuhalten, als sinnvoll. Die Art und Weise der Fragestellung beziehungsweise die spezifische Wortwahl wurde

"spontan und unter Berücksichtigung des Sprachniveaus des Gegenübers und in Anknüpfung an den jeweiligen Gesprächsverlauf gestellt"[281].

Am Ende der Interviews wurde den jungen Müttern für die Teilnahme an der Befragung und für ihre Offenheit bezüglich der Beantwortung der Fragen gedankt.

---

280 vgl. Lamnek; 1995; S. 65ff.
281 Lamnek; 1995; S. 103

8.5.5 Postskript

Im Postskript, einem Gedächtnisprotokoll, wurden im unmittelbaren Anschluss an die Interviews zentrale Aspekte und Besonderheiten der Situation, Räumlichkeiten und Störungen, wichtige Stimmungen, der persönliche Eindruck, der während des Interviews entstanden ist, und weitere Gesprächsinhalte, die sich im Anschluss an das Interview ergaben, festgehalten. Diese schriftlich fixierten Rahmenbedingungen des Interviews waren bei der Auswertung und Analyse der einzelnen Interviews im einen oder anderen Fall von Bedeutung und hilfreich.[282]

8.6 Auswertung der Interviews

8.6.1 Transkription der Interviews

Da die *"Voraussetzung für eine adäquate Analyse ... die vollständige Transkription des Gespräches"*[283] ist, wurden sämtliche Aussagen der Interviewerin und der Interviewpartnerinnen vollständig wörtlich transkribiert, um die Interviews in einem zweiten Schritt analysieren und auswerten zu können. Die Interviews wurden nach der Form der literarischen Umschrift verschriftlicht, um auch umgangssprachliche Äußerungen zu erfassen und damit die Authentizität der Kommunikation zu erhalten. Ebenso wurden parasprachliche Handlungen wie beispielsweise Lachen, Räuspern oder Seufzen in der Transkription berücksichtigt. Wenn Wörter oder Satzteile auf der Aufnahme nicht verständlich waren, weil sie zu leise oder zu schnell gesprochen wurden oder aufgrund von Hintergrundgeräuschen nicht identifizierbar waren, wurden diese Stellen mit (...) gekennzeichnet. Die verwendete Orthographie dient vornehmlich dazu, dem Text Struktur zu verleihen und dem Leser durch Sinneinheiten das Lesen zu erleichtern. Alle persönlichen Daten wurden in anonymisierter Form dargestellt – die Namen der vorkommenden Personen verändert. Das im Anschluss an die

---

282 vgl. Lamnek; 1995; S. 98f. und vgl. Schmidt-Grunert; 1999; S. 43 und vgl. Witzel; 1982; S. 92
283 Witzel; 1982; S. 90

Transkription durchgeführte *"Korrekturhören"*[284] sollte dazu beitragen, mögliche Übertragungsfehler zu eliminieren. Die Anfertigung der Transkription erfolgte in zeitlicher Nähe zur Interviewführung.[285]

8.6.2 Verfahren der Datenauswertung: Qualitative Inhaltsanalyse nach Mayring

Die vorliegende empirische Untersuchung erhebt aufgrund der kleinen Stichprobe keinen Anspruch auf Repräsentativität im Sinne statistischer Verfahren. Vielmehr sollen die subjektiven Sichtweisen, Einstellungen und Erfahrungen der minderjährigen Mütter im Vordergrund der Betrachtung stehen, Strukturen im Untersuchungsfeld herausgearbeitet und Probleme analysiert werden.[286]

Dieses Ziel verfolgend wurden die transkribierten Interviews mittels der Methode der qualitativen Inhaltsanalyse nach Mayring systematisch, regelgeleitet und schrittweise bearbeitet. Mayring unterscheidet im Rahmen der qualitativen Inhaltsanalyse drei Formen: die zusammenfassende Inhaltsanalyse, die explizierende Inhaltsanalyse und die strukturierende Inhaltsanalyse. Die vorliegende Arbeit bedient sich für die Auswertung der geführten Interviews der Methode der strukturierenden Inhaltsanalyse:[287]

"Ziel der Analyse ist es, bestimmte Aspekte aus dem Material herauszufiltern, unter vorher festgelegten Ordnungskriterien einen Querschnitt durch das Material zu legen oder das Material auf Grund bestimmter Kriterien einzuschätzen"[288].

Die Strukturierung dient im Rahmen der qualitativen Inhaltsanalyse nach Mayring folglich dazu, das empirische Material hinsichtlich bestimmter Kriterien inhaltlich zu strukturieren.

In der vorliegenden Arbeit wurden hierzu aus dem transkribierten Material nur die Abschnitte ausgewertet, deren Analyse für die For-

---

284 Seipel & Rieker; 2003; S. 190
285 vgl. Kowal & O'Connell; 2000; S. 440f. und vgl. Mayring; 2002; S. 89 – 94 und vgl. Reinders; 2005; S. 254f.
286 vgl. Seipel & Rieker; 2003; S. 109f.
287 vgl. Mayring; 1991; S. 211ff.
288 Mayring; 2002; S. 115

schungsfrage von besonderer Relevanz ist. Hierfür wurden zuerst grundsätzliche Strukturierungsdimensionen festgelegt, die in einem zweiten Schritt in einzelne Kategorien untergliedert wurden. Mittels der Kategorien wurden die transkribierten Interviews dann strukturiert und in einem zweiten Schritt analysiert.

"Das Kategoriensystem stellt das zentrale Element der Analyse dar" [289],

denn die Kategorisierung aller Interviews ermöglicht eine bessere Vergleichbarkeit hinsichtlich zentraler Aspekte.

Bei der Kategorienbildung wurden in der vorliegenden Arbeit deduktive und induktive Vorgehensweisen kombiniert. Da die Erhebung der empirischen Daten mittels problemzentrierter Interviews erfolgte und damit verbunden ein Leitfaden zum Einsatz kam, war dadurch auch die Auswertung der Interviews bereits vorstrukturiert. Die Themen des Leitfadens bildeten deshalb die Grobstruktur der Analyse und prägten den Prozess der deduktiven Kategorienbildung:

"Eine deduktive Kategoriendefinition bestimmt das Auswertungsinstrument durch theoretische Überlegungen. Aus Voruntersuchungen, aus dem bisherigen Forschungsstand, aus neu entwickelten Theorien oder Theoriekonzepten werden die Kategorien ... auf das Material hin entwickelt" [290].

Die folgenden Kategorien wurden demnach deduktiv, das heißt anhand der theoretischen Vorkenntnisse und Überlegungen und anhand der im Interview angesprochenen Themen des Leitfadens entwickelt:

Deduktiv entwickelte Kategorien [291]
K 1 Eigene Reaktion auf die Schwangerschaft
K 2 Reaktionen anderer auf die Schwangerschaft
K 3 Veränderungen in einzelnen Lebensbereichen
K 4 Erhaltene private Unterstützung
K 5 Inanspruchnahme professioneller Hilfsangebote
K 9 Zukunftsvorstellungen

Um dem Prinzip der Offenheit gerecht zu werden, wurden aber auch neue Aspekte und Themen berücksichtigt, die von den befragten Müt-

---

289 Mayring; 2003; S. 43
290 Mayring; 2003; S. 74f.
291 Die Nummerierung der Kategorien orientiert sich an der Themenreihenfolge, die auch bei der Darstellung der Ergebnisse in Kapitel 9.2 verwandt wird, und ist deshalb hier nicht chronologisch.

tern im Verlauf des Interviews thematisiert wurden und dadurch weitere Kategorien auf induktivem Wege während des Auswertungsprozesses in der Auseinandersetzung mit dem empirischen Material gewonnen:

"Eine induktive Kategoriendefinition hingegen leitet die Kategorie direkt aus dem Material in einem Verallgemeinerungsprozeß ab, ohne sich auf vorab formulierte Theoriekonzepte zu beziehen"[292].

Deduktive Kategorienbildung wurde in der vorliegenden Arbeit durch induktive ergänzt, um größtmögliche Offenheit zu gewähren und Aspekte in die Analyse der Interviews einzubeziehen, die von der Forscherin nicht bedacht wurden. Die Ergänzung der deduktiven Kategorienbildung durch induktive Kategorien ist für die qualitative Inhaltsanalyse generell von Bedeutung, um eine möglichst naturalistische Abbildung des Materials ohne Verzerrungen durch Vorannahmen zu erreichen.[293]

Die Bildung folgender Kategorien erfolgte deshalb induktiv aus dem empirischen Material, das heißt aus den Inhalten der Interviews heraus:

Induktiv entwickelte Kategorien

K 6 Kontakte zu anderen minderjährigen Müttern

K 7 Konfrontation mit Vorurteilen

K 8 Besondere Belastungen

Daraufhin wurde das empirische Material systematisch durchgegangen und wichtige Fundstellen und relevante Textpassagen für die einzelnen Kategorien markiert. In einem weiteren Durchlauf wurden relevante Textpassagen des empirischen Materials extrahiert und einer Kategorie subsumiert, das heißt zugeordnet. Bevor es zur Ergebnisaufbereitung und Auswertung kam, erfolgte ein erneuter Materialdurchlauf, um an dieser Stelle – falls erforderlich – die anfangs erarbeiteten Kategorien zu überarbeiten oder neue Kategorien zu bilden.[294]

Im Anschluss an die Kategorienbildung wurde die Synopse des empirischen Materials, das jeweils zu einer Kategorie gehört, einer interpretativen Analyse unterzogen:

---

292 Mayring; 2003; S. 75
293 vgl. Mayring; 2003; S. 75
294 vgl. Mayring; 1991; S. 212f.

*"Das gesamte Kategoriensystem kann in Bezug auf die Fragestellung und
dahinter liegende Theorie interpretiert werden"*[295].

Mittels der Kategorien sollen charakteristische Strukturen und Muster
herausgearbeitet, Gemeinsamkeiten gesucht und Unterschiede dargestellt werden.[296]

Das folgende Kapitel widmet sich der Ergebnisdarstellung. So werden in einem ersten Schritt die westlichen Daten der Kurzfragebögen
dargestellt, während im zweiten Schritt die Ergebnisse und Erkenntnisse aus den qualitativen Interviews – nach den oben vorgestellten Kategorien geordnet – präsentiert werden.

---

295 Mayring; 2002; S. 117
296 vgl. Lamnek; 1995; S. 109

9 Darstellung der Ergebnisse

9.1 Darstellung und Auswertung der Daten des Kurzfragebogens

9.1.1 Grundlegende Daten zu den Befragten[297]

Die folgende Darstellung zeigt die Ergebnisse des Kurzfragebogens in Tabellenform:

	Anna	Jasemin	Simone	Marie	Kristin
Alter der Mutter bei der Befragung	17 Jahre	19 Jahre	18 Jahre	17 Jahre	17 Jahre
Alter der Mutter bei der Geburt des Kindes	16 Jahre	17 Jahre	16 Jahre	17 Jahre	16 Jahre
Alter des Kindes	15 Monate	2 Jahre	2,5 Jahre	7 Monate	7 Monate
Feste Partnerschaft	Ja	Nein	Nein	Ja	Ja
Partner ist Vater des Kindes	Ja	-	-	Nein	Ja
Alter des Partners	23 Jahre	-	-	22 Jahre	20 Jahre
Familienstand	Verheiratet	Ledig	Ledig	Ledig	Ledig
Verhältnis zum Kindesvater	Er ist der Ehemann.	Kindesmutter kennt ihn nicht.	Nur Kontakt wegen Kind.	Nur Kontakt wegen Kind.	Aktueller Partner
Staatsangehörigkeit der Mutter	Rumänisch	Deutsch	Deutsch	Deutsch	Österreichisch
Staatsangehörigkeit des Kindesvaters	Serbisch	Nicht bekannt.	Togoisch	Thailändisch	Serbisch
Einkommen	Leistungen nach SGB II	Leistungen nach SGB II	Leistungen nach SGB II	Leistungen nach SGB II	Leistungen nach SGB II

Wohnsituation	Bei Schwiegereltern der Kindesmutter	Eigene Wohnung	Bei der Mutter	Eigene Wohnung	Bei Schwiegereltern der Kindesmutter
Aktueller Schulbesuch	Nein	Nein	Ja (um erweiterten Hauptschulabschluss zu machen)	Nein	Nein
Schule verlassen	Nach der 8. Klasse	9. Klasse	-	In der 8. Klasse	9. Klasse
Schulabschluss	Nein	Hauptschulabschluss	Hauptschulabschluss	Nein	Hauptschulabschluss
Ausbildung	Nein	Ja	Nein	Nein	Nein
Ausbildungsrichtung	-	Pflege Basiskurs	-	-	-
Kindergarten	Nein	Ja	Ja	Nein	Nein

Tabelle 15 Darstellung der Ergebnisse der Kurzfragebögen in Tabellenform

9.1.2 Auswertung der Kurzfragebögen

Die Auswertung der Kurzfragebögen, die im Anschluss an das Interview ausgefüllt wurden, soll dazu dienen, die befragten minderjährigen Mütter näher zu charakterisieren.

Hierbei wird deutlich, dass alle Mütter die oben genannten Auswahlkriterien erfüllen, sich aber darüber hinaus hinsichtlich der Aspekte Partnerschaft und Familienstand, Staatsangehörigkeit, Schulabschluss und Ausbildung und der Inanspruchnahme von Kinderbetreuung unterscheiden.

Insgesamt wurden fünf junge Frauen interviewt. Alle fünf Frauen waren während der Schwangerschaft und zum Zeitpunkt der Geburt minderjährig. Zum Zeitpunkt des Interviews sind noch drei Mütter minderjährig, zwei bereits volljährig.

Alle Befragten leben außerhalb von Mutter-Kind-Einrichtungen, zwei leben in einer eigenen Wohnung, zwei bei den Schwiegereltern und eine im Haushalt ihrer eigenen Mutter.

---

297 Stand: 31. Januar 2006; Alle Namen wurden aus Gründen des Datenschutzes geändert.

Das Alter der Kinder bewegt sich – wie oben gefordert – zwischen einem halben Jahr und drei Jahren: Zwei Kinder waren sieben Monate, ein Kind 15 Monate, ein Kind 2 Jahre und eines 2,5 Jahre alt.

Von den fünf befragten Müttern ist eine mit dem Kindesvater verheiratet, eine lebt in fester Beziehung mit dem Kindesvater, eine hat gar keinen Kontakt zum Kindesvater und ist auch in keiner anderen Paarbeziehung, und zwei Mütter haben zwar Kontakt mit dem Kindesvater, sind aber von ihm getrennt. Von den beiden zuletzt genannten Müttern ist eine in einer neuen Partnerschaft, die andere hat derzeit keine Paarbeziehung.

Drei Mütter sind deutscher, österreichischer und rumänischer Staatsangehörigkeit. Alle Mütter haben kein eigenes Einkommen, sondern erhalten Leistungen nach SGB II.

Von den fünf befragten Müttern haben drei einen Schulabschluss, zwei haben die Schule vorzeitig abgebrochen. Eine Mutter besucht zum Zeitpunkt der Befragung noch die Schule, um einen höher qualifizierenden Schulabschluss zu erwerben, und eine Mutter hatte zum Zeitpunkt der Befragung bereits eine Ausbildung absolviert.

Aktuell nehmen zwei Mütter für ihre Kinder die Möglichkeit der Kinderbetreuung in Anspruch. Beide Kinder werden tagsüber in einem Kindergarten betreut.

Die Ergebnisse des Kurzfragebogens zeigen, dass es gelungen ist, neben den gemeinsamen Auswahlkriterien, junge Mütter zu finden, die aus unterschiedlichen Lebenszusammenhängen kommen. Sie unterscheiden sich hinsichtlich der Paarbeziehung, dem Familienstand, der Staatsangehörigkeit, der Wohnsituation und dem Schul- und Ausbildungsstand.

9.2 Ergebnisse der Interviewauswertung

9.2.1 Eigene Reaktion auf die Schwangerschaft

Im Folgenden steht die Reaktion der Mütter auf die Schwangerschaft im Zentrum der Betrachtung:

Eine Mutter ist von der Schwangerschaft völlig überrascht und erschrocken, weil sie sich erst später Kinder gewünscht hat und sich zu jung fühlt, um Mutter zu werden, und sich nicht reif fühlt, um diese Verantwortung zu tragen. Für sie ist es äußerst schwierig, mit der frühen Schwangerschaft konfrontiert zu sein:

"Und das war für mich so komisch und so schwer. Isch weiß nicht als isch wollte nicht. Isch hab' immer so gedacht, isch weiß nischt wie das geht und isch bin klein und isch will später Kinder machen".

Eine andere Mutter beschreibt den Schock der Schwangerschaft folgendermaßen:

"Da eh, da ist für mich erst mal 'ne Welt zusammen gebrochen. Ich hab' gedacht, ach du Scheibenkleister, wie machst'n das jetzt?"

Ambivalente Gefühle hinsichtlich der Schwangerschaft äußert eine weitere Mutter:

"Auf einer Seite glücklich, aber auf der anderen Seite is 'ne Welt zusammen gebrochen".

Die junge Mutter befürchtet, die Doppelbelastung von Schule, Ausbildung und Kind nicht vereinbaren und meistern zu können:

"Ich wusste gar nicht, was, in dem Zeitpunkt wusst' ich nicht, wo ich dann Schule weiter machen sollte, den Kleinen, dann noch irgendwie nur vielleicht noch nebenbei arbeiten".

Zwei der fünf Mütter erwägen eine Abtreibung, jedoch ist diese für beide nicht mehr möglich, da sie beide die Schwangerschaft zu spät bemerken:

"Man kann ja nur bis zum 3. Monat abtreiben. Und die Zeit hätte auch nicht mehr gereicht dann, das zu beantragen und so".

Der Wunsch, das Kind abzutreiben, auch wenn es dafür schon zu spät ist, bedeutet, dass das Kind nicht nur ungewollt, sondern letztlich auch unerwünscht ist und keine bewusste Entscheidung für das Kind erfolgen konnte:

"Also es ging gar nicht, mich zu entscheiden, weil ich war schon im fünften Monat gewesen, als es festgestellt wurde. Mussich dann eben hinnehmen, dass ich nicht den Kleinen noch abtreiben konnte. Weil ich wollte den Kleinen erst abtreiben, wenn's im dritten Monat gewesen wäre".

Eine der Schwangeren denkt, nachdem es für die Abtreibung bereits zu spät ist, an die Möglichkeit der Adoption.

"Ich will das Kind nicht, ich geb' es frei, also zu Adoption".

Nachdem ihre eigene Mutter jedoch ihre Unterstützung anbietet, entscheidet sich die junge Mutter doch gegen die Freigabe des Kindes zur Adoption.

Lediglich für eine der Befragten ist das Ereignis die Schwangerschaft mit Freude verbunden, weil sie den Wunsch, eine junge Mutter zu sein, schon lange hegte:

"Ich hab' mich gefreut, weil ich wollte 'ne junge Mutter sein, wenn ich ehrlich bin".

Ihre eigene Mutter hat selbst ihr erstes Kind bekommen, als sie noch sehr jung war. Die befragte junge Mutter erhofft sich von der jungen Mutterschaft eine gute Beziehung zu ihrem Kind. Eine junge Mutter zu sein, ist für sie die Basis für eine gute Beziehung zwischen Mutter und Kind:

"Weil wenn die Mutter ein bisschen älter wär, dann find' ich man hat nicht so 'ne gute Beziehung. Sie hat keine Ahnung, ist so'n bisschen altmodisch. Wenn 'ne junge Mutter da im Spiel ist, da ist immer ich weiß nicht, denkt man lockerer würd' ich sagen".

9.2.2 Reaktionen anderer auf die Schwangerschaft

Eltern

Die Schwiegereltern, Eltern oder die eigene Mutter sind bei allen Befragten zwar die Ersten, die von der Schwangerschaft erfahren, jedoch fallen die Reaktionen der Eltern jeweils unterschiedlich aus.

Die Eltern von drei Müttern reagieren mit Freude bis gelassen. So befürchtet eine Befragte zwar negative Reaktionen von Seiten der Eltern, ist aber dann erleichtert, als es wider Erwarten keinen Ärger gibt:

"Dann bin ich erst ma meine Mama angerufen, ich hab' gedacht so ujuhh jetzt gibt's Ärger. Aber meine Eltern auch ganz locker gewesen also keinen Mucks gesagt".

Eine Mutter bietet ihrer schwangeren Tochter als Reaktion sofort ihre Unterstützung an:

"Das schaffen wir schon irgendwie alles".

Die Eltern einer Mutter thematisieren zwar das aus ihrer Sicht zu junge Alter ihrer Tochter für die Mutterschaft, machen ihr aber letztlich dahingehend keinen Vorwurf:

"Alle haben sich gefreut. Also war nicht, äh du bist noch zu jung oder so. Natürlich haben sie mir auch gesagt, aber sie meinten, wenn du zurechtkommst, dann ist das ok".

Eine Mutter ist über die Schwangerschaft ihrer Tochter verzweifelt, weil ihre Tochter ihrer Meinung nach selbst noch ein Kind und damit zu jung ist, eigene Kinder zu bekommen:

"So ehm meine Mutter hat gesagt, eh du bist ein Kind und machst Kinder. Und sie hat auch geweint".

Partner

Die Partner der jungen Mütter reagieren überwiegend mit Freude auf die Schwangerschaft:

"Er hat sich gefreut, weil er ist eben älter als ich, schon zwei Jahre und ja und er hat sich natürlich gefreut".

Eine andere Mutter erklärt, dass der Ehemann sich sehr über die Schwangerschaft und auf das Kind gefreut habe:

"Das war so schön und mein Mann auch es war so, es war so glücklich".

Der Freund einer Mutter freut sich noch mehr über das Kind, als er erfährt, dass es ein Junge wird:

"Im sechsten Monat, da wusste ich, wusste ich es, dass er ehm 'n Junge wird und ja da war der Papa ja noch glücklicher, weil's ja Moslem ist, war's noch war er noch glücklicher" .

Eine Schwangere, die nicht mit dem Vater zusammen ist, geht während der Schwangerschaft eine neue Beziehung ein. Ihr neuer Partner, der sie ja bereits als Schwangere kennen gelernt hat, akzeptiert die Schwangerschaft seiner Partnerin:

"Er hat gesagt, ich nehm' dich so wie du bist".

Freunde

Eine Mutter hat Angst davor, in der Schule von ihrer Schwangerschaft zu erzählen, weil sie nicht einschätzen kann, wie die Schulkameraden darauf reagieren:

> *"Ich hatte erst Angst wirklich denen es zu erzählen, so von wegen wie reagieren die drauf".*

Die Freunde einer Mutter reagieren mit Interesse und fragen sie viel über die Schwangerschaft und das Erleben der Schwangerschaft und Geburt.

Die Freunde einer anderen Mutter finden die Schwangerschaft in Ordnung und sprechen ihr Mut zu:

> *"Die war´n alle irgendwie so, ja du schaffst das schon und passt schon so, ja"*

9.2.3 Veränderungen in einzelnen Lebensbereichen

Eigene Entwicklung

Mit der Geburt des Kindes beginnt für die Mütter ein neuer Lebensabschnitt, der Auswirkungen auf ihre eigene Entwicklung hat. Mit dem Kind haben die noch minderjährigen Mädchen nun nicht mehr nur die Verantwortung für sich selbst, sondern auch für den Säugling. Eine junge Mutter beschreibt dies so:

> *"Mja früher war mein Kopf war so wie ein Kind. Ich habe nicht gedacht, was soll ich für andere machen, isch habe immer für mich gedacht".*

Eine Mutter musste sich ohne Kind um nichts Gedanken machen, hatte keine Verantwortung für andere, lebte völlig Ich-zentriert, und ihre Gedanken kreisten vor allem um sie selbst. Als Mutter fühlt sie sich erwachsener als früher, weil sie nun zuerst an das Kind und dessen Bedürfnisse denkt und die Bedürfnisse des Kindes zudem vor ihre eigenen stellt:

> *"Und jetzt also, jetzt bin ich erwachsen. Also ich denke erst mal immer bei mein Kind. Also für mich ist nicht so interessant, für ihn ist immer die wichtige".*

Für eine andere Mutter ist ebenso die Verantwortung für das Kind die zentrale Veränderung in ihrem Leben. Vor der Geburt war ihr die Tragweite der Verantwortung jedoch nicht so bewusst:

"Also, bevor ich schwanger war, da das war ganz anders. Also komplett anders, also, da hat man überhaupt keine Verantwortung. Und dann kam eben der Jonny, mein Kind, ja da war's ganz anders so. Da, da ist mir richtig die Augen so, oh Gott jetzt hab' ich 'ne Verantwortung".

Sie fühlt sich durch die Geburt des Kindes erwachsener:

"Also, man wird dadurch auch mehr erwachsener. Ehrlich jetzt, man versteht viel mehr. Man lernt auch viel mehr jetzt".

Die junge Mutter beschreibt sich selbst als gewissenhafter, verantwortungsbewusster und reifer als früher:

"Dadurch mit 'nem Kind hab' ich mich noch nicht, nicht richtig interessiert so ja. Also ich hab' gar nicht richtig zugehört, wenn mir ein Erwachsener was gesagt hat oder so, aber jetzt schon".

Zwei Mütter empfinden sich selbst durch die Geburt des Kindes ruhiger und ernsthafter als früher:

"Ich in ruhiger geworden. Ich geh' nicht mehr feiern und ich vermiss das gar nicht".
"Ja ich hab' mich verändert. Ich bin ernster geworden und nehm' nicht mehr alles so locker wie früher".

Eine andere Mutter bemerkt bei sich selbst keine Veränderung, bekommt aber dahingehend Rückmeldung aus ihrem Umfeld:

"Na, ich soll mich wohl ganz schön verändert haben. Jasemin, du hast dich ganz schön verändert. Meinten sie wohl alle, aber ich weiß es nicht. Da sag' ich so echt, das hör ich jetzt voll oft, ich kann mich gar nicht daran entsinnen oder so. Also, ich bin der Meinung, dass ich halt immer noch so bin wie vorher auch. Oder ich merk' das nicht".

Die eigene Entwicklung gestaltet sich bei einer Mutter durch die Geburt des Kindes anders, als sie sich das gewünscht hat. Sie muss durch das Kind einige Einschränkungen hinnehmen:

"Weil man ist jung, man hat – eigentlich denkt man noch mhh bald wirst du 18 und oder nächstes Jahr hast du wieder Geburtstag und möchtest ja auch mal weggehen oder dich mit Jungs treffen oder irgendwie sich mit ehm, wie wie soll ich sagen, sich noch anders noch entwickeln, aber das ging ja dann gar nicht so mehr mit dem Kleinen".

Darüber hinaus fühlt sich diese Mutter durch den Stress nicht mehr so ausgeglichen, ist häufiger genervt als früher:

"Aber ich bin dadurch, dass ich den Kleinen habe, sehr oft genervt, weil ich eben nicht genau den Schlaf, den ich haben möchte, den kann ich nicht kriegen, weil ich immer auf den Kleinen so ein bisschen achte".

Wohnsituation

Für drei der befragten Mütter ändert sich hinsichtlich der Wohnsituation durch die Geburt des Kindes nichts, sie wohnen vor und nach der Geburt gemeinsam mit den Eltern beziehungsweise Schwiegereltern zusammen. Eine Mutter äußert sich dazu:

"Das sind jetzt so 36 m². Und das ist ein bisschen klein und wird ein bisschen eng, aber es geht".

Die Wohnsituation der anderen beiden Mütter verändert sich durch die Geburt des Kindes maßgeblich. Sie ziehen beide aufgrund der Mutterschaft in eine eigene Wohnung, weil die Wohnung ihrer Eltern zu klein ist:

"Und zu fünft wär das ein bisschen viel geworden. Und deswegen haben meine Eltern gesagt, ich krieg die eigene Wohnung".

Hierbei ist jedoch anzumerken, dass nicht die Eltern die Wohnung finanzieren, sondern das Jobcenter. Eine andere Mutter beschreibt die Entscheidung für die eigene Wohnung so:

"Und dann wurde mir das da alles zu viel und zu eng, und ich konnte da nicht so richtig alleine sein. Da hab´ ich mir gedacht, na ja gut, dann suchen wir uns ´ne eigene Wohnung".

Schule/Ausbildung

Betrachtet man die Veränderungen, die sich innerhalb der Schul- und Ausbildungssituation durch die Mutterschaft ergeben haben, wird deutlich, dass zwei der befragten Mütter die Schule vorzeitig verlassen haben und bisher keinen Schulabschluss erreicht haben:

"Ich musste aufhören, ich hab´ die achte Klasse noch nicht mal beendet. Na ja, auf jeden Fall musste ich die Schule komplett abbrechen, jetzt bleibt mir halt nur noch Abendschule übrig".

Die anderen drei Mütter haben zwar den Schulabschluss noch vor der Schwanger- und Mutterschaft erreicht, sind aber dennoch hinsichtlich der Ausbildung mit Schwierigkeiten konfrontiert. Eine Mutter hat eine Ausbildung zur Erzieherin oder Säuglingsschwester aufgrund der Schwangerschaft bisher nicht verwirklichen können:

"Ja, ich wollte Kindergärtnerin werden, also, ich hatte immer die Beziehung zu den Kindern und dadurch oder Säuglingsschwester wollt' ich werden. Das war dann mein Traumberuf".

Nach der Geburt des Kindes hat sie diesen Wunsch aufgegeben und kann sich eine Ausbildung wegen ihres Kindes auch gar nicht mehr vorstellen:

"Äh nicht, wirklich. Nicht mehr. Also durch das Kind jetzt und so. Also, ich weiß nicht. Nee, nicht mehr".

Eine andere Mutter hat Zweifel, ihren ursprünglichen Berufswunsch Konditorin noch verwirklichen zu können. Sie steht vor der Schwierigkeit, Berufstätigkeit und Kinderbetreuung zu vereinen und muss, um sich beruflich weiter zu entwickeln, unter Umständen wieder auf die Unterstützung der eigenen Mutter zurückgreifen:

"Mein Berufswunsch war Konditor. Ja aber, na ja klappt nicht so ganz. Ich möchte eigentlich immer noch werden. Ich will auch jetzt kucken, dass es irgendwie so ein bisschen hinhaut. Weil frühes Aufstehen, so früh kann ich den Kleinen nicht in' den Kindergarten bringen und ob das meine Mutter vielleicht macht, so. Müsst ich dann erst sehen".

Lediglich eine der befragten Mütter hat sowohl einen Schulabschluss gemacht als auch eine Ausbildung zur Pflegehelferin absolviert. Die Mutter thematisiert die Schwierigkeiten der Doppelbelastung von Ausbildung und Kindererziehung:

"Weil das halt ziemlich schwer ist, jetzt mit diesem Kind jetzte irgendwie 'ne Ausbildung zu machen oder so. Ich hab' das ja gesehen bei die drei Monate, Elisabeth wurde krank gewesen und da hab' ich Mama gefragt, ob sie mal auf die Kleine aufpassen kann, dass ich da halt nicht zu viel verliere, also halt verpasse".

Allerdings findet sie damit keine feste Arbeitsstelle, sondern lediglich einen 1-€-Job in einem Altenheim und ist darüber enttäuscht:

"Ja und dann hatt' ich das Angebot gekricht, über drei Monate den Pflegekurs zu machen, den ich dann auch gemacht habe. Und die meinten auch

von da, man hat gute Chancen irgendwo also da eine Arbeit zu bekommen. Ja das sieht man ja bei mir, dass es nich so war".

Am Ende wird sie dann gekündigt, als ihre Tochter krank ist und sie deswegen zu viele Krankheitstage hat:

"Die Elisabeth wurde krank zwischen Weihnachten und halt vor Weihnachten. So dann zwischen Weihnachten und Neujahr war ja die Kita zu, und dann hab´ ich die Grippe gekriegt, dann musst ich mich auch noch krankschreiben lassen und dann haben sie mich gekündigt und jetzt wart ich wieder".

Neue Aufgaben

Auch hinsichtlich der neuen Aufgaben wird die verstärkte Kindzentrierung deutlich. Das Kind und seine Bedürfnisse stehen im Zentrum der Aufmerksamkeit:

"Den ganzen Tag nur mein Kind".

Die Mütter müssen sich Gedanken darüber machen, welche Bedürfnisse das Kind hat und die Verantwortung für die Erfüllung übernehmen. Eine Mutter beschreibt dies folgendermaßen:

"Also, ich muss aufstehen, ich muss erst mal für ihn Essen machen und anziehen und so und dann mich. Also ganz anders. Ich muss also denken, was er braucht".

Um die Bedürfnisse des Kindes erfüllen zu können, muss eine Mutter ihre eigenen Bedürfnisse zurückstellen und auch Einschränkungen in finanzieller Hinsicht hinnehmen:

"Jetzt muss ich sparen, jetzt muss ich mich um ihn kümmern, ich will ihm auch etwas bieten können. Das ist mir sehr wichtig".

Eine Mutter empfindet die Aufgaben, die mit der Pflege und Versorgung des Kindes verbunden sind, als enorm anstrengend und belastend:

"Und dann hab´ ich erst einmal gemerkt, wie anstrengend das ist. Ich sag´ so mein Kind ist ja schon anstrengend wie zwei".

Drei Mütter haben bereits konkrete Erfahrungen mit der Pflege und Versorgung des Kindes, weil sie schon als Babysitterinnen tätig waren.

Sie empfinden die Pflege- und Versorgungsaufgaben deshalb als weniger anstrengend:

"Ich hatte ehm von Freunden viel gesehen, weil die haben auch schon Kleinkinder gehabt und da durfte ich dann auch immer aufpassen, wusst' ich schon, wie die Windel ums Kind gepackt wird, und Essen und Trinken wusst ich dann auch schon viel".

Eine der Mütter hat ebenso bereits Erfahrungen mit Babys und kleinen Kindern sammeln können und kann diese Erfahrungen aus der Kinderbetreuung auch in die Pflege und Versorgung ihres Säuglings einbringen. Jedoch differenziert sie zwischen der Kinderbetreuung und der eigenen Mutterschaft, indem sie auf die enorme Verantwortung verweist, die sie durch das eigene Kind hat:

"Ja, das wusste ich auch vorher. Also von, mein Bruder hat schon zwei Kinder und wo ich auch so in dem Alter war, habe ich auch schon gewickelt und aufgepasst auch deswegen war wickeln für mich nicht so Problem jetzt. Aber wenn das dann deine eigene ist, dann ist es mehr schwierig so".

Eine Mutter erzählt von anfänglichen Schwierigkeiten und Ängsten hinsichtlich der Pflege und Versorgung des Säuglings, von Situationen, in denen sie hilflos und zeitweise überfordert war:

"Oder das erste Mal wickeln, wo ich wieder aufstehen konnte und so. Und da hat' ich auch schon ein bisschen Angst oder da hatten 'se ja nur so 'ne Hemdchen, wo du hinten zumachen musstest, ja ich so Hilfee! Und da da der Nabel von eh ihr, die das bisschen ehm Nabelschnur war ja auch noch dranne. Da musste man das mit 'nem Alkohol wegmachen, das fand ich auch alles schlimm. Ich so Hilfee"!

Neben den völlig neuen Aufgaben der Kinderversorgung wird die parallele Schulausbildung für die folgende Mutter zur Doppelbelastung, die sie als sehr anstrengend erlebt:

"Neue Aufgaben in dem Sinne also ich hatte des Stillens, das Wickeln und Baden, also die ganz normalen Sachen, die auch jede andere Mutter hatte und dann eben dazu noch die Schule fertig zu machen. Weil ich hatte ja da zu dem Zeitpunkt noch keinen Abschluss. Und dass ist dann ein bisschen ärgerlich, weil die Schule, die macht auch Stress und denn noch den Kleinen dazu ist so ein bisschen stressig".

Partnerschaft

Beim Thema Partnerschaft wird deutlich, dass nur zwei Mütter in festen Paarbeziehungen, die anderen drei in eher als instabil zu bezeichnenden Partnerschaften leben. Eine Mutter kennt den Vater ihres Kindes nicht, da das Kind aus einem One-Night-Stand in der Disko entstanden ist:

"Weil ich ja in der Disko war und was getrunken habe, und dann, na ja, ist es halt passiert, und Papa gibt's nicht".

Sie geht dann zwar erneut eine Partnerschaft ein, aber auch diese zerbricht nach der Geburt des Kindes:

"Ja, und dann ist aber auch alles schief gegangen. Weil auch zu viel Schwierigkeiten waren und so. Dann hat er Elisabeth noch bis zu einem Jahr, hat er die dann noch begleitet und danach nicht mehr".

Ebenso in einer erst vier Monate alten, instabilen Beziehung befindet sich eine andere Mutter:

"Und davor, es war so gewesen, dass wir, ich habe eine Beziehung gewesen, die war gerade vier Monate alt gewesen in dem Zeitraum und ehm ja und da ist der Kleine eben entstanden auch. Und ja mit dem Mann hat ich dann nicht so äh also hat ich schon viel Kontakt aber ehm ja nicht so intensiv".

Diese Beziehung geht sechs Monate nach der Geburt auseinander, weil sich die Mutter durch den Partner eingeengt fühlt:

"Ich war hier gewesen, und dann sagt der Papa, du bleibst zu Hause und ich gehe. Und da hab ich gesagt nix da. Und er hat auch sehr viel mich eingeengt und da hab' ich gesagt mn, da hab' ich gesagt nach sechs Monaten nachdem der Kleine da war, äh es geht nicht mehr".

Die Partnerschaft einer anderen Mutter leidet darunter, dass der aktuelle Partner der Mutter nicht der Vater des Kindes ist, wobei die Mutter betont, dass sie froh ist, dass er dennoch bei ihr bleibt, obwohl es nicht sein Kind ist:

"Ich find's aber trotzdem schön, dass er gesagt hat, er bleibt trotzdem bei mir, er hätte ja auch sagen könne, ej pass' mal auf ich geh' jetzt".

Ein weiteres Indiz für die Instabilität der Paarbeziehung liefert folgende Begründung der jungen Mutter dafür, warum sie nicht mit ihrem Partner zusammenlebt:

"Weil die Wohnung das wär, zwei Zimmer ist halt zu klein einfach mal weil wir würden uns dann ständig auf die Nerven gehen und das ist nicht gut".

Lediglich eine Mutter beschreibt eine Intensivierung der Beziehung durch das Kind. Sie war zwar auch vor der Geburt des Kindes in ihren Partner verliebt, erlebt aber durch das Baby eine Intensivierung der Beziehung:

"Wenn du ein Baby hast, dann bist du mehr, also du willst diesen Mann mehr als früher".

Freizeit

Die Freizeit der Mütter ändert sich durch das Kind bei allen Befragten enorm. Spontan etwas zu unternehmen ist kaum noch möglich, vielmehr sind die Mütter auf die Unterstützung Anderer angewiesen, die die Betreuung übernehmen, damit sie selbst ihre Freizeit einmal ohne Kind gestalten können:

"Ja, man kann nicht sag´ ich jetzt einfach mal planen was mit einer Freundin und sagen, wir geh´n da und da hin. Man muss ja erst fragen, ob Mama halt oder jemand anders auf die Kleine aufpasst. Freizeit hab´ ich eigentlich nur, wenn sie halt dann im Kindergarten ist oder abends dann halt, wenn sie schläft".

Eine Mutter findet es schade und schwierig, dass sie immer bei dem Kind zu Hause sein muss:

"Also, es war schwer so, ich musste immer mit ihm bleiben, ich wollte rausgehen ein bisschen in Kino oder so und ich ah ich, isch war nicht, also isch musste zu Hause bleiben mit dem Baby. Also isch, sich bin jeden Tag mit ihm zu Hause".

Eine junge Mutter sehnt sich nach der ersten Zeit mit dem Baby danach, die Wohnung wieder zu verlassen. Durch das Kind ist sie jedoch eingeschränkter als früher:

"Aber dann wollte man wieder raus, musste also weil ich kam anfangs wegen dem Kleinen nicht raus. Und ich kann dem Kleinen nicht immer sagen äh geh´ mal zu Oma, damit ich dann mal rausgehen kann".

Der Mehrheit der Mütter fehlt die Zeit, etwas für sich zu tun:

"Die hat sich viel verändert. Ich hab´ kaum Freizeit. Ich hab´ überhaupt keine Freizeit, meine Freizeit verbringe ich nur mit ihm".

Eine andere Mutter äußert zu diesem Thema:

"Ja, mir fehlt so´n bisschen Zeit für mich".

Typische Aktivitäten von jugendlichen Mädchen, wie Einkaufen, Schminken, Maniküre oder Tanzen leiden unter der Mutterschaft. Eine Mutter hat zwar manchmal die Möglichkeit für ein paar Stunden allein zum Shopping zu gehen, aber selbst dann ist sie in Gedanken bei ihrem Kind und beeilt sich, wieder nach Hause zu kommen:

"Wenn ich einkaufen gehe, immer oft hektisch und immer schnell".

Eine andere Mutter erklärt:

"Also, wenn ich kein Kind eh hatte, dann ich war so, so ich hatte keine Ge- danken – wie sagt man – ich war so, so frei so. Ich hatte immer etwas für mich Zeit eh, also Maniküre machen, meine Haare schön machen. Oder schminken oder so".

Auch abends auszugehen ist mit dem Kind schwieriger geworden:

"So was wie tanzen dann eben alle drei Wochen vielleicht, vielleicht alle zwei Wochen vielleicht mal. Dass man dann mal weggeht, aber. Eigentlich so viel dann auch wieder nicht, weil dann ja der Kleine noch da ist".

Die Freizeitgestaltung orientiert sich damit weniger an den Interessen eines heranwachsenden Mädchens, sondern verstärkt an denen des Kindes:

"Weil ich dann eher mit dem Kleinen dann durch die Gegend gurke oder eben äh dann mit dem Kleinen Schwimmen gehe oder. Also es hat isch dann mehr aufs Kleine, auf den Kleinen".

Freundschaften

Die Freundschaften der jungen Mütter haben sich ebenso verändert. Lediglich bei einer der Befragten sind die Freundschaften im Wesentli- chen so geblieben wie vor der Schwangerschaft:

"Aber eigentlich ist das so, dass wir, dass meine Freundschaften trotzdem so geblieben sind, wie sie sind".

Jedoch haben die Freunde nicht immer Verständnis dafür, dass die junge Mutter heute aufgrund des Kindes weniger Zeit hat als früher:

"Manchmal sehen sie's nicht, dass ich ein Kind habe, sondern sie sagen dann, ja nun komm mal mit, komm mal mit raus. Sag' ich, nein ich hab' ein Kind, das geht doch gar nicht".

Eine andere Mutter hat sämtliche Freundschaften durch den Umzug zu ihrem Freund verloren und bisher auch keine neuen Kontakte zu Gleichaltrigen knüpfen können. Sie hat nun lediglich Kontakte zu älteren Müttern aus dem Verwandtenkreis ihres Partners, mit denen sie sich sporadisch trifft:

"Die sind ja auch schon ein bisschen älter als ich und auch alle schon, haben auch selber schon Kinder und. Aber ich geh' ab und zu zum Besuch zu denen und ja".

Dass sie nicht mehr alles mit ihren Freunden machen kann, weil sie jetzt das Kind und die damit verbundene Verantwortung hat, bedauert eine andere Befragte:

"Nicht mehr so wie früher. Bist so frei und kannst alles machen und wo du willst gehen. Aber wenn du das Baby hast, musst du immer aufpassen und mit ihm bleiben".

Die Enttäuschung darüber, durch die Geburt des Kindes Freundschaften zu verlieren, wird in der folgenden Erzählung deutlich:

"Ja aber dann haben Sie gemerkt, Jasemin ist schwanger geworden und dann haben sie, sie sind alle mal schön weggeblieben, denn Jasemin konnte ja nicht mehr in die Disko gehen".

Von ihren Freundinnen ist der jungen Mutter nur eine einzige geblieben, die heute selbst Mutter ist:

"Nee, nur eine einzige Freundin, die ich jetzt heute auch noch habe. Aber sonst niemand. Aber sonst eigentlich die anderen Freunde alle gar nicht".

Eine Mutter fühlt sich von ihren Freundinnen im Stich gelassen und ausgenützt, weil sie merkt, dass sie letztlich nicht an ihr selbst interessiert waren und sie, seitdem sie Mutter ist, nicht mehr interessant ist:

"Ehm, na ja bis man das noch nicht gesehen hat, war ich auf deutsch gesagt, gut genuch und da wo man es dann gesehen hat und ich auch nicht mehr in die Disko gehen konnte, da hab' ich's richtig gemerkt, da haben sie nicht mehr angerufen, sind nicht mehr gekommen".

9.2.4 Erhaltene private Unterstützung

Eltern/Schwiegereltern

Bei der Thematisierung der privaten Hilfs- und Unterstützungsangebote wird deutlich, dass diese überwiegend aus dem Kreis der Familie kommen:

"Das schaffen wir schon",

sagt eine Mutter zu ihrer Tochter, nachdem diese erfahren hat, dass sie schwanger ist. Und so sind die Eltern oder die Schwiegereltern regelhaft Hauptansprechpartner und unterstützen die jungen Mütter:

"Also, meine Schwiegermutter hat mich alles eh erzählt, wie soll ich machen mit dem Baby, also sie hat drei Kinder und sie weiß alles".

Sie erfährt hier Unterstützung bei Unsicherheiten hinsichtlich des Umgangs mit dem Baby und erhält Informationen über die Babypflege und -erziehung. Ebenso findet sie hier Unterstützung, wenn sie selbst einmal ohne das Kind etwas unternehmen möchte:

"Aber sie weiß wie ist, jeden Tag mit ihm zu Hause zu bleiben und ich will auch ein bisschen rausgehen oder so und manchmal bleibt auch meine Schwägerin oder meine Schwiegermutter mit ihm".

Eine junge Mutter berichtet von der Unterstützung ihres Vaters bei Behördengängen und dem Ausfüllen von Anträgen:

"Mein Papa. Also der weiß ja nun mit Ämtern schon besser Bescheid als ich, der ist mit mir da auch runter gefahren und hat alles ausgefüllt".

Eine andere Mutter war sich bereits während der Schwangerschaft sicher, dass sie mögliche schwierige Aufgaben, die sie als junge Mutter haben wird, mit der Unterstützung aus der Familie, auf die sie zurückgreifen kann, besser bewältigen können wird:

"Also mir war bewusst, dass das hart werden würde, aber mir war auch bewusst, dass ich einfach mal Leute hinter mir steh'n habe".

Außerhalb der Kernfamilie erwähnt eine Mutter auch die Unterstützung einer Tante:

"Und sonst, meine Tante unterstützt mich ganz viel. Und in vielerlei Hinsicht. Die nimmt auch manchmal, dass sie dann sagen, wir geh'n jetzt mit dem Kleinen zum Zoo oder so".

Bei einer anderen jungen Mutter übernimmt auch ihre Oma die Betreuung des Säuglings. Die Mutter scheint diese Betreuungsmöglichkeit als große Entlastung zu empfinden und äußerst:

"Meine Oma könnte die wirklich die ersten zwei Jahre nur nehmen".

Partner

Im Gegensatz zur Familie fällt die Unterstützung der jeweiligen Partner weniger intensiv aus. Eine Mutter berichtet, dass ihr Partner sie vor allem während der Schwangerschaft sehr verwöhnt habe:

"Er wollte mir alles kaufen. Vitamine und äh Babyöl und für den Bauch so alles. Und er hat mich immer gefragt in der Schwangerschaft hat er misch gefragt, was willst du essen? Was soll ich für dich tun"?

Mit der Zeit hat ihr Partner aber zunehmend das Interesse und die Lust verloren, und so übernimmt sie heute die Aufgaben hinsichtlich der Kindesversorgung weitgehend allein:

"Aber jetzt nicht mehr. Nur wenn ich schwanger bin".

Eine andere Mutter wird von dem Partner, den sie im Lauf der Schwangerschaft neu kennen gelernt hat, unterstützt:

"Dann war ich im 6. oder 7. Monat schwanger, da hab' ich schon jemand neuen kennen gelernt, und der hat mich dann soweit unterstützt die Rest der Schwangerschaft".

Sie erlebt seine Anwesendheit als sehr bereichernd und unterstützend:

"Mein Ex-Freund ist ja auch dageblieben, er durfte im Krankenhaus ja übernachten. Da war er drei oder vier Tage, hat er mit mir da im Krankenhaus verbracht. Ja, weil ich ja noch so erschöpft war, ich konnt' ja nicht aufstehen, gar nichts. Da hat er mir die Kleine immer an die Brust gelegt und so. War richtig schön, also".

Als die Beziehung dann zerbricht, fällt diese Unterstützung weg und die Befragte ist darüber sehr enttäuscht:

"Ja und dann hab´ ich ja gedacht, weil ich ja dann mich neu verliebt hatte, dass es denn vielleicht klappt. Ja, man soll da nicht denken. Es ist halt schade, dass es auseinander gegangen ist".

Die Hauptlast hinsichtlich der Kinderversorgung liegt bei einer anderen Mutter, die sich bereits vom Kindesvater getrennt hat, bei ihr selbst. Der Vater kümmert sich einmal in der Woche um das Kind:

"Er kommt jetzt jede Woche einmal und dann schläft der Kleine bei ihm und dann geht er wieder zusammen, bringt den Kleinen in´ den Kindergarten und dann bin ich wieder da".

Dennoch würde sich die junge Mutter wünschen, dass der Ex-Partner sich öfter engagiert und sie stärker entlastet:

"Und beim Papa geht´s auch nicht, dass der Kleine öfters zum Papa geht, aber. Na ja".

Der Partner einer anderen Mutter engagiert sich hinsichtlich der Pflege, Versorgung und Erziehung des Kindes überhaupt nicht. Die junge Mutter rechtfertigt dies damit, dass er nicht der leibliche Vater des Kindes ist:

"Ich hab´ auch zu ihm gesagt, wo er nichts getan hat und so, ich kann´s irgendwo verstehen, dass ist einfach nicht sein Fleisch und Blut. Wär´ das wirklich seine Tochter, er hätt´s gemacht, sag ich ihnen ganz ehrlich".

Und auch die folgende Aussage einer anderen Mutter macht deutlich, dass sie nur sporadisch auf die Hilfe ihres Partners zurückgreifen kann:

"Wenn ich mal einkaufen gehe oder so, Sachen für mich, dann lasse ich ihn kurz bei meinem Freund, aber auch nicht länger als jetzt zweieinhalb Stunden oder so".

9.2.5 Inanspruchnahme professioneller Hilfsangebote

Frauenarzt

Alle befragten Mütter erhalten von Beginn der Schwangerschaft an kontinuierliche Betreuung durch einen Frauenarzt. Sie besuchen die üblichen Vorsorgeuntersuchungen, bekommen allerdings keine weitere Beratung, Adressen oder Hilfsangebote aufgrund ihrer Minderjährigkeit und jungen Mutterschaft:

"Da hatte sie mir gar nichts gesagt, sie hat nur gesagt, dass ich dann zu dem nächsten Termin kommen muss, weil ich ja schon extrem weit war".

Eine Mutter erhält Informationen von der Frauenärztin nur auf konkretes Nachfragen, das heißt, die Frauenärztin informiert sie nicht von selbst, sondern gibt lediglich Antworten auf die Fragen, die ihr gestellt werden. Wenn die junge Mutter also nicht selbst die Initiative ergreift, erhält sie nur die Routinekontrolle, jedoch keine weiteren Informationen:

"Und also, wenn ich was frage, also nur sie hat mich gehelfen, wenn ich nicht frage, dann nix".

Auch eine andere Mutter erhält keine weitergehenden Informationen über Beratungsstellen oder andere Anlaufstellen und Möglichkeiten, sondern wird beim Frauenarzt lediglich darauf angesprochen, ob sie sich nicht zu jung für eine Mutterschaft hält. Vom Frauenarzt bekommt diese Mutter statt weiterführender Hilfe nur folgenden vorwurfsvollen Kommentar:

"Nee, nee also die haben mir nichts angebotet oder so aber die meinten schon zu mir, ach findest du nicht, dass das zu jung ist und so".

Sie hätte sich mehr Unterstützung gewünscht und Hilfe gerne angenommen, gibt eine andere junge Mutter an und hätte sich über Kontaktadressen von Seiten der Frauenärztin gefreut:

"Ja, manchmal war das echt schon viel so mit den ganzen Sachen. Hilfe wäre da auch gut gewesen. Man weiß da ja am Anfang so nichts".

Da sie jedoch keine Hilfe von professioneller Seite erhält, ist die junge Mutter gezwungen, Eigeninitiative zu ergreifen und besorgt sich alle für sie wichtigen Informationen selbst:

"Aber ehm sonst habe ich alles auch selber mir rausgesucht und selber gemacht. Das war viel zu tun".

Hebamme

Auffallend ist, dass von den fünf befragten Müttern nur eine Mutter einen Geburtsvorbereitungskurs belegt hat. Nur zwei Mütter hatten nach der Geburt Hebammenbetreuung zu Hause. Alle anderen genossen nur während der Entbindung im Krankenhaus die Begleitung durch die Hebamme:

> *"Ich hab' sie nur bei der Entbindung gesehen und dann nicht mehr. Sie kam dann nicht mehr nachher zu mir oder nee".*

Die Kindesmütter, die keine Hebamme in Anspruch genommen haben, waren weder darüber informiert, dass es die Leistung der ambulanten Hebammenbetreuung überhaupt gibt, noch darüber, dass die Krankenkasse die Kosten dafür übernimmt.

Die beiden Mütter, die Hebammenhilfe genossen haben, haben die Begleitung durch die Hebamme als unterstützend erlebt:

> *"Alles also. Sie hat mich viel gezeigt und so. Das war gut".*

Die Hebamme unterstützt die Mütter bei Unsicherheiten und Problemen hinsichtlich des Stillens und berät die jungen Frauen in Bezug auf die Pflege und Versorgung des kleinen Säuglings:

> *"Nach der Geburt kam sie drei Wochen. Sie hat mir auch gezeigt, wie ich mich besser entspannen kann. Auch also in der Schwangerschaft wie, was ich, was ich machen soll, was für's Kind gut ist und was für mich dann gut ist. Ja das war, das war eine Hilfe auch. Sie hat richtig gute Tipps gegeben".*

Jugendamt

Vier der Befragten haben Kontakte zum Jugendamt, weil sie minderjährig und unverheiratet sind und ihr Kind deswegen unter gesetzlicher Amtsvormundschaft steht. Hier werden die Mütter über rechtlich Schritte aufgeklärt, die hinsichtlich der Vaterschaft, dem Sorgerecht und der Zahlung von Unterhalt von Bedeutung sind. Eine Mutter ist froh, dass sie die Beratung zu diesen Themen beim Jugendamt erhält:

> *"Ich sag' so ist ja schön, dass man das auch mal erfährt und so".*

Andere Mütter fühlen sich aber weniger gut beraten und sind unzufrieden mit dem Angebot der Vormundschaftsstelle:

"Die bei der Vormundschaft haben mich da nicht so beraten, die hatten das nicht so, die hat das nicht so gehabt. Da war ich nur so da, aber beraten haben die da nicht".

Eine andere Mutter fühlt sich ebenso wenig beraten. Sie erhält dort ihrer Meinung nach keine für sie wertvolle Beratung, ebenso wenig hat sie beim Jugendamt Informationen zu weiteren Angeboten oder Kontaktadressen erhalten. Andererseits ist sie aber froh, dort keine Vorwürfe aufgrund ihrer jungen Mutterschaft bekommen zu haben:

"Keine wirkliche Beratung, jetzt. Oder so, dass die mir sagen zu jung. Die haben mir gar nicht zu jung erwähnt. Für die war das irgendwie ok".

Die Mutter, die zwar noch minderjährig, aber bereits verheiratet ist und damit nicht unter gesetzlicher Amtsvormundschaft steht, hat keinerlei Kontakte zum Jugendamt, weder vor noch nach der Geburt. Sie kennt die Institution Jugendamt und damit verbundene Angebote überhaupt nicht, weiß nicht, was das Jugendamt ist und hat dahingehend keinerlei Informationen erhalten:

"Was ist Jugendamt"?

Kinder- und Jugendgesundheitsdienst

Alle Befragten hatten Kontakt zum Kinder- und Jugendgesundheitsdienst, da dieser Kontakt für minderjährige Mütter im Bezirk Neukölln bis zum Erreichen der Volljährigkeit verpflichtend ist.

Die Beratung und Betreuung durch den Kinder- und Jugendgesundheitsdienst wird überwiegend als große Unterstützung und hilfreich erlebt:

"Da hab' ich Beratung bekommen. Das war gut".

Hier werden die jungen Mütter im Rahmen der rechtlichen Beratung hinsichtlich der Vaterschaft und dem Sorgerecht aufgeklärt und über ihre Ansprüche bezüglich Kindergeld, Erziehungsgeld und Unterhaltsvorschuss informiert. Darüber hinaus können hier auch notwendige Vorsorgeuntersuchungen durchgeführt werden, falls das Kind noch nicht krankenversichert ist. Eine Mutter beschreibt ihre Erfahrungen mit dem Kinder- und Jugendgesundheitsdienst wie folgt:

"Da bin ich halt gleich hingegangen, und da hab´ ich mich auch gleich wohlgefühlt. Da bin ich auch gerne hingegangen".

Eine andere Mutter äußert sich zur Beratung im Kinder- und Jugendgesundheitsdienst so:

"Ja, weil Frau F. gibt einen auch wertvolle Tipps und kann einem auch immer wertvoll weiterhelfen. Weil mit der Frau vom Jugendamt kam ich nicht so wirklich klar".

Lediglich eine Mutter versteht nicht, wieso sie ihr Kind regelmäßig im Kinder- und Jugendgesundheitsdienst vorstellen muss und empfindet diese Beratung als lästige Verpflichtung:

"Ich hab´ mich immer gefragt, warum muss ich gehen, ich hab´ keine Lust und so".

Eine andere Mutter würde die Beratung beim Kinder- und Jugendgesundheitsdienst auch anderen Mädchen empfehlen, die jung Mutter werden:

"Ich würde ihr empfehlen, wenn das Kind schon da ist, zum so Gesundheitsdienst zu gehen. Und dann dort zu reden, ganz viel zu reden. Weil die können ganz viel helfen. Egal in was für Hinsichten. Ob das Ärger, ob das Stress mit dem Freund oder Partner ist oder ob das mit dem Amt Stress gab, die können das wirklich ganz gut, und man kann mit denen auch ganz gut toll reden".

Weitere Beratungsstellen

Drei der befragten Mütter haben während der Schwangerschaft und auch nach der Geburt keinen Kontakt zu weiteren Beratungsstellen für Schwangere oder Mütter. Das bedeutet, dass diese Mütter außerhalb von den verpflichtenden Angeboten beim Jugendamt und Kinder- und Jugendgesundheitsdienst keine weitere professionelle Beratung in Anspruch genommen haben.

Den Kontakt zu einer Beratungsstelle sucht eine der befragten Mütter während ihrer Schwangerschaft deshalb, weil sie erfahren möchte, ob ihr das Kind aufgrund ihrer Minderjährigkeit nach der Geburt weggenommen werden kann. Nachdem ihr diese Angst von Seiten der Beratungsstelle genommen werden konnte, hält die junge Mutter keine weitere Beratung mehr für sich und ihr Kind erforderlich. Sie äußert sich dazu wie folgt:

> *"Meine Sorge war halt, wie gesagt, dass sie mir das Kind wegnehmen aufgrund dessen, weil ich noch minderjährig bin und die dann zu mir gesagt haben, von wegen Frau X, da brauchen sie sich gar keinen Kopf machen, erst mal brauchen sie klare Beweise ich glaube nicht, das sie ihr Kind schlagen, misshandeln oder verrecken lassen und das war ja auch nicht der Fall. Von daher braucht ich mir ja keine Sorgen machen. Aber dann bin ich da nicht mehr hin".*

Eine andere Mutter sucht eigeninitiativ eine Beratungsstelle der Caritas auf und möchte einen Antrag auf Hilfe von der Stiftung `Mutter und Kind´ stellen. Nachdem sie alle Unterlagen eingereicht hat, hört sie jedoch von dieser Stelle nichts mehr:

> *"Äh ja hatte ich, ich hatte bei der Caritas versucht, aber Caritas wollte gleich ´n ehm wie heißt das, ehm ´n von Jobcenter so´n Bericht haben, und den hatte ich zu dem Zeitpunkt noch nicht, weil ich ja noch schwanger war, und da hatte sie gesagt, ja dann schicken sie den bitte nach der Geburt. Nach der Geburt habe ich den hingeschickt, aber sie hatte mir dann auch nichts wieder zurückgeschickt, und ich warte sozusagen noch da drauf".*

Beratungsstelle speziell für junge Mütter

Keine der jungen Mütter hat eine Beratungsstelle besucht, die speziell Beratung für junge Mütter und deren besondere Lebenssituation anbietet. Die jungen Mütter äußern mehrheitlich, dass sie eine solche Beratungsstelle nicht kennen würden und bisher von einem derartigen Angebot nichts haben in Erfahrung bringen können und sie auch dahingehend keine Empfehlung erhalten haben:

> *"Also, isch wüsste nicht, dass ehm also, dass eine Beratungsstelle für junge Mütter ist oder so was".*

Eine andere Mutter bestätigt:

> *"Ach nee. So, so was hab´ ich, hab´ ich noch nicht gehört, dass es so was gibt".*

Eine Mutter erachtet eine Beratungsstelle für junge Mütter als notwendig, bei der den jungen Müttern beispielsweise Dinge im Umgang mit dem Kind gezeigt und weitere Hilfe angeboten wird. Sie erachtet eine solche Beratung, Betreuung und Begleitung vor allem für diejenigen jungen Mütter als wichtig und sinnvoll, die keine Unterstützung durch ihre Familie erhalten:

"Also, ich denke auch so eine Betreuung für junge Mutter und ehm also dass ehm zeigen und helfen. Also, sie weiß nicht, wie eine Baby rauskommt oder so was und sie brauchen Hilfe, also, sie müssen bei einer Beratung für Mutter gehen. Sie brauchen das. Aber ich hatte Glück mit meiner Schwiegermutter, weil wenn de jemand niemand hat, also sie brauchen unbedingt diese Beratung".

Eine andere Mutter hätte selbst gerne eine Beratungsstelle für junge Mütter besucht:

"Ja, das, das hätte ich auch gemacht. Das, das wär dann schön gewesen. Dann wäre man nicht so allein gewesen den Anfang. Und hätte mal da noch die Beratung gekricht schon vorher bevor der Kleine dann da war".

Eine andere Mutter hätte ein solches Angebot gerne angenommen, um mit jemandem reden zu können:

"Ja, mal mit andere reden und so. Das wäre schon gut gewesen".

Jedoch gibt es auch eine Mutter, die an einer speziellen Beratung für junge Mütter überhaupt kein Interesse zeigt:

"Nee, das hat ich ja alles durch meine Eltern. Also, ich ich sag' Ihnen auch ganz ehrlich, ich hätt' mich da auch nirgendwo hingesetzt und mich beraten lassen, weil das wusst' ich alles vorher alles".

Bücher/Zeitschriften

Drei der Befragten ergreifen Eigeninitiative und informieren sich in Büchern selbst darüber, wie sich das Baby im Mutterleib entwickelt, wie es heranwächst und sind neugierig darauf, was in ihrem Bauch passiert:

"Und ich hatte immer Bücher gelernt und gekuckt, wie ein Baby aussieht im Bauch und was der dort macht und wie isst er in meinem Bauch und so".

Eine andere Mutter verschafft sich Wissen und Informationen über die Entwicklung ihres Kindes in Büchern und Zeitschriften:

"Ich hatte viel dann auch in Büchern. Und da konnt ich reinkucken, wie ich, wie was jetzt ansteht, was er, was er jetzt lernt, wie wo was hingeht".

Mutter-Kind-Gruppe

Keine der befragten Mütter hat seit der Geburt des Kindes eine Mutter-Kind-Gruppe besucht. Lediglich eine Mutter plant nach einer Empfehlung durch den Kinder- und Jugendgesundheitsdienst den Besuch einer Gruppe. Eine Mutter kannte dieses Angebot nicht:

"Ich wusste gar nicht, dass es so was gibt. Nee."

Babyschwimmen

Ebenso wie bei der Frage nach dem Besuch einer Mutter-Kind-Gruppe hatte auch keine Mutter ein Angebot zum Babyschwimmen in Anspruch genommen. Eine Mutter wusste nicht einmal, dass es ein derartiges Angebot überhaupt gibt:

"Babyschwimmen kenn ich gar nicht".

Eine andere Mutter kannte zwar das Angebot, traute sich aber nicht hinzugehen, weil sie dachte, ihr Baby sei noch zu klein. Sie wollte erst gehen, wenn das Kind größer und älter ist.

Und wiederum bei einer anderen Befragten scheitert der Besuch des Babyschwimmens aus finanziellen Gründen, sie kann sich dieses Angebot aufgrund der hohen Preise nicht leisten:

"Ich war mit ihr beim Babyschwimmen, und dann haben sie mir die Preise gesagt, und da war mir ganz schlecht".

Vergünstigte Angebote gab es aber nicht, und so mussten sie und ihr Kind auf diese Erfahrung verzichten:

"Ja, und dann hab' ich nachgerechnet immer, ob ich das ob ich das mir finanzieren könnte und dann hab' ich mir das ausgerechnet. Hat aber nicht geklappt, es war zu teuer".

Kindergarten

Zwei der befragten Mütter nehmen derzeit bereits die Möglichkeit der Kinderbetreuung im Kindergarten in Anspruch. Alle anderen Mütter möchten ihre Kinder anmelden. Ein Argument für die Entscheidung zum Kindergarten ist der Wunsch, endlich wieder mehr Zeit für sich selbst zu haben:

"Ich brauch meine Ruhe. Ja doch, soll er gehen".

Eine Mutter verbindet mit dem Kindergarten, neben dem Faktor, mehr Zeit für sich selbst zu haben, die Hoffnung, dann möglicherweise die Schule nachholen zu können:

"Das ist besser, damit ich dann halt gewisse Zeiten habe, wo ich mich noch mal hinlegen kann oder noch mal was machen kann oder da wird' ich dann die Schule machen".

Eine andere Mutter erhofft sich von dem Besuch in einer Kindereinrichtung, dass ihr Kind dort erzogen wird:

"Er lernt dort auch viel, und Benehmen lernt er auch. Das Benehmen. Die meisten Kinder heute wissen kein Benehmen jetzt. Ehrlich jetzt. Die machen, was die wollen. Wenn man denen was sagt, mach das nicht. Sie machen's trotzdem. Es nützt nicht. Und deswegen Kindergarten, vielleicht lernen die da".

9.2.6 Kontakte zu anderen jungen Müttern

Drei der Befragten haben Kontakte zu anderen jungen Müttern, die zu ihrem Freundeskreis gehören und die sie bereits von früher kennen:

"Meine Freundin, die hat auch ein Mulatten – Kind. Und da 'drüber auch wieder 'ne Freundin, die hat auch ein Kind, ein Mulatten – Kind. Aber das sind alles alte Freunde von vorher".

Zwei der Befragten haben lediglich Kontakte zu anderen Müttern aus Verwandtschaftskreisen:

"In meiner Familie würd' ich sagen, gibt's auch viele junge Mütter. Dadurch habe ich auch viele Mütter kennen gelernt".

Eine dieser Mütter hätte sich gerne mehr Kontakt zu Müttern außerhalb der Familie gewünscht:

"Nein, also isch, hatte isch nicht. Ich habe mir oft gewünscht so mit andere zu reden oder spazieren gehen so, aber isch habe eh nicht gekannt jemand".

Alle Befragten haben damit Kontakt zu anderen jungen Müttern – allerdings kommen diese Mütter alle aus der Verwandtschaft oder dem früheren Freundeskreis der Befragten, das heißt, es sind seit der Geburt des Kindes keine neuen Kontakte zu anderen jungen Mädchen entstanden, die auch bereits Mutter sind.

9.2.7 Konfrontation mit Vorurteilen

Drei der befragten Mütter thematisieren im Verlauf des Interviews die Konfrontation mit Vorurteilen oder erwehren sich gegen die Vorurteile, die minderjährigen Müttern entgegengebracht werden:

"Weil bei uns junge Mütter wir kriegen immer so Vorurteile ab, wir sind, wir können für unsere Kinder nicht sorgen, wir, wir sind doch selber noch Kinder und hier und da und hast du nicht geseh´n. Komisch. Es ist nur ich hab´ noch nicht einmal im Fernsehn gesehen, dass eine unter 18-jährige Mama ihr Kind misshandelt, geschlagen, ermordet, (...) hat, es sind immer die Älteren, aber uns junge Mütter müssen sie ankacken. Das ist doch immer so. Dann sag´ ich denen auch, das ist doch so, das sind alles 34 und älter, die ihre Kinder misshandeln".

Die Meinung, dass man als Minderjährige bereits sehr verantwortungsbewusst und reif sein kann, vertritt eine andere junge Mutter. Als Beispiel betrachtet sie ihre Schwägerin, ebenfalls eine minderjährige Mutter, die sie durchaus wie eine 19- oder 20-Jährige empfindet, weil sie mit dem Baby umgehen kann und nicht völlig ahnungslos ist, wie es ihrer Meinung nach jungen Müttern unterstellt wird:

"Also, ich finde, sie ist auch wie 19 oder 20, also nicht so sie ist junge Mutter und weiß gar nichts oder so was".

Eine andere Mutter wird sowohl von Ärzten als auch in der Öffentlichkeit häufig aufgrund ihrer Schwangerschaft und ihres Alters angesprochen. Sie ist damit konfrontiert, dass andere sie für zu jung halten, um ein Kind zu erziehen und ihr das auch sagen:

"Und alle meinten, ich bin zu jung so".

Sie selbst reagiert darauf mit einer Verteidigungs- bis Trotzhaltung:

"Ich meinte nee, wieso? Ich komm schon zurecht irgendwie".

9.2.8 Besondere Belastungen

Neben den bereits thematisierten Belastungen und neuen Aufgaben, die die Mutterschaft im Jugendalter mit sich bringt, nennen drei der Mütter weitere Belastungen, mit denen sie im Zusammenhang mit der Mutterschaft konfrontiert waren:

Eine Mutter musste sich damit auseinandersetzen, dass das Kind dem Vater vor allem den Aufenthalt in Deutschland sichert und der damit verbundenen kränkenden Vermutung, dass dies der einzige Beweggrund für die Beziehung mit ihr und die Freude über die Vaterschaft gewesen ist:

"Papa war glücklich, weil er hat den Aufenthalt ja nur gesehen, weil er hatte keinen Aufenthalt gehabt und ehm ja".

Die ungeklärte Vaterschaft belastet eine andere junge Mutter, denn es kamen für ihr Kind grundsätzlich zwei Väter in Frage. Als sich nach einem Vaterschaftstest herausstellt, dass ihr derzeitiger Freund nicht der Vater ist, vermutet die Mutter, dass dieser die Röhrchen mit dem Testmaterial vertauscht hat, weil er Angst hatte, der Vater zu sein:

"Dass er den Test einfach manipuliert hat, damit er nicht der Vater ist".

Der Grund für die Manipulation liegt für sie darin begründet, dass ihr Partner keinen Unterhalt zahlen möchte. Der Mutter selbst geht es in erster Linie jedoch nicht um finanzielle Absicherung, sondern um einen Vater für ihr Kind:

"Er wollt damals nicht wegen Unterhalt. Ich sag´ auf deinen Unterhalt kann ich scheißen, ich brauch dein Geld nicht. Für die 154 € kann ich meinem Kind auch keinen Vater kaufen".

Wiederum eine andere Mutter schildert ihre Auseinandersetzung damit, alleinerziehend zu sein und alle Aufgaben rund um die Pflege, Versorgung und Erziehung des Kindes völlig alleine bewältigen zu müssen:

"Ja und jetzt soweit, jetzt bin ich wieder alleine und muss alles alleine machen ehm das ist ehm nicht immer halt so einfach".

Zu der Belastung, alleinerziehend zu sein, kommt bei dieser Mutter die Tatsache, dass sie den Vater des Kindes noch nicht einmal selbst kennt und ihn auch ihrer Tochter nicht vorstellen kann, weil die Schwangerschaft das Ergebnis eines One-Night-Stands ist:

"Ist halt schade, dass dass sie halt nicht ihren eigenen Papa kennt und so. Ich ja auch nicht, aber na ja".

9.2.9 Zukunftsvorstellungen

Schule/Arbeit

Die Wünsche für die Zukunft tangieren vor allem die Themenfelder Schule beziehungsweise Arbeit, Partnerschaft und Kinder und die Wohnsituation.

Deutlich wird, dass sich die Mütter neben der Kindererziehung auch Erfolg im Beruf wünschen:

"Ich will eine, ich will nicht zu Hause bleiben, die ganze Zeit mit Kinder und so. Isch will arbeiten gehen".

Eine Mutter würde gerne im Altenbereich tätig werden, weil sie dafür auch die Qualifikation besitzt, sieht aber aufgrund eigener Erfahrungen die Problematik, dass es schwierig werden wird, die Arbeitszeiten mit den Kindergartenzeiten der Tochter zu vereinbaren:

"Im Altersheim oder so. Aber das ist auch doof, da muss man so früh aufstehen, die Kleine dann so früh in den Kindergarten bringen und das möcht' ich auch nicht wirklich".

Deutlich wird auch, dass die Mütter durchweg kompromissbereit sind, was die Ausbildungsrichtung oder Tätigkeit angeht. Um nicht nur mit den Kindern zu Hause bleiben zu müssen, wäre es letztlich nahezu zweitrangig, was sie machen:

"Also, ich wollte eine Ausbildung machen oder so was oder Frisör machen oder ist egal was, Kassiererin oder so was".

Eine Mutter zweifelt daran, überhaupt noch irgendeine reelle Chance auf dem Arbeitsmarkt zu haben:

"Mir wär´s im Moment wär´s mir wirklich egal, was ich mache, weil ehm ich hab´ einfach mal so viel verbaut jetzt dass ich keinen Abschluss gemacht habe".

Dennoch würde sie gerne die Schule beenden oder eine Ausbildung machen, um nicht dauerhaft von den Leistungen nach SGB II abhängig zu sein:

"Das auf jeden Fall, also eins von beiden muss ich machen. Da kann kommen was will, ich hab´ keine Lust vom Sozialamt weiter zu leben".

Auch eine andere Mutter möchte auf jeden Fall arbeiten, unabhängig davon was:

"Und Arbeit. Auf jeden Fall arbeiten, irgendwie was".

Die Wahl der Arbeit rückt aufgrund der antizipierten und tatsächlich erfahrenen mangelnden Chancen in den Hintergrund. Was zählt, ist dann letztlich nur, überhaupt irgendeine Arbeit zu bekommen.

Wohnsituation

Eine junge Mutter möchte gerne ohne ihre Schwiegermutter sein und am liebsten mit ihrem Mann und dem Kind alleine in einer eigenen Wohnung leben. Sie äußert dies im Flüsterton mit Blick auf das Aufnahmegerät:

"Ohne meine Schwiegermutter. Also nur ich alleine mit meinem Mann, mit meine Kinder. Nicht mit meine Schwiegermutter".

Darüber hinaus sehnt sie sich nach einem Rückzugsort fernab der Großfamilie:

"Manchmal man braucht so alleine bleiben mit dein Mann und deine Kinder und ruhig bleiben und so – wie sagt man – nicht so viele sein".

Eine andere Mutter träumt davon, aus Berlin wegzugehen, sie möchte Neues entdecken und die Welt kennen lernen:

"Aber ich will einfach mal, ich weiß nicht, ich bin siebzehn Jahre wohn´ ich jetzt hier und irgendwann ist auch mal gut, weil mich interessiert das hier alles gar nicht das ist alles immer dasselbe. Man sieht immer dieselbe Straße immer dieselben Leute. Immer. Das ist hmmm. Das muss nicht sein. Hier ist alles so trist. So langweilig".

Kinder

Bei den Wünschen für die Zukunft wird hinsichtlich der weiteren Familienplanung deutlich, dass weitere Kinder durchaus vorstellbar sind, dies aber auf später verschoben wird.

Eine Mutter kann sich langfristig noch ein oder zwei Kinder vorstellen, möchte aber erst beruflich Fuß fassen:

"Ich hab´ gleich mit der Pille wieder angefangen. Dass mir das bloß nicht noch mal passiert, dass ich noch mal schwanger werde. Weil ich will ja auch noch Ausbildung dann demnächst jetzt machen".

Ebenso wünscht sich eine andere Mutter zwar auch weitere Kinder. Sie möchte die Kinder aber erst in drei oder vier Jahren bekommen, weil sie jetzt mit ihrem Kind so viel zu tun hat und mit der Betreuung des Kindes jetzt bereits an ihre Grenzen kommt:

"Später. Aber so jetzt nee. Das würd´ ich nicht schaffen. Weil wie gesagt, mein Kind ist unglaublich. Ich hab´ so ein unruhiges Kind noch nicht gesehen".

Partnerschaft

Die beiden Mütter, die derzeit nicht in einer Partnerschaft leben, äußern den Wunsch nach einer stabilen Partnerschaft. Dabei ist es ihnen auch wichtig, einen Partner zu finden, der auch ihr Kind akzeptiert und sie unterstützt:

"Den richtigen Partner finden. Der auch den Kleinen richtig akzeptiert".

Eine weitere Mutter, die in einer Paarbeziehung lebt, äußert den Wunsch, demnächst heiraten zu wollen:

"Und dann meinen Mann irgendwann noch heiraten hoff´ ich doch, dass wir das endlich mal gebacken kriegen".

9.3 Interpretation und Schlussfolgerungen

Dass die Schwangerschaft im Jugendalter weder ein normales noch immer ein erwünschtes Ereignis ist, zeigen die Reaktionen der jungen Mädchen auf die Schwangerschaft. Alle Befragten sind bis auf eine

Mutter geschockt darüber, dass sie so jung Mutter werden. Auch wenn vielleicht etwas Freude über das heranwachsende Leben aufkommt, so bricht für die meisten jungen Mädchen erst einmal eine Welt zusammen. Dies zeigt sich auch daran, dass zwei Mädchen zuallererst an Abtreibung denken, enttäuscht sind, als es dafür schon zu spät ist, und eine Mutter sogar eine Adoption in Erwägung zieht.

Durch die Mutterschaft verändert sich das Leben der Mädchen erheblich. Vor allem hinsichtlich der eigenen Entwicklung müssen die jungen Mütter Einbußen hinnehmen. Durch die Verantwortung für das Kind müssen sie eigene Interessen zurücknehmen, die jugendtypische Ich-Zentrierung zugunsten des Kindes aufgeben. Die meisten Mütter erleben sich durch das Kind erwachsener, reifer, gewissenhafter und ernster. Allerdings beklagt eine Mutter auch die Einschränkungen hinsichtlich ihrer persönlichen Entwicklung, die sich heute wegen des Kindes anders gestaltet, als sie selbst sich das gewünscht hätte.

Auch bezüglich der neuen Aufgaben, die mit der Mutterschaft einhergehen, äußern die Mütter eine zunehmende Kindzentrierung. Die Übernahme von Verantwortung für die Bedürfnisse des Kindes impliziert die Rücknahme eigener Bedürfnisse und hat Einschränkungen für die jungen Mütter zur Folge. Neben fehlender Zeit für sich selbst und für die eigenen jugendtypischen Interessen werden zudem Einschränkungen in finanzieller Hinsicht thematisiert.

Einige Mütter haben hinsichtlich der Pflege und Versorgung von Säuglingen bereits Erfahrungen durch Babysitting gesammelt. Die Pflege und Versorgung des Kindes sind aus ihrer Sicht deshalb für sie nichts Neues und kein Problem. Die überwiegende Mehrheit der Mütter schätzt ihre Fähigkeiten diesbezüglich sehr hoch ein. Dies zeigt jedoch einen Mangel an realistischer Einschätzung hinsichtlich der tatsächlichen Verantwortung und suggeriert, dass jeder ein Kind großziehen kann und damit keine besonderen Mühen verbunden sind. Nur eine einzige Mutter thematisiert den Unterschied zwischen Babysitting und der eigenen Mutterschaft und erkennt die langfristige Verantwortung, die tagtäglich auf ihr lastet. Eine andere Mutter thematisiert im Themenbereich der neuen Aufgaben die Doppelbelastung, zum einen für die Pflege und Erziehung verantwortlich zu sein und sich andererseits auch um die eigene schulische Entwicklung kümmern zu müssen.

Angesichts der enormen Belastungen, die mit den neuen Aufgaben durch das Kind verbunden sind, verschieben die Mütter die weitere Familienplanung auf später, um erst einmal noch Zeit zu haben, den Schulabschluss nachzuholen oder eine Ausbildung zu absolvieren und sich selbst noch entwickeln zu können. Eine junge Mutter erwähnt in diesem Zusammenhang, dass sie mit diesem einen Kind schon an ihre Grenzen stößt und sich erst einmal keine weiteren Kinder wünscht.

Die Mütter, die wegen der Schwangerschaft in eine eigene Wohnung gezogen sind, haben neben den Pflichten der Kinderversorgung nun auch einen eigenen Haushalt zu organisieren, und die Mütter, die bei den Eltern oder Schwiegereltern leben, müssen sich mit dem Leben in der Gemeinschaft arrangieren und haben nur wenig Privatsphäre. Zwar können sie unter Umständen auf mehr Unterstützung von Seiten der Familie zurückgreifen, sie müssen sich andererseits aber stärker anpassen. Sie bleiben also irgendwie noch das Kind und sind gleichzeitig aber schon selbst Mutter. Eine Mutter thematisiert diese Problematik und wünscht sich für ihre Zukunft nichts sehnlicher, als mit ihrem Mann und dem Kind in eine eigene Wohnung ziehen zu können und damit dem Einfluss der Großfamilie und der Schwiegermutter – obwohl sie von dieser am meisten unterstützt wird – zu entkommen.

Vor allem im Bereich der Schul- und Berufsausbildung treten durch die Mutterschaft enorme Veränderungen auf. So verlassen die Mütter entweder die Schule vorzeitig ohne jeglichen Abschluss oder sie müssen – wenn sie denn einen Abschluss haben – Einschränkungen im Ausbildungs- und Berufsleben hinnehmen. So geben einige Mütter ihren einstigen Berufswunsch zugunsten der Kindererziehung völlig auf oder modifizieren ihn, damit er sich mit dem Muttersein vereinbaren lässt. Eine Mutter, die bereits eine Ausbildung absolviert hat, muss sich den harten Bedingungen des Arbeitsmarktes stellen. Sie hat Mühe, eine Arbeitsstelle zu finden und beurteilt es als sehr schwierig, die Doppelbelastung von Arbeit und Mutterschaft zu bewältigen. Ihre Enttäuschung darüber, auf dem Arbeitsmarkt so schlechte Chancen zu haben, findet den Höhepunkt, als sie in ihrer neuen Stelle gekündigt wird, weil sie zu viele Krankheitstage wegen ihres Kindes hat. Deutlich wird bei allen Befragten, dass sie sich grundsätzlich neben der Mutterschaft auch Erfolg im Berufsleben wünschen. Dabei sind die jungen Mütter – nicht zuletzt aufgrund bereits gemachter Erfahrungen – durchweg kompromissbereit hinsichtlich der Ausbildungsrichtung und tatsächlichen Tätigkeit. Angesichts antizipierter und tatsächlicher mangelnder Chancen aufgrund der fehlenden Qualifikation in Verbindung mit der frühen Mutterschaft ist es für die Mütter regelhaft zweitrangig, was sie beruflich machen. Sie geben den Gedanken auf, sich nach eigenen Interessen und Fähigkeiten beruflich zu entfalten, um überhaupt irgendeine Chance auf eine Arbeitsstelle zu bekommen, so ihrem Kind und sich selbst eine Perspektive geben zu können und wirtschaftliche Selbstständigkeit zu erreichen.

Hinsichtlich der Partnerschaften der Mütter kann festgehalten werden, dass die Mütter, die in einer instabilen Partnerschaft leben oder gar keinen Partner haben, an dieser Situation leiden. Daran, dass sie den Vater des Kindes gar nicht kennen, sie vom Kindesvater getrennt sind oder der aktuelle Partner nicht der Vater des Kindes ist. Sie alle sehnen sich nach einer stabilen Partnerschaft oder wünschen sich einen Partner für sich und einen Vater für ihr Kind. Die beiden Mütter, die in einer festen Paarbeziehung leben, erleben das Kind als Bereicherung, und eine Mutter beschreibt durch die Geburt des Kindes sogar eine Intensivierung der Beziehung zu ihrem Mann.

Durch die neuen Aufgaben der Mutterschaft schmälert sich auch das Zeitbudget für Freizeitaktivitäten. Die Mehrzahl der Mütter verbringt – im Gegensatz zu früher – die meiste Zeit mit dem Kind. Den Müttern fehlt die Zeit, jugendspezifischen Interessen nachzugehen und einfach einmal etwas für sich selbst zu tun. Möchten sie dennoch Zeit ohne Kind verbringen, müssen die jungen Mütter auf die Unterstützung anderer zurückgreifen, in der Regel auf die der eigenen Eltern oder Schwiegereltern, was abermals ihre Abhängigkeit forciert.

Die mangelnde zeitliche Flexibilität hat Rückwirkung auf die Freundschaften der Mütter, den Kontakt zu Gleichaltrigen, der gerade bei Jugendlichen von großer Bedeutung ist. Nicht immer haben die Freunde Verständnis dafür, dass die junge Mutter wegen ihres Kindes weniger Zeit hat und nicht mehr so flexibel ist wie früher. Die Mütter verlieren mehrheitlich den Kontakt zu Peers, was für einige eine sehr schmerzliche Erfahrung ist. Nur eine einzige Mutter erklärt, dass sich hinsichtlich ihrer Freundschaften seit der Geburt des Kindes nichts verändert hat. Alle anderen Mütter leiden darunter, dass Freundschaften wegbrechen, das Interesse der Freunde an ihnen verloren geht und sie mit dem Kind zurückgewiesen werden. Eine Mutter fühlt sich von ihren früheren Freunden regelrecht im Stich gelassen. Wenn sich Freunde zurückziehen oder aber der Mutter plötzlich ablehnend gegenüberstehen, kann das sehr verletzend sein und eine zunehmende Orientierung am Partner, der Familie und den Eltern fördern. Hier wäre es wichtig, dass junge Mütter auch neue Kontakte knüpfen können.

Die befragten Mütter beschreiben jedoch mehrheitlich, dass sie seit der Mutterschaft keine neuen Kontakte zu anderen jungen Müttern aufbauen konnten. Alle Befragten kennen zwar mindestens eine junge Mutter. Diese stammt aber entweder aus dem engeren Familienkreis, oder es handelt sich bei der Bekanntschaft um eine frühere Freundin, die ebenfalls früh Mutter geworden ist. Neue Kontakte sind folglich seit der Geburt nicht entstanden – jedoch sind alte Kontakte verloren gegangen.

Neben den neuen Aufgaben und Veränderungen im Zuge der Mutterschaft erwähnen die befragten Mütter weitere Belastungen, mit denen sie konfrontiert sind und die ihnen große Sorgen bereiten. Eine Mutter muss die Enttäuschung verarbeiten, dass das Interesse des Partners an der Vaterschaft vor allem daher rührt, dass er sich dadurch den Aufenthalt in Deutschland sichern kann. Eine andere Mutter beklagt, dass ihr Partner die Vaterschaft nicht anerkennen wollte, weil er nicht bereit war, Unterhalt für das Kind zu zahlen. Und wiederum eine andere Mutter kennt den Vater des Kindes nicht, sie quält zum einen der Gedanke, dass sie ihrem Kind niemals den Vater vorstellen kann, und sie belastet zum anderen die Tatsache, dass sie deshalb die alleinige Erziehungsverantwortung hat. Alle diese Belastungen haben sich im Rahmen der jungen Mutterschaft ergeben. Diese Problematiken können aufgrund ihrer Komplexität überfordern, vor allem wenn man betrachtet, wie jung die Mädchen sind.

Nachdem sich die vergangenen Abschnitte den wesentlichen Veränderungen gewidmet haben, die die Geburt des Kindes im Leben der jungen Mädchen verursacht hat, soll im Folgenden der Blick auf die Unterstützung gelenkt werden, die die Mütter erhalten haben, um mit der neuen Situation zurechtzukommen. Diese Betrachtung schließt auch die Reaktionen der Umwelt auf die Schwanger- und Mutterschaft mit ein.

Die Reaktion der Eltern beschreiben die meisten Mütter als positiv. Die meisten Eltern reagieren gelassen, zeigen ihre Freude oder bieten ihre Unterstützung an. Dort, wo das junge Alter der Mutter thematisiert wird, geschieht dies nicht in Form eines Vorwurfs. Eine Mutter zeigt sich jedoch äußerst besorgt darüber, dass ihre Tochter nun selbst Mutter wird. Sie ist anfangs geschockt und weint. Die jungen Mütter, die sich in einer Partnerschaft befinden und den Vater des Kindes kennen, beschreiben eine freudige Reaktion des Partners auf das Kind. Die Mutter, deren Freundschaften sich durch die Schwangerschaft nicht wesentlich verändert haben, erklärt, dass auch ihre Freunde die Schwangerschaft in Ordnung fanden und ihr Mut zugesprochen haben. Jedoch thematisieren mehrere Mütter, dass sie im Laufe ihrer Schwangerschaft mit dem Vorwurf aus der sozialen Umwelt konfrontiert waren, sie seien noch zu jung für ein Kind. Diese Konfrontation mit Vorurteilen erleben die Mütter als belastend und verletzend, und sie erwehrten sich mehrheitlich gegen Vorurteile minderjährigen Müttern gegenüber.

Die meiste tatsächliche Unterstützung aus dem sozialen Umfeld erhalten die minderjährigen Mütter von den eigenen Eltern beziehungsweise den Schwiegereltern. Die Unterstützung umfasst sowohl Ratschläge hinsichtlich der Pflege, Ernährung und Erziehung des Kindes, die zeitweilige Übernahme der Betreuung, damit die junge Mutter selbst einmal Zeit für sich hat oder ausgehen kann, als auch die Begleitung zu Behördengängen. Im Gegensatz zur Unterstützung durch die Eltern und Schwiegereltern fällt die des eigenen Partners weniger engagiert aus. Sie nimmt nach der Geburt zunehmend ab oder fällt bei einigen Befragten völlig weg, so dass die Hauptverantwortung der Kinderversorgung am Ende bei den jungen Müttern liegt. Wenn die Väter sich engagieren, wird dies von den Müttern als bereichernd und unterstützend erlebt, alles in allem wäre mehr Engagement von Seiten der Kindesväter jedoch wünschenswert.

Nach Betrachtung der familiären Unterstützung richtet sich der Blick nun zusammenfassend auf die Inanspruchnahme professioneller Hilfeangebote:

Alle befragten Frauen haben die Vorsorgetermine beim Frauenarzt wahrgenommen, wurden jedoch hier hinsichtlich der jungen Mutterschaft nicht weitergehend beraten, haben keine Kontaktadressen von speziellen Beratungsstellen für junge Schwangere und Mütter bekommen und wurden nicht auf weiterführende Hilfen aufmerksam gemacht. Dies hat zur Folge, dass die jungen Mütter selbst die Initiative ergreifen, eigenhändig nachfragen oder sich selbst die für sie wichtigen Informationen besorgen müssen.

Auffallend ist auch, dass nur eine Mutter an einem Geburtsvorbereitungskurs teilgenommen hat und alle anderen keine Hebammenbetreuung vor der Geburt hatten und auch ihren Anspruch dahingehend nicht kannten. Es ist diesbezüglich auch keine Beratung oder Empfehlung durch den Frauenarzt erfolgt. Folglich haben nur zwei Mütter die Hebammenbetreuung nach der Geburt in Anspruch genommen, alle anderen sind der Hebamme nur während der Geburt begegnet und wussten ebenso wenig über die Krankenversicherungsleistung der ambulanten Nachbetreuung durch die Hebamme Bescheid. Deutlich wird an dieser Stelle auch, dass die Mütter, die Hebammenhilfe in Anspruch nehmen konnten, diese als sehr hilfreich und bereichernd empfunden haben.

Die jungen Mütter müssen aufgrund ihrer Minderjährigkeit Beratungsangebote beim Jugendamt und Kinder- und Jugendgesundheitsdienst in Anspruch nehmen. Beim Jugendamt entfällt die obligatorische Beratung für minderjährige Mütter, wenn sie verheiratet sind, weil das Kind der minderjährigen Mutter dann keinen Amtsvormund mehr benötigt. Das Resultat im vorliegenden Fall ist, dass eine befragte minderjährige Mutter, die bereits verheiratet ist, das Jugendamt und dessen Angebote noch nicht einmal kennt. Alle anderen Befragten nehmen die verpflichtenden Besuche im Jugendamt zwar wahr, fühlen sich aber überwiegend dort nicht gut beraten. Sie erhalten dort auch keine weiteren Kontaktadressen für weitergehende Beratungsangebote oder zielgruppenspezifische Anlaufstellen. Positiv hingegen wird, bis auf eine Ausnahme, die Beratung des Kinder- und Jugendgesundheitsdienst erlebt, die für minderjährige Mütter unabhängig davon, ob sie verheiratet sind oder nicht, obligatorisch ist. Die Mütter erklären, dass sie dort für sie relevante Beratung und Tipps bekommen haben. Eine Mutter empfiehlt den Kinder- und Jugendgesundheitsdienst sogar anderen minderjährigen Müttern weiter. Anzumerken ist an dieser Stelle jedoch, dass das Angebot erst nach der Geburt des Kindes, also nicht während der Schwangerschaft greift und damit die Beratung erst zu einem relativ fortgeschrittenen Zeitpunkt der Auseinandersetzung mit der Mutterschaft einsetzt.

Die Mehrheit der befragten Mütter hat keinen weiteren Kontakt zu anderen Beratungsstellen, dass bedeutet, dass diese Mütter nur das obligatorische Pflichtangebot wahrnehmen und darüber hinaus bisher mehrheitlich keine weitere professionelle Beratung aufgesucht haben. Lediglich eine Mutter wendet sich eigeninitiativ an eine Beratungsstelle, um Stiftungsgelder zu beantragen, wird dann aber durch mangelnde Betreuung enttäuscht und erhält keine Rückmeldung bezüglich ihrer Anfrage. Eine andere Mutter sucht eine Beratungsstelle aus der Angst heraus auf, man könnte ihr aufgrund ihrer Minderjährigkeit das Kind wegnehmen. Als sie erfährt, dass Minderjährigkeit allein hierfür kein Grund ist, geht sie nicht mehr zur Beratung. Dies zeigt, dass die Mutter negative Reaktionen auf ihre Schwanger- und Mutterschaft erwartet.

Das Nichtaufsuchen von Beratungsstellen kann möglicherweise daraus resultieren, dass die Angebote schlichtweg nicht bekannt sind, oder aber, dass die Mütter aus Angst oder Scham vorhandene Angebote nicht annehmen. Um diese Hypothesen oder weitere Gründe für die Nichtinanspruchnahme von Hilfeangeboten näher zu erforschen sind weiterführende Forschungsarbeiten von Nöten.

Auf die Frage nach einer speziellen Beratungsstelle für minderjährige oder junge Mütter antworten alle Befragten damit, dass sie von einer derartigen Stelle oder einem Beratungs- oder Informationsangebot speziell für junge Mütter bisher nichts in Erfahrung bringen konnten, jedoch fast alle ein solches Angebot gerne wahrnehmen würden und auch als notwendig empfinden.

Keine der Mütter besucht mit ihrem Kind einen Kurs zum Babyschwimmen, keine Mutter nimmt das Angebot einer Mutter-Kind-Gruppe wahr. Es gibt Mütter, die sich weder unter dem einen noch unter dem anderen Angebot etwas Näheres vorstellen können beziehungsweise diese Angebote nicht kennen. Bei einer Mutter scheitert der Besuch des Babyschwimmens aus finanziellen Gründen.

Das Angebot, ihr Kind in den Kindergarten zu geben, um wieder mehr Zeit für sich selbst zu haben oder auch eine Ausbildung zu absolvieren oder den Schulabschluss nachzuholen, nimmt ein Teil der befragten Mütter bereits in Anspruch, der andere Teil plant dies. Eine Mutter erhofft sich, dass ihr Kind im Kindergarten erzogen wird.

Darüber hinaus ergreifen einige Mütter Eigeninitiative und informieren sich in Büchern und Zeitschriften über die Entwicklung ihres Kindes während der Schwangerschaft und nach der Geburt.

9.4 Zusammenfassung

Durch die Mutterschaft nehmen die Mütter eigene jugendspezifische Bedürfnisse zurück und müssen aufgrund der Verantwortung für das Kind Einschränkungen hinsichtlich ihrer persönlichen Entwicklung hinnehmen. Zu den neuen Aufgaben der Pflege, Versorgung und Erziehung des Kindes kommt für einige Mädchen die Organisation des eigenen Haushaltes hinzu, sie haben dadurch weniger Freizeit und kaum Zeit für sich selbst. Dies hat bei vielen jungen Müttern auch ein Wegbrechen alter Freundschaften zur Folge. Die zunehmende Konzentration auf das Kind und der Verlust der Peers, die gerade im Jugendalter so wichtig sind, können zur Isolation führen und in Kombination mit den Anforderungen der Mutterschaft zur Überforderung der Heranwachsenden beitragen.

Die jungen Mütter haben darüber hinaus überwiegend die Schule ohne jeglichen Abschluss verlassen oder noch keinen Ausbildungsabschluss erwerben können. Jedoch ist klar, dass die Chancen für junge Mütter ohne Schulabschluss und ohne jegliche Ausbildung auf dem ohnehin angespannten Arbeitsmarkt verschwindend gering sind.

Neben der Problematik von Schule und Beruf leiden viele der befragten Mütter an instabilen Paarbeziehungen, müssen sich mit Schwierigkeiten hinsichtlich der Vaterschaftsanerkennung und Unterhaltszahlungen auseinandersetzen oder sind alleinerziehend. Darüber hinaus fällt das Engagement der Väter hinsichtlich der Unterstützung der jungen Mutter regelhaft äußerst gering aus, so dass die Befragten die Hauptverantwortung für das Kind tragen.

Die Befragung zeigt, dass minderjährige Mütter sich in einer Lebenssituation befinden, in der sie als Jugendliche enorme Verantwortung tragen und dies auch so empfinden. Für die Bewältigung der Mutterschaft greifen sie überwiegend auf die Unterstützung aus dem privaten Umfeld zurück, meist ist die eigene Mutter oder die Schwiegermutter Hauptansprechpartnerin der jungen Mutter. Dies jedoch kann die Abhängigkeit von den Eltern forcieren und eine Ablösung, die im Jugendalter notwendig ist, verhindern oder schwieriger werden lassen, vor allem dann, wenn die junge Mutter mit ihrem Kind noch zu Hause lebt.

Diese Lebenslagen und die damit verbundenen Aufgaben und Belastungen, die sich im Rahmen der frühen Mutterschaft bei den jungen Frauen ergeben, erfordern spezifische professionelle Hilfeangebote, die die jungen Mütter von den enormen Anforderungen und der Verantwortung aufgrund der Mutterschaft entlasten und ihr Unterstützung anbieten.

Hinsichtlich der Inanspruchnahme professioneller Hilfeangebote fällt auf, dass die Mehrzahl der befragten jungen Mütter nur die Pflichtuntersuchungen beim Frauenzart und die für minderjährige Mütter obligatorischen Beratungsangebote des Jugendamtes und des Kinder- und Jugendgesundheitsdienstes in Anspruch nimmt, jedoch nur vereinzelt weitere freiwillige Angebote wahrgenommen werden. Empfehlungen von professionellen Fachkräften hinsichtlich weiterer möglicher Anlaufstellen haben die befragten Mütter nicht erhalten. Dies hat zum einen zur Folge, dass von den jungen Müttern große Eigeninitiative gefordert ist, sich selbst die notwendige Unterstützung zu suchen, und zum anderen, dass den Müttern, die diese Eigeninitiative nicht oder nicht in ausreichendem Umfang aufbringen können, wichtige Angebote gar nicht bekannt sind. Der Mehrheit der befragten jungen Mütter sind Angebote wie Hebammenhilfe, Mutter-Kind-Gruppen oder Babyschwimmen unbekannt, diese Angebote haben die jungen Mütter nicht erreicht. Keine Mutter hatte bisher Kontakt zu einem speziellen Beratungsangebot für junge Mütter, keine der Mütter kennt eine derartige Beratungsstelle, aber nahezu alle hätten sich spezifischere Beratung für ihre besondere Lebenssituation gewünscht.

Sowohl die Erkenntnisse, die aus den theoretischen Ausführungen im ersten Teil gewonnen werden konnten, als auch die Evaluation der Interviews im zweiten Teil der vorliegenden Diplomarbeit haben gezeigt, dass minderjährige Mütter aufgrund ihrer Lebenssituation und den damit verbundenen Anforderungen und Aufgaben spezielle Beratungs- und Unterstützungsangebote benötigen, die ihre komplexe Lebenslage als junge Mutter berücksichtigen.

Aus diesem Grund wurden die folgenden Handlungsanweisungen entwickelt. Sie sollen Anregungen für die sozialpädagogische Arbeit mit minderjährigen Müttern geben.

10 Handlungsempfehlungen für die Arbeit mit minderjährigen Müttern in der sozialpädagogischen Praxis

10.1 Art und Qualität der Beratung und Begleitung

10.1.1 Notwendigkeit zielgruppenspezifische Angebote

Minderjährige Schwangere und Mütter benötigen für die Bewältigung der komplexen Anforderungen der Mutterschaft aufgrund ihres Lebensalters besondere professionelle Hilfeangebote – dies ist umso wichtiger, je weniger Unterstützung sie von ihrer Familie und ihren Freunden erhalten. Problematisch kann es dann werden, wenn soziale Netze ausgedünnt sind und die jungen Mütter allein gelassen werden. Dies kann zur Überforderung der jungen Mutter führen. Es kann dann auch zur Vernachlässigung der Mutterpflichten kommen und das Wohl des Kindes in Gefahr sein. Deshalb benötigt die minderjährige Mutter umfassende Beratung und Unterstützung, um sich nicht in den zu bewältigenden Aufgaben und Anforderungen der neuen Lebenssituation zu verlieren. Aber auch wenn private Unterstützung aus dem familiären und sozialen Umfeld vorhanden ist, sollten professionelle Angebote erfolgen, um einseitiger Abhängigkeit entgegenzuwirken und die Selbstständigkeit der jungen Frauen zu fördern.

Angebote für junge Mütter müssen auf die Zielgruppe zugeschnitten sein. Es handelt sich um Jugendliche, das darf trotz der Mutterschaft nicht vergessen werden, denn jugendliche Schwangere und Mütter unterscheiden sich hinsichtlich ihrer Lebenslage und dem Beratungsbedarf von erwachsenen Schwangeren und Müttern. Mutterschaft ist für alle Eltern eine Zeit der Verunsicherung. Gerade aber für jugendliche Mütter ist professionelle Hilfe nötig, um eine sichere Bindung zu ihren Kindern aufbauen zu können und um Verantwortung für die Bedürfnisse des Kindes zu entwickeln. Deshalb ist es von entscheidender Bedeutung, dass minderjährige Mütter geeignete professionelle Hilfe bekommen, damit sie ihren Alltag mit dem Kind besser bewältigen und sich trotz Kind schulisch und beruflich weiterentwickeln können, einerseits gute Mütter für ihre Kinder sein können und sich andererseits aber auch selbst noch entwickeln können.

Auch wenn die folgenden Handlungsanweisungen im Wesentlichen auf die Kindesmutter bezogen sind, ist evident, dass für den Fall, dass der Kindesvater zu seiner Erziehungsverantwortung steht, die Kindeseltern eine Lebenspartnerschaft führen oder in einer Ehegemeinschaft leben, es wichtig ist, auch den Kindesvater in die Beratung und Begleitung einzubeziehen. Gerade die Interviews haben überwiegend die Instabilität der Paarbeziehungen der jungen Mütter offengelegt und lassen dahingehend Bedarf vermuten.

10.1.2 Grundsätzliche Beratungshaltung

Bei der Beratung und Begleitung minderjähriger Mütter müssen Fachkräfte immer auch das Lebensalter der Mutter einbeziehen und berücksichtigen, dass sie sich inmitten des Jugendalters befindet. Die Jugendlichen müssen in ihrer persönlichen und sozialen Lebenssituation, mit ihren Bedürfnissen und Zukunftsvorstellungen wahrgenommen werden, denn die Erziehung des Kindes verlangt von den Müttern, diese Bedürfnisse zurückzustellen. Andererseits müssen die Aufgaben der Mutterschaft und die Bedürfnisse und das Wohl des Kindes in der Arbeit Beachtung finden.

Fachkräfte sollten im Hintergrund haben, dass die minderjährige Mutter möglicherweise Ablehnung und Zurückweisung aufgrund ihrer jungen Mutterschaft erlebt hat, ihr Unverantwortlichkeit und mangelnde Kompetenz, das Kind zu erziehen, vorgeworfen wurden. Aus diesem Grund fällt es der jungen Mutter möglicherweise schwer, grundsätzlich Hilfen in Anspruch zu nehmen. Möglicherweise fühlt sie sich dadurch bevormundet, nicht ernst genommen oder erneut kritisiert. Der Angst vor Bevormundung muss entgegengewirkt werden, minderjährige Mütter dürfen in der Beratung nicht das Gefühl bekommen, dass sie belehrt werden oder ihre frühe Schwangerschaft kritisiert oder bewertet wird. Wichtig ist, den Müttern unvoreingenommen mit einfühlendem Verständnis, Wertschätzung und Respekt vor ihrer Lebenslage gegenüberzutreten und den Heranwachsenden einen Raum zu geben, in dem sie sich als junge Mutter ernst genommen fühlen.

Es ist von entscheidender Bedeutung, der jungen Mutter Unterstützung anzubieten, ohne sie zu bevormunden, Hilfe zur Selbsthilfe anzubieten, vorhandene Ressourcen und Stärken zu berücksichtigen und damit ihr Selbstvertrauen und ihr Verantwortungsbewusstsein hinsichtlich der Mutterschaft und letztlich ihre Selbstbestimmung, Selbstständigkeit und Selbstverantwortung zu stärken.

10.1.3 Hilfen müssen schon vor der Geburt ansetzen

Hilfen werden – wie im Theorieteil und durch die Ergebnisse der Interviews gezeigt werden konnte – überwiegend erst zu einem sehr späten Zeitpunkt, nämlich nach der Geburt geleistet. Adäquate Angebote für die jungen Mütter, die ihrer komplexen Lebenssituation frühzeitig begegnen und schon während der Schwangerschaft mögliche Hilfen aufzeigen beziehungsweise anbieten, fehlen.

Die jungen Mädchen befinden sich häufig – spätestens nach Wegfall des Erziehungsgeldes – in schwierigen finanziellen und materiellen Lebenslagen, ihre psychosoziale Situation ist nicht selten sehr belastend. Darüber hinaus müssen sie die Schwangerschaft verarbeiten, mit dem Partner sprechen, die Eltern informieren. Hinzu kommt, dass bereits vor der Geburt des Kindes wichtige Dinge organisiert und geregelt werden müssen:

- Wahrnehmung der Vorsorgeuntersuchungen
- Hebammenhilfe organisieren
- Anträge stellen/Kommunikation mit Ämtern
- Suche nach einer Wohnung
- Suche nach Möglichkeiten hinsichtlich Schule, Ausbildung und Beruf und einer damit in Verbindung stehenden Betreuungsmöglichkeit für das Kind

Minderjährige Mütter brauchen bereits vor der Geburt Kontakt zu Beratungsstellen, um bei den Fragestellungen und Aufgaben rund um die

Mutterschaft nicht völlig auf sich allein gestellt zu bleiben, um über ihre Ansprüche und Möglichkeiten aufgeklärt und informiert zu werden und damit potentieller Überforderung und Hilflosigkeit vorzubeugen.

Darüber hinaus müssen junge Mütter verstehen lernen, dass die Geburt des Kindes ihr Leben elementar verändern wird und sie eine wichtige Verantwortung haben – für sich selbst und das Baby.

Aus diesen Gründen ist es sinnvoll, die minderjährigen Mütter so früh wie möglich mit Hilfsangeboten hinsichtlich Beratung und Begleitung zu erreichen, bestenfalls schon während der Schwangerschaft. Denkbar wäre hier auch eine Vernetzung von Frauenärzten, Hebammen und sozialpädagogischen Einrichtungen beziehungsweise Angeboten.

Die Begleitung von Beginn der Schwangerschaft an sichert darüber hinaus ein kontinuierliches Beziehungsangebot und eröffnet die Möglichkeit, ein Vertrauensverhältnis zwischen der Beraterin und der jungen Mutter aufzubauen. Für die minderjährige Mutter kann es bei Schwierigkeiten nach der Geburt unter Umständen leichter sein, darauf zurückzugreifen, als sich einen völlig neuen Ansprechpartner zu suchen.

10.1.4 Beratung und Begleitung auch nach der Volljährigkeit

Bei einigen jungen Mädchen kann es einen Bedarf an Beratung und Begleitung und Unterstützung über das 18. Lebensjahr hinausgehen, deshalb darf das Unterstützungsangebot nicht mit Erreichen der Volljährigkeit enden, sondern sollte darüber hinaus vorhanden sein, wenn sich im Zusammenhang mit der Mutterschaft Fragen und Unsicherheiten ergeben.

10.1.5 Geh-Struktur der Angebote

Die Motivation, eine Beratungsstelle aufzusuchen, ist nicht immer vorhanden, sei es, weil die minderjährige Mutter keine Einsicht hinsichtlich des Hilfebedarfs hat oder die Schwelle, auf eine Beratungsstelle zuzugehen, deswegen zu hoch ist, weil sie beweisen möchte, dass sie es als junge Mutter allein schafft und keine Hilfe benötigt.

Nötig ist an dieser Stelle aufsuchende Beratung für junge Mütter, weil junge Mütter nicht selten Angst vor Abwertung haben und aus diesem Grund häufig keine Initiative hinsichtlich der Suche nach geeigneten Hilfen zeigen. Es ist in vielen Fällen notwendig, auf die minderjährigen Mütter zuzugehen und ihnen konkrete Angebote zu machen, die nicht von der Komm-Struktur abhängig sind, bei der die Initiative der minderjährigen Schwangeren Voraussetzung ist, sondern auch Angebote zu entwickeln, die sich durch eine Geh-Struktur auszeichnen.

10.1.6 Ambulante Hilfeformen schaffen

Wie oben bereits erwähnt, ist die stationäre Hilfeform nach § 19 SGB VIII nicht für alle jungen Schwangeren und Mütter geeignet. Dennoch beinhaltet diese Hilfe Aspekte, wie zum Beispiel die Anleitung bei der Pflege und Erziehung des Kindes, die Unterstützung bei der Alltagsbewältigung mit dem Kind und der Ermöglichung des Abschlusses von Schule und Ausbildung bei gleichzeitiger Kinderbetreuung, die auch für junge Mütter wichtig sind, die nicht stationär wohnen, sondern eine eigene Wohnung haben oder noch bei den Eltern leben. Derartige Angebote einer intensiven ambulanten Betreuung und Begleitung junger Mütter müssen geschaffen werden. Eine Möglichkeit wäre, ausgewählte Inhalte des § 19 SGB VIII mit der Hilfeform der intensiven sozialpädagogischen Begleitung nach § 35 SGB VIII zu koppeln und damit eine flexiblere Hilfegestaltung zu ermöglichen. Beratung, Betreuung und Begleitung können für junge Mütter unterstützend und entlastend sein und ihnen die Möglichkeit geben, selbstständig mit ihrem Kind zu leben. Die Angebote müssen hier stärker am Bedarf der minderjährigen Mutter orientiert werden, denn die Lebenslagen der Mütter unterscheiden sich interindividuell, und die Mütter benötigen deshalb jeweils unterschiedlich intensive Betreuung. Denkbar sind auch Modelle, bei denen die ambulante Betreuung und Begleitung nach der Geburt sehr intensiv ist und dann allmählich weniger wird oder nur noch bei Bedarf oder in Krisensituationen unterstützend tätig wird.

10.1.7 Niedrigschwellige und sozialraumorientierte Angebote

Neben den existierenden Beratungsangeboten des Jugendamtes einschließlich der Hilfen zur Erziehung nach § 27 SGB VIII werden niedrigschwellige Angebote benötigt, die die jungen Mütter nutzen können, ohne große Hürden überwinden zu müssen. Es müssen Angebote geschaffen werden, die es der Mutter ermöglichen, diese auch nutzen zu können, ohne dass vorher ein Erziehungsdefizit festgestellt wird oder sie sich Schwierigkeiten und Probleme im Umgang mit ihrem Kind eingestehen und diese einem Berater mitteilen muss. Darüber hinaus ist es wichtig, dass Angebote ortsnah und sozialraumorientiert gestaltet sind, um die jungen Schwangeren und Mütter auch wirklich im Alltag zu erreichen. Die Hürde, zuerst einmal in einen anderen Bezirk zu fahren, um über Sorgen und Probleme im Zusammenhang mit der Schwangerschaft zu reden und sich zu öffnen, werden viele junge Mütter nicht nehmen können.

10.1.8 Kostengünstige und kostenfreie Angebote

Wie bereits in der Theorie und durch die Interviews gezeigt, leiden die minderjährigen Mütter häufig an einer finanziellen Situation, die es ihnen spätestens nach dem Wegfall des Erziehungsgeldes nicht mehr ermöglicht, kostenpflichtige Angebote wie die Teilnahme am Babyschwimmen, einer Pekip-Gruppe[298] oder anderen kostenpflichtigen Angeboten zu finanzieren. Die jungen Mütter, die in den Interviews befragt wurden, hatten keine feste Arbeitsstelle, sondern erhielten alle Leistungen nach SGB II. Deshalb müssen wichtige pädagogische Ange-

---

298 Prager-Eltern-Kind-Programm; Spiel- und Bewegungsanregungen für Eltern mit ihren Babys ab der sechsten Lebenswoche. Dieses Programm unterstützt die natürliche Entwicklung des Babys, dient der Vertiefung der Beziehung zwischen Eltern und Kind, ermöglicht Kontakt zu gleichaltrigen Babys und anderen Erwachsenen und kann dadurch auch den Erfahrungsaustausch zwischen Eltern anregen.

bote für die Mutter und das Kind kostengünstig oder kostenlos sein, weil die finanzielle Situation oft ein Hindernis darstellt, wichtige Angebote anzunehmen. So könnte beispielsweise kostenlose Teilnahme am Babyschwimmen, einer Pekip-Gruppe oder einem Kurs zur Babymassage die Mutter-Kind-Bindung stärken und das Kind in positiver Weise fördern.

10.2 Inhalte der Beratung und Begleitung

10.2.1 Information und Beratung zu vorhandenen Angeboten

Minderjährige Mütter müssen über konkrete Angebote informiert werden, weil sie häufig – wie die Interviews zeigen konnten – nicht ausreichend Kenntnisse über ihre rechtlichen Ansprüche und Angebote, wie zum Beispiel die Möglichkeit nach der Geburt Hebammenhilfe in Anspruch zu nehmen oder mit ihrem Kind eine Mutter-Kind-Gruppe zu besuchen, haben und sie deshalb diese Angebote gar nicht nutzen konnten.

Minderjährige Mütter benötigen sowohl Informationen über Rechtsansprüche, finanzielle Unterstützungsmöglichkeiten und relevante Anlauf- und Beratungsstellen als auch Informationen über Möglichkeiten einer Berufsausbildung, mögliche Angebote der Kinderbetreuung, aber auch über andere Angebote wie Babyschwimmen, Krabbelgruppen, Mutter-Kind-Treffs. Nur wenn sie über die in Kapitel 6 angeführten grundsätzlichen Hilfemöglichkeiten Bescheid wissen und darüber hinaus über Angebote spezifischer regionaler Projekte und Beratungsstellen informiert werden, können sie diese auch nutzen.

10.2.2 Praktische Anleitung im Alltag mit dem Kind

Nicht wenige Jugendliche wünschen sich ein Baby zum Liebhaben und denken, dass Erfahrungen im Babysitting ausreichen, um ein Kind großzuziehen. Auf die Elternschaft und die damit verbundene dauerhafte Verantwortung sind sie jedoch häufig nicht vorbereitet. Mangelnde Information und Vorbereitung auf neue Aufgaben wie Alltagsbewältigung mit Kind, die Haushaltführung, Pflege und Erziehung des Kindes können zu Stress und Überforderung nach der Geburt führen. Hier ist es wichtig, der Mutter bereits während der Schwangerschaft Wissen über folgend genannte Themenbereiche zu vermitteln, damit die junge Mutter gut vorbereitet ist und gestärkt und mit Selbstvertrauen in ihre Kompetenzen in die Mutterschaft gehen kann:

– Schwangerschaft und Geburt
– Bedürfnisse des Kindes nach Liebe und Geborgenheit
– Säuglingspflege und Ernährung des Kindes
– Erziehung und Entwicklung des Kindes
– Strukturierung des Tagesablaufs mit Kind
– Führung des Haushaltes
– Umgang mit Finanzen

Auch nach der Geburt ist es wichtig, das Selbstbewusstsein und die Kompetenzen der jungen Mutter zu stärken und sie dabei zu unterstützen, zunehmend Vertrauen in die eigenen Fähigkeiten als Mutter zu entwickeln und das Verantwortungsbewusstsein für das Kind zu stärken. Umfassende Information und Beratung der Mutter fördern deren Selbstbewusstsein, und dies stärkt am Ende die Mutter-Kind-Bindung. Die Beratung und Begleitung sind darüber hinaus sinnvoll und notwendig, um gesundheitlichen Risiken, Vernachlässigung oder unzureichender Versorgung des Kindes vorzubeugen.

10.2.3 Soziale Kontakte stärken

Im theoretischen Teil konnte gezeigt werden, dass Kontakte zu Gleichaltrigen im Jugendalter enorm wichtig sind. Die Interviews haben deutlich gemacht, dass bei den befragten jungen Müttern der Austausch mit Gleichaltrigen und Freunden überwiegend fehlt und der Kontakt zur Mutter oder Schwiegermutter dominiert. Die junge Mutter benötigt deshalb Angebote, die es ihr ermöglichen, sich selbstständig außerhalb der eigenen Familie zu bewegen. Hierzu muss ihr soziales Netz gestärkt werden, denn vor allem dann, wenn soziale Netzwerke ausgedünnt sind, minderjährige Mütter häufig allein sind oder der einzige Ansprechpartner die Mutter beziehungsweise Schwiegermutter ist, kann Sozialarbeit dahingehend unterstützend wirken, dass Kontakte außerhalb der Herkunftsfamilie aufgebaut und neue Kontakte geknüpft werden, zum Beispiel mit Gleichaltrigen oder zu anderen jungen Müttern, zu Babygruppen, Krabbelgruppen, Mütter- oder Familientreffs.

Sozialarbeit kann dabei helfen, Netzwerke zu aktivieren und beispielsweise Selbsthilfegruppen zu initiieren: In Selbsthilfegruppen finden minderjährige Mütter Kontakt zu anderen jungen Müttern, haben die Möglichkeit, sich auszutauschen, von den Erfahrungen der anderen Betroffenen zu profitieren, neue Blickrichtungen zu entwickeln und sich gegenseitig zu unterstützen.

So können beispielsweise auch Treffmöglichkeiten oder Cafés für Mutter und Kind ein Angebot für junge Mütter darstellen, welches ihnen die Möglichkeit gibt, sich mit anderen Müttern auszutauschen. Hier können sie freiwillig teilnehmen und auch einmal einen Kurs über Säuglingspflege oder gesundes Kochen belegen, ohne das Gefühl zu haben, sie müssen hierherkommen, weil sie jung sind, deswegen Fehler machen oder nicht fähig sind, ihr Kind zu erziehen. Gemeinsame Gruppenangebote, die sich auch an den Interessen Jugendlicher orientieren, wie Sport und Kreativangebote, Ausflüge oder Kino können hier realisiert werden.

10.2.4 Entlastung schaffen

Für die junge Mutter stellt die Geburt des Kindes einen enormen Einschnitt in ihr bisheriges Leben als Jugendliche dar. In den Interviews wurde deutlich, dass die enorme Verantwortung für das Kind eine bedeutende Zäsur für die jungen Mütter darstellt. Vor allem dann, wenn sie alleinerziehend sind oder das Kind überwiegend allein betreuen, kann dies auf Dauer sehr belastend sein. Nach der Geburt des Kindes ist es wichtig, für die junge Mutter Möglichkeiten der Entlastung zu schaffen. Die noch jugendliche Mutter muss die Chance haben, sich mit Freunden zu treffen und auch einmal ins Kino oder Café gehen zu können oder eine Disko zu besuchen. Wenn die Mutter Zeit hat, etwas für sich zu tun und auch ihren Bedürfnissen als Jugendliche nachkommen kann, dann kann sie sich auch wieder verstärkt den Bedürfnissen ihres Kindes widmen. Diese Entlastung der Mutter stärkt die Mutter-Kind-Beziehung.

Flexible Betreuungsmöglichkeiten wie Angebote für die stundenweise Übernahme der Betreuung oder die Kinderbetreuung an Wochenenden sind hierzu erforderlich. Zusätzliche professionelle Betreuungsangebote für das Kind vermeiden überdies eine zu starke Abhängigkeit der jungen Mutter von ihren eigenen Eltern oder den Schwiegereltern, weil diese dann auch auf Alternativen zurückgreifen kann, wenn ihr Kind betreut werden muss.

Gerade junge Mütter benötigen flexible Betreuungsmöglichkeiten, damit sie Zeit haben, einmal ohne Kind einen Amtsbesuch zu machen, einkaufen zu gehen, zu bummeln, sich hübsch zu machen oder einfach einmal wieder auszuschlafen, um neue Kraft zu tanken.

10.2.5 Selbstständigkeit fördern

Der Weg in die stationäre Einrichtung des Mutter-Kind-Heims kann nicht die Patent-Lösung sein und ist sicherlich nicht für alle minderjährigen Mütter geeignet. Die jungen Mütter müssen deshalb Unterstützung bei der Suche nach einer geeigneten Wohnung erfahren, wenn es nicht möglich ist, dass sie mit ihrem Kind weiterhin zu Hause leben oder dies hinderlich für ihre Persönlichkeitsentwicklung ist. Notwendig sind sozialpädagogische Angebote, die auch Müttern, die alleine in einer Wohnung leben, ambulante Beratung und Begleitung zukommen lassen, die die Selbstständigkeit und Eigeninitiative der jungen Mutter fördern, die Ablösung von den Eltern und Schwiegereltern erleichtern, helfen Abhängigkeiten abzubauen und die junge Mutter darin unterstützen, Verantwortung für das eigene Leben und das des Kindes zu übernehmen.

10.2.6 Schulabschluss, Ausbildung und Qualifikation ermöglichen

Damit die junge Mutter dauerhaft aktiv etwas für die Eigene und die Zukunft des Kindes tun kann und ihr der Schritt in ein unabhängiges, autonomes und selbstbestimmtes Leben gelingt, benötigt sie Unterstützung darin, ihren Schulabschluss zu machen oder eine Ausbildung zu absolvieren:

– Beratung hinsichtlich des Berufes, Schule und Qualifizierung
– Stärkung der Motivation, eine Ausbildung anzufangen oder einen Schulabschluss nachzuholen
– Hilfe bei der Suche nach einer geeigneten Schul- oder Berufsausbildung
– Unterstützung bei der Suche nach einem konkreten Schul-, Ausbildungs- oder Arbeitsplatz

Diese Unterstützung hinsichtlich der eigenverantwortlichen Zukunfts- und Lebensgestaltung und eine zur Mutterschaft parallele Ausbildung schaffen die Chance auf ein unabhängiges autonomes Leben und damit größere emotionale und finanzielle Unabhängigkeit von den Eltern, die im Jugendalter so wichtig ist, und können die finanzielle Abhängigkeit von staatlichen Transferleistungen verringern oder unnötig machen.

Nötig sind angesichts der immensen Anforderungen der Kindererziehung und Hausarbeit, Möglichkeiten zur Teilzeitausbildung, flexiblere Ausbildungszeiten und parallele Kinderbetreuung, um Beruf und Familie vereinbaren zu können. Diese Aspekte müssen angesichts der schwierigen Situation auf dem deutschen Ausbildungsmarkt berücksichtigt werden, um jungen Mädchen andere Perspektiven zu geben, als die Entscheidung zu einem weiteren Kind im Jugendalter.

11 Fazit

Das Thema der Mutterschaft bei Minderjährigen hat trotz seiner Brisanz innerhalb der sozialpädagogischen Auseinandersetzung in der Fachliteratur bisher nur einen äußerst geringen Stellenwert eingenommen. Vor allem die Lebenslagen von jungen Müttern, die außerhalb von Mutter-Kind-Einrichtungen leben, wurden bisher vernachlässigt.

Nicht zuletzt um dieser Tatsache entgegenzuwirken, beschäftigte sich die vorliegende Diplomarbeit mit der frühen Mutterschaft – speziell mit der komplexen Lebenslage, in der minderjährige Schwangere und Mütter sich befinden und den Hilfeangeboten, die zur Verfügung stehen, um diese Lebenssituation besser zu bewältigen.

Durch die Gegenüberstellung von Entwicklungsaufgaben des Jugendalters und den Anforderungen der Elternschaft, die selbst für Erwachsene schon eine enorme Herausforderung darstellen, wurde deutlich, dass minderjährige Mütter sich in einer Lebenssituation befinden, die äußerst komplex und schwierig ist, weil Entwicklungsanforderungen, die eigentlich aufeinander folgen, hier gleichzeitig bewältigt werden müssen.

Gerade weil die jungen Mädchen dieser doppelten Belastungssituation gegenüberstehen und sie neben den Entwicklungsaufgaben des Jugendalters zusätzlich die für ihr Lebensalter untypischen, non-normativen Anforderungen der Mutterschaft bewältigen müssen, benötigen sie Hilfe und Unterstützung.

Die Diskussion der Hilfeangebote, die minderjährige Mütter in Anspruch nehmen können, um ihre Situation zu meistern, zeigt, dass das generelle Hilfeangebot für Schwangere und Mütter durchaus vielseitig ist.

Dennoch wird bei der Suche nach Angeboten, die sich speziell an die Zielgruppe der jungen Mütter richten, deutlich, dass es im Kinder- und Jugendhilferecht nur ein solches Angebot gibt, nämlich die stationär organisierten Mutter-Kind-Häuser nach § 19 SGB VIII.

Für minderjährige Mütter, die noch zu Hause oder in einer eigenen Wohnung leben, fehlen zielgruppenspezifische Beratungs- und Betreuungsangebote, die ihre komplexe Lebenslage im Blick haben und auf ihre besondere Lebenssituation zugeschnitten sind.

Diese Ergebnisse der theoretischen Auseinandersetzung wurden durch die Interviews mit betroffenen Mädchen und Müttern ebenfalls bestätigt.

Basierend auf den Erkenntnissen des theoretischen und empirischen Teils der Diplomarbeit wurden deshalb Anregungen dafür entwickelt, wie zielgruppenspezifische sozialpädagogische Hilfeangebote für junge Mütter gestaltet werden können, um ihrer Lebenssituation – als Jugendliche und als Mutter – adäquat zu begegnen.

Zielgruppenspezifische Beratung, Betreuung und Begleitung minderjähriger Mütter dient der gesunden Entwicklung der Mutter, dem Wohl des Kindes, damit der Reduzierung von möglichen Entwicklungsproblemen der jungen Mütter und ihrer Kinder und somit nicht zuletzt der Vermeidung von Fehlentwicklungen und Kosten.

Es ist daher von entscheidender Bedeutung, junge Mütter durch zielgruppenspezifische Angebote in ihrer Persönlichkeit zu stärken, sie zu einer eigenständigen, ökonomisch unabhängigen Lebensführung zu befähigen und die institutionellen Voraussetzungen dafür zu schaffen.

12 Adressen

Aufgrund meiner eigenen Tätigkeit bei der Schwangerenberatungsstelle DONUM VITAE e.v. in Bayern bitte ich um Verständnis, wenn bevorzugt Angebote aus Bayern dargestellt werden.

Für alle Leser aus anderen Bundesländern bitte ich um äquivalente Stichwortsuche in den eigenen Bundesländern. Das inzwischen sehr große Onlineangebot macht eine Eingrenzung an dieser Stelle erforderlich, um den Rahmen der Publikation nicht zu sprengen.

Schwangerenberatungsstellen

DONUM VITAE e.V. Bayern Luisenstrasse 27 80333 München Tel.: 089 – 51 556 770 Fax.: 089 – 51 556 777 www.donum-vitae-bayern.de (Bayernweite Beratungsstellensuche möglich)
Weitere Schwangerenberatungsstellen der Gesundheitsämter und anderer Träger finden Sie unter: www.schwanger.bayern.de

Jugendhilfe

KOKI BAYERN – Netzwerk frühe Kindheit Koordinierende Kinderschutzstellen Bayern Mehr zu den Angeboten der KOKI – Beratungsstellen unter: www.blja.bayern.de/hilfen/koki/index.php
BAYERISCHES LANDESJUGENDAMT https://www.blja.bayern.de/ Auf der Website finden Sie den Link zu dem jeweiligen Jugendamt für Ihren Regierungsbezirk: www.blja.bayern.de/service/adressen/jugendaemter/index.php

Stiftungen

Landesstiftung Hilfe für Mutter und Kind
www.landesstiftung-mutter-kind.de

Telefonnummern

Thema	Telefonnummer
Schwanger und die Welt steht Kopf? Wir sind für Sie da.	0800 – 40 40 020
Moses Projekt Anonyme Beratung. Anonyme Hilfe. Anonyme Geburt.	0800 – 00 66 737
Vertrauliche Geburt	0800 – 40 40 020
Elterntelefon	0800 – 111 0 550
Nummer gegen Kummer	11 6 111 (Mo.-Sa. 14 – 20 Uhr)
Hilfetelefon Gewalt gegen Frauen	0800 – 011 6 016
Telefonseelsorge	0800 – 111 0 111

Websites Thema Schwangerschaft

www.donum-vitae-bayern.de	Schwangerenberatung DONUM VITAE
www.donum-vitae-onlineberatung.de	Onlineberatung DONUM VITAE
www.schwanger.bayern.de	Staatlich anerkannte Schwangerenberatungsstellen
www.schwanger-unter-20.de	Website für junge Schwangere von der BZgA (Bundeszentrale für gesundheitliche Aufklärung)
www.schwanger-und-viele-fragen.de	Website für Schwangere vom Bundesministerium für Familie, Senioren, Frauen und Jugend
www.familienplanung.de	Website der BZgA (Bundeszentrale für gesundheitliche Aufklärung

| www.stmas.bayern.de/schutz-ungeborenes-leben/ | Bayerisches Staatsministerium |

Websites Thema Anonyme Geburt / Vertrauliche Geburt

| www.moses-projekt.de | Website des Moses Projektes. Anonyme Beratung. Anonyme Hilfe. Anonyme Geburt. |
| www.geburt-vertraulich.de | Website zum Thema Vertrauliche Geburt vom Bundesministerium Familie, Senioren, Frauen und Jugend |

Websites Finanzielle Leistungen

Kindergeld	www.arbeitsagentur.de/familie-und-kinder/anspruch-hoehe-dauer
Elterngeld	www.zbfs.bayern.de/familie/elterngeld/index.php
Bayerisches Familiengeld	www.zbfs.bayern.de/familie/familiengeld/
Landesstiftung Hilfe für Mutter und Kind	www.landesstiftung-mutter-kind.de

Kostenlose Broschüren

Vom Leben berührt. Schwangerenberatung in Bayern.	Bayerische Staatsregierung www.bestellen.bayern.de Artikel-Nr. 10010347
Unterstützung von schwangeren Frauen in Notlagen	Bayerische Staatsregierung www.bestellen.bayern.de Artikel-Nr. 10010055
Stark durch Bindung. Tipps zur elterlichen Feinfühligkeit in den ersten Lebensjahren.	Bayerische Staatsregierung www.bestellen.bayern.de Artikel-Nr.: 10010544

Allein erziehen in Bayern	Bayerische Staatsregierung www.bestellen.bayern.de Artikel-Nr. 10010411
Hilfe für Eltern mit Schreibabys	Bayerische Staatsregierung www.bestellen.bayern.de Artikel-Nr. 10010192
Kostenlose Mutterpasshülle	BZgA Bundeszentrale für gesundheitliche Aufklärung www.familienplanung.de Bestellnummer: 13490008 (Blau) 13490009 (Orange) 13490010 (Blau-Rosa)
Rundum Schwangerschaft und Geburt	BZgA Bundeszentrale für gesundheitliche Aufklärung www.familienplanung.de Bestellnummer: 13500000
Mann wird Vater. Information für werdende Väter zur Geburt	BZgA Bundeszentrale für gesundheitliche Aufklärung www.familienplanung.de Bestellnummer: 13643000
Ich bin dabei! Vater werden.	BZgA Bundeszentrale für gesundheitliche Aufklärung www.familienplanung.de Bestellnummer: 13510000
Väter auf die Geburt vorbereiten.	BZgA Bundeszentrale für gesundheitliche Aufklärung www.familienplanung.de Bestellnummer: 13645000
Das Baby. Ein Leitfaden für Eltern.	BZgA Bundeszentrale für gesundheitliche Aufklärung www.familienplanung.de Bestellnummer: 11030000

Eltern sein. Die erste Zeit zu dritt.	BZgA Bundeszentrale für gesundheitliche Aufklärung www.familienplanung.de Bestellnummer: 13640000

Tabellenverzeichnis

Abkürzungsverzeichnis

BGB	=	Bürgerliches Gesetzbuch
BzgA	=	Bundeszentrale für gesundheitliche Aufklärung
K	=	Kategorie
SGB I	=	Sozialgesetzbuch Erstes Buch, Allgemeiner Teil
SGB II	=	Sozialgesetzbuch Zweites Buch, Grundsicherung für Arbeitssuchende
SBG VIII	=	Sozialgesetzbuch Achtes Buch, Kinder- und Jugendhilfe
SBG XII	=	Sozialgesetzbuch Zwölftes Buch, Sozialhilfe
SSW	=	Schwangerschaftswoche

Quellen- und Literaturverzeichnis

Bücher

Becker, Peter; (1982); Psychologie der seelischen Gesundheit – Band 1: Theorien, Modelle, Diagnostik; Hogrefe Verlag für Psychologie; Göttingen, u.a.

Bier-Fleiter, Claudia; Grossmann, Wilma; (1989); Mutterschaft in der Adoleszenz – Biographien jugendlicher Mütter; Frankfurt am Main

Bindel-Kögel, Gabriele; (2004); Teenager-Mütter; In: Seidenstücker, Bernd; Mutke, Barbara; (Hrsg.): Praxisratgeber Kinder- und Jugendhilfe – Erfolgreiche Betreuung und Beratung von Kindern und Jugendlichen in schwierigen Lebenslagen; Forum Verlag Herkert GmbH; Merching; S. 114 - 126

Bleich, Christiane; (1996); Übergang zur Elternschaft: Die Paarbeziehung unter Streß?; Verlag für Akademische Schriften; Franfurt am Main

Bühnemann de Falcón, Rita; Bindel-Kögel, Gabriele; (1993); Frühe Mutterschaft – eine Provokation? Centaurus-Verlagsgesellschaft; Pfaffenweiler

Bundeszentrale für gesundheitliche Aufklärung; (Hrsg.); (2002); Jugendsexualität – Wiederholungsbefragung von 14- bis 17-Jährigen und ihren Eltern; Köln

Bütow, Birgit; (2000); Mädchen zwischen privaten und öffentlichen Räumen; In: Stiftung SPI; MÄDEA; (Hrsg.): Mädchen in sozialen Brennpunkten – Dokumentation des Fachforums im Rahmen des Aktionsprogramms "Entwicklung und Chancen junger Menschen in sozialen Brennpunkten"; FATA MORGANA Verlag; Berlin; S. 29 - 62

Cornelius, Steven; Hultsch, David; (1995); Kritische Lebensereignisse und lebenslange Entwicklung; In: Filipp, Sigrun-Heide; (Hrsg.): Kritische Lebensereignisse; Psychologie Verlags Union; Weinheim; 3. Auflage; S. 72 - 90

D´Augelli, Anthony; Danish, Steven; (1995); Kompetenzerhöhung als Ziel der Intervention in Entwicklungsverläufe über die Lebensspanne; In: Filipp, Sigrun-Heide; (Hrsg.): Kritische Lebensereignisse; Psychologie Verlags Union; Weinheim; 3. Auflage; S. 156 - 173

Faltermaier, Toni; Mayring, Philipp; Saup, Winfried; Strehmel, Petra; (2002); Entwicklungspsychologie des Erwachsenenalters; W. Kohlhammer GmbH; Stuttgart, u.a.; 2. Auflage

Fend, Helmut; (2003); Entwicklungspsychologie des Jugendalters; Leske und Budrich; Opladen; 3. Auflage

Filipp, Sigrun-Heide; (1995); Ein allgemeines Modell für die Analyse kritischer Lebensereignisse; In: Filipp, Sigrun-Heide; (Hrsg.): Kritische Lebensereignisse; Psychologie Verlags Union; Weinheim; 3. Auflage; S. 3 - 52

Flammer, August; Alasker, Francoise; (2002); Entwicklungspsychologie der Adoleszenz – Die Erschließung innerer und äußerer Welten im Jugendalter; Verlag Hans Huber; Bern, u.a.

Fraas, Anne; (2001); Alltags- und Gesundheitsverhalten junger Mütter; In: Friese, Marianne; Helmken, Christine; Pregitzer, Sabine; Schweizer, Bettina; (Hrsg.): Berufliche Lebensplanung für junge Mütter (BeLeM) – Dokumentation der Fachtagung am 17. und 18. November in Bremen; Bremen; S. 97f.

Friedrich, Monika; Remberg, Annette; (2005); Wenn Teenager Eltern werden: Lebenssituation jugendlicher Schwangerer und Mütter sowie jungendlicher Paare mit Kind – Eine qualitative Studie im Auftrag der BZgA; Köln

Friese, Marianne; Helmken, Christa; Pregitzer, Sabine; Schweizer, Bettina; (2001); Vorwort zur Dokumentation der Fachtagung am 17. und 18. November in Bremen; In: Friese, Marianne; Helmken, Christine; Pregitzer, Sabine; Schweizer, Bettina; (Hrsg.): Berufliche Lebensplanung für junge Mütter (BeLeM) – Dokumentation der Fachtagung am 17. und 18. November in Bremen; Bremen; S. 5f.

Gloger-Tippelt, Gabriele; (1988); Schwangerschaft und erste Geburt – Psychologische Veränderungen der Eltern; Verlag W. Kohlhammer; Stuttgart, u.a.

Göppel, Rolf; (2005); Das Jugendalter – Entwicklungsaufgaben, Entwicklungskrisen, Bewältigungsformen; Kohlhammer GmbH; Stuttgart

Grönert, Jochem; (2005); Erziehungsgeld, Mutterschutz, Elternzeit – So bekommen Sie, was Ihnen zusteht; Goldmann-Verlag; München

Häußler-Sczepan, Monika; Wienholz, Sabine; Michel, Marion; (2005); Teenager – Schwangerschaften in Sachsen: Angebote und Hilfebedarf aus professioneller Sicht – Eine Studie im Auftrag der BZgA; Köln

Helmken, Christine; Pregitzer, Sabine; Möhlmann, Andrea; (2001); Das Projekt BeLeM stellt sich vor; In: Friese, Marianne; Helmken, Christine; Pregitzer, Sabine; Schweizer, Bettina; (Hrsg.): Berufliche Lebensplanung für junge Mütter (BeLeM) – Dokumentation der Fachtagung am 17. und 18. November in Bremen; Bremen; S. 29 - 44

Hopf, Christel; (1991); Qualitative Interviews in der Sozialforschung. Ein Überblick; In: Flick, Uwe; u.a.: Handbuch Qualitative Sozialforschung – Grundlagen, Konzepte, Methoden und Anwendungen; Psychologie Verlags Union; München; S. 177 - 182

Hurrelmann, Klaus; (1997); Lebensphase Jugend – Eine Einführung in die sozialwissenschaftliche Jugendforschung; Juventa-Verlag; Weinheim, u.a.; 5. Auflage

Huwiler, Kurt; (1995); Herausforderung Mutterschaft: eine Studie über das Zusammenspiel von mütterlichem Erleben, sozialen Beziehungen und öffentlichen Unterstützungsangeboten im ersten Jahr nach der Geburt; Verlag Hans Huber; Bern

Karsten, Hartmut; (1999); Pubertät und Adoleszenz – Wie Kinder heute erwachsen werden; Ernst Reinhardt Verlag; München, u.a.

Klees-Möller, Renate; (1993); Soziale Arbeit mit jungen Müttern – Zur historischen Entwicklung und gegenwärtigen Situation von Mutter-Kind-Einrichtungen; Universitätsverlag Dr. N. Brockmeyer; Bochum

Kowal, Sabine; O´Connell, Daniel; (2000); Zur Transkription von Gesprächen; In: Flick, Uwe; Kardoff, Ernst; Steinke, Ines; (Hrsg.): Qualitative Forschung – Ein Handbuch; Rowohlt Taschenbuch Verlag; Reinbek bei Hamburg; S. 437 - 447

Lamnek, Siegfried; (1995); Qualitative Sozialforschung: Band 2 – Methoden und Techniken; Psychologie Verlags Union; Weinheim; 3. Auflage

Limmer, Ruth; (2004); Beratung von Alleinerziehenden – Grundlagen, Interventionen und Beratungspraxis; Juventa-Verlag; Weinheim, u.a.

Marburger, Horst; (2005); Werdende Mütter brauchen Geld: Mutterschutz – Erziehungsgeld – Elternzeit – Sozialleistungen für junge Familien; Walhalla und Praetoria Verlag GmbH & Co. KG; Regensburg, u.a.; 6. Auflage

Masche, Gowert; Silbereisen, Rainer; (2002); Adoleszenz; In: Deutscher Verein für öffentliche und private Fürsorge (Hrsg.): Fachlexikon der Sozialen Arbeit; Eigenverlag; Frankfurt am Main; 5. Auflage; S. 7

Mayring, Phillip; (1991); Qualitative Inhaltsanalyse; In: Flick, Uwe; u.a.: Handbuch Qualitative Sozialforschung – Grundlagen, Konzepte, Methoden und Anwendungen; Psychologie Verlags Union; München; S. 209 - 213

Mayring, Philipp; (2002); Einführung in die qualitative Sozialforschung – Eine Anleitung zu qualitativem Denken; Beltz Verlag; Weinheim u.a; 5. Auflage

Mayring, Philipp; (2003); Qualitative Inhaltsanalyse – Grundlagen und Techniken; Beltz Verlag; Weinheim; u.a.; 8. Auflage

Merz, Markus; (1988); Schwangerschaftsabbruch und Beratung bei Jugendlichen: eine klinisch-tiefenpsychologische Untersuchung; Walter-Verlag AG; Olten

Mietzel, Gerd; (2002); Wege in die Entwicklungspsychologie – Band 1: Kindheit und Jugend; Psychologie Verlags Union; Weinheim; 4. Auflage

Mietzel, Gerd; (1997); Wege in die Entwicklungspsychologie – Band 2: Erwachsenenalter und Lebensende; Psychologie Verlags Union; Weinheim; 2. Auflage

Mutke, Barbara; (2004); Kinder und Jugendliche unter Vormundschaft und Pflegschaft; In: Seidenstücker, Bernd; Mutke, Barbara; (Hrsg.): Praxisratgeber Kinder- und Jugendhilfe – Erfolgreiche Betreuung und Beratung von Kindern und Jugendlichen in schwierigen Lebenslagen; Forum Verlag Herkert GmbH; Merching; S. 245 - 267

Nees-Delaval, Barbara; (2005); Wir werden Eltern – Schwangerschaft, Geburt und die ersten fünf Lebensjahre; Wilhelm Goldmann Verlag; München

Oerter, Rolf; Dreher; Eva; (1998); Jugendalter; In: Oerter, Rolf; Montada, Leo; (Hrsg.): Entwicklungspsychologie; Psychologie Verlags Union; Weinheim; 4. Auflage; S. 310 - 395

Olbrich, Erhard; (1995); Normative Übergänge im menschlichen Lebenslauf; In: Filipp, Sigrun-Heide; (Hrsg.): Kritische Lebensereignisse; Psychologie Verlags Union; Weinheim; 3. Auflage; S. 123 - 138

Olbrich, Erhard; Brüderl, Leokadia; (1998); Frühes Erwachsenenalter: Partnerwahl, Partnerschaft, Elternschaft; In: Oerter, Rolf; Montada, Leo; (Hrsg.): Entwicklungspsychologie; Psychologie Verlags Union; Weinheim; 4. Auflage; S. 396 - 422

Osthoff, Ralf; (1999); "Schwanger werd´ ich nicht alleine..." – Ursachen und Folgen ungeplanter Teenagerschwangerschaften; Knecht Verlag; Landau; 2. Auflage

Osthoff, Ralf; (2003); Lebenssituation und Sexualität Jugendlicher; In: Bundeszentrale für gesundheitliche Aufklärung; (Hrsg.): Sexualität und Kontrazeption aus der Sicht der Jugendlichen und ihrer Eltern; Köln; 7. Auflage S. 15 - 21

Reichle, Barbara; (2002); Partnerschaftsentwicklung junger Eltern: Wie sich aus der Bewältigung von Lebensveränderungen Probleme entwickeln; In: Schneider, Norbert; Matthias-Bleck Heike; (Hrsg.): Elternschaft heute – Gesellschaftliche Rahmenbedingungen und individuelle Gestaltungsaufgaben; Leske und Budrich; Opladen

Reinders, Heinz; (2005); Qualitative Interviews mit Jugendlichen führen – Ein Leitfaden; Oldenbourg Wissenschaftsverlag; München; u.a

Schäfer, Kornelia; Walzok Barbara; (2001); Zeit für Kind und Ausbildung. Das Modellprojekt "Erstausbildung in Teilzeit für junge Mütter"; In: Friese, Marianne; Helmken, Christine; Pregitzer, Sabine; Schweizer, Bettina; (Hrsg.): Berufliche Lebensplanung für junge Mütter (BeLeM) – Dokumentation der Fachtagung am 17. und 18. November in Bremen; Bremen; S. 83 - 91

Schlüter, Wilfried; (2001); BGB – Familienrecht; C.F. Müller Verlag; Heidelberg; 9. Auflage

Schmidt-Grunert, Marianne; (1999); Sozialarbeitsforschung konkret – Problemzentrierte Interviews als qualitative Erhebungsmethode; Lambertus Verlag; Freiburg im Breisgau

Schriftenreihe des Bundesministers für Jugend, Familie, Frauen und Gesundheit; (1990); Möglichkeiten und Grenzen der Lebenshilfe für besonders sozial gefährdete Mädchen und Frauen – Schwangere und Mütter in Mutter-Kind-Einrichtungen; W. Kohlhammer GmbH; Stuttgart, u.a.

Seipel, Christian; Rieker, Peter; (2003); Integrative Sozialforschung – Konzepte und Methoden der qualitativen und quantitativen empirischen Forschung; Juventa Verlag; Weinheim; u.a

Stolle, Dörte; (2002); Entwicklungskrisen von Mädchen; Iskopress; Salzhausen

Tammen, Britta; (2004a); Die rechtlichen Grundlagen der Kinder- und Jugendhilfe: Das Kinder- und Jugendhilfegesetz – SGB VIII; In: Seidenstücker, Bernd; Mutke, Barbara; (Hrsg.): Praxisratgeber Kinder- und Jugendhilfe – Erfolgreiche Betreuung und Beratung von Kindern und Jugendlichen in schwierigen Lebenslagen; Forum Verlag Herkert GmbH; Merching; S. 317 - 338

Tammen, Britta; (2004b); Regelungen des bürgerlichen Gesetzbuches zur Geschäftsfähigkeit; In: Seidenstücker, Bernd; Mutke, Barbara; (Hrsg.): Praxisratgeber Kinder- und Jugendhilfe – Erfolgreiche Betreuung und Beratung von Kindern und Jugendlichen in schwierigen Lebenslagen; Forum Verlag Herkert GmbH; Merching; S. 356 - 361

Tammen, Britta; (2004c); Zentrale Regelungen des Familienrechts; In: Seidenstücker, Bernd; Mutke, Barbara; (Hrsg.): Praxisratgeber Kinder- und Jugendhilfe – Erfolgreiche Betreuung und Beratung von Kindern und Jugendlichen in schwierigen Lebenslagen; Forum Verlag Herkert GmbH; Merching; S. 362 - 371

Verband alleinerziehender Mütter und Väter – Bundesverband e.V.; (2004); Allein erziehend – Tipps und Informationen; Ebner & Spiegel; Ulm; 15. Auflage

Wimmer-Puchinger, Beate; (1992); Schwangerschaft als Krise – Psychosoziale Bedingungen von Schwangerschaftskomplikationen; Springer-Verlag; Berlin, u.a.

Witzel, Andreas; (1982); Verfahren der qualitativen Sozialforschung – Überblick und Alternativen; Campus Verlag; Frankfurt am Main; u.a.

Zimbardo, Philip; Gerrig, Richard; (1999); Psychologie; Springer-Verlag; Berlin, u.a.; 7. Auflage

Zeitschriften

Bühnemann de Falcón, Rita; (1993); Zwischen Einstieg und Rückkehr ins Berufsleben: für junge Mütter gibt es zumeist kein "zurück in den Beruf"; In: Sozialmagazin; Jg. 18; Nr. 9; S. 23 - 27

Busch, Ulrike; (2004); Schwangerschaften Minderjähriger: Zahlen, Hintergründe, Herausforderungen mit besonderem Blick auf die neuen Bundesländer; In: Sozial extra; Jg. 28; Nr. 9; S. 34 - 39

Franz, Jutta; Busch, Ulrike; (2004); Schwangerschaften Minderjähriger – Hintergründe und beraterische Anforderungen; In: FORUM – Sexualaufklärung und Familienplanung – Schriftenreihe der Bundeszentrale für gesundheitliche Aufklärung; Nr. 4; S. 10 - 16

Garst, Anneke; (2001); 10 Jahre Casa Luna: Erfahrungen in einem stationären Angebot für minderjährige Mütter; In: Betrifft Mädchen; Nr. 3; S. 10 - 13

Garst, Anneke; (2003); Pädagogische Gratwanderung; In: Deutsche Hebammen-Zeitschrift; Jg. 55; Nr. 6; S. 21 - 24

Klapp, Christine; (2003); Teenager-Schwangerschaften; In: Deutsche Hebammen-Zeitschrift; Jg. 55; Nr. 6; S. 6 - 11

Kluge, Norbert; (2003); Tendenz steigend (I): Schwangerschaftsabbrüche bei Teenagern in Deutschland; In: Sexualmedizin; Jg. 25; Nr. 7 / 8; S. 158 - 161

Laue, Evelyn; (2004); Schwangerschaftsabbrüche und Geburten minderjähriger Schwangerer – die amtliche Statistik; In: FORUM – Sexualaufklärung und Familienplanung – Schriftenreihe der Bundeszentrale für gesundheitliche Aufklärung; Nr. 4; S. 3 - 9

Löbner, Ingrid; (2003); Neue Wege finden; In: Deutsche Hebammen-Zeitschrift; Jg. 55; Nr. 6; S. 12 - 14

Löcherbach, Ursula; (2003); Babybedenkzeit; In: Sozialmagazin; Jg. 28; Nr. 10; S. 23 -25

Lucks-Kuhl, Hedwig; (2003); Recht auf Hilfe; In: Deutsche Hebammen-Zeitschrift; Jg. 55; Nr. 6; S. 15 - 16

Meysen, Thomas; (2003); Aufgaben und Rolle des gesetzlichen Amtsvormundes für Kinder minderjähriger Mütter; In: Das Jugendamt; Jg. 76; Nr. 1; S. 11 - 14

Ollmann, Rainer; (2003); Meinungsverschiedenheiten zwischen minderjähriger Mutter und Vormund; In: Das Jugendamt; Jg. 76; Nr. 12; S. 572 - 576

Pregitzer, Sabine; Jones, Vanessa; (2004); Schulausbildung und berufliche Qualifizierung für junge Mütter – innovative Kooperationsmodelle aus Bremen; In: FORUM – Sexualaufklärung und Familienplanung – Schriftenreihe der Bundeszentrale für gesundheitliche Aufklärung; Nr. 4; S. 27 - 31

Schöning, Iris; (2004); "Babys sind nicht immer so süß, wie sie aussehen!" – Das Projekt "Babybedenkzeit"; In: FORUM – Sexualaufklärung und Familienplanung – Schriftenreihe der Bundeszentrale für gesundheitliche Aufklärung; Nr. 4; S. 32 - 35

Sobotta, Birgit; (2002); Von Drama keine Spur: pro familia zu Schwangerschaftsabbrüchen bei Minderjährigen; In: Pro Familia Magazin; Jg. 30; Nr. 4; S. 22 - 23

Sozialdienst katholischer Frauen e.V.; (1994); Wohngruppe für minderjährige Schwangere und Mütter des Sozialdienstes katholischer Frauen e.V.; In: Betrifft Mädchen; Heft 1; S. 16 - 19

Staufer, Kristina; (2004); Minderjährige Schwangere: eine Abwägung aus sexualpädagogischer Sicht; In: AJS-Informationen; Jg. 40; Nr. 1; S. 16 - 18

Thiessen, Barbara; Anslinger, Eva; (2004); "Also für mich hat sich einiges verändert...eigentlich mein ganzes Leben." – Alltag und Perspektiven junger Mütter; In: FORUM – Sexualaufklärung und Familienplanung – Schriftenreihe der Bundeszentrale für gesundheitliche Aufklärung; Nr. 4; S. 22 - 26

Trumm, Anne; (2003); Minderjährige Mütter in Einrichtungen der Jugendhilfe: Lebenssituation – Hilfebedarf – und Anforderungen an das Betreuungssystem; In: Das Jugendamt; Jg. 76; Nr. 1; S. 6 – 11

Gesetzbücher

Sozialgesetzbuch – Erstes Buch; (2004); Allgemeiner Teil; In: Sozialgesetzbuch; Deutscher Taschenbuchverlag GmbH & Co. KG; München; 31. Auflage; S. 1 - 23

Sozialgesetzbuch – Zweites Buch; (2005); Grundsicherung für Arbeitssuchende; Deutscher Taschenbuch Verlag GmbH & Co. KG; München; 2. Auflage

Sozialgesetzbuch – Achtes Buch; (2004); Kinder- und Jugendhilfe; Deutscher Taschenbuch Verlag GmbH & Co. KG; München; 26. Auflage

Bürgerliches Gesetzbuch; (2003); Deutscher Taschenbuchverlag GmbH & Co. KG; München; 53. Auflage

Internetadressen

Arbeitnehmerkammer Bremen: Bedarfsgemeinschaft; URL: www.arbeitnehmerk ammer24.de/sozialpolitik/doku/05.soziales/sgb_ii/alg_ii_abisz.htm (Stand: 12.05.2006)

Bundesministerium der Justiz: Personenstandsgesetz § 21b; URL: http://www.ges etze-im-internet.de/persstdg/_21b.html (Stand: 12.05.2006)

Bundesministerium für Familie, Senioren, Frauen und Jugend: Kindergeld; URL: http://www.familienhandbuch.de/cmain/f_Programme/a_Leistungen_fu er_Familien/s_102.html (Stand: 21.03.2006)

Bundesministerium für Familie, Senioren, Frauen und Jugend: Unterhaltsvorschuss; URL: http://www.familienhandbuch.de/cmain/f_Programme/a_Leistun gen_fuer_Familien/s_101.html (Stand: 21.03.2006)

Meireis, Holger: Gesundheitsamt – öffentlicher Kinder- und Jugendgesundheitsdienst; URL: http://www.familienhandbuch.de/cmain/f_Programme/ a_Angeb ote_und_Hilfen/s1132.html (Stand: 03.05.2006)

Statistisches Bundesamt Wiesbaden: Bevölkerung und Erwerbstätigkeit – Natürliche Bevölkerungsbewegung 2000 – 2002, Fachserie 1 / Reihe 1.1; URL: http:// www.destatis.de (Stand: 02.05.2006)

Statistisches Bundesamt Wiesbaden: Bevölkerung und Erwerbstätigkeit – Natürliche Bevölkerungsbewegung 2003, Fachserie 1 / Reihe 1.1; URL: http://www.de statis.de (Stand: 02.05.2006)

Statistisches Bundesamt Wiesbaden: Gesundheitswesen – Schwangerschaftsabbrüche 2002, Fachserie 12 / Reihe 3; URL: http://www.destatis.de (Stand: 02.05.2006)

Statistisches Bundesamt Wiesbaden: Gesundheitswesen – Schwangerschaftsabbrüche 2003, Fachserie 12 / Reihe 3; URL: http://www.destatis.de (Stand: 02.05.2006)

Textor, Martin; Winterhalter-Salvatore, Dagmar: Jugendamt; URL: http://www.f amilienhandbuch.de/cmain/f_Programme/a_Angebote_und_Hilfen/s83.html (Stand: 03.05.2006)

Webseiten

www.blja.de (28.10.2018)

www.bmfsfj.de (Stand: 27.10.2018)

www.destatis.de (Stand: 01.10.2018)

www.familienkasse.de (Stand: 27.10.2018)

www.geburt-vertraulich.de (Stand: 31.10.2018)

www.moses-projekt.de (Stand: 31.10.2018)

www.stmas.bayern.de (Stand: 27.10.2018)

www.zbfs.bayern.de (Stand: 27.10.2018)